'한국사회가 나아갈 길을 생각한다'

안철수냐 문재인이냐

안철수냐 문재인이냐

한국사회가 나아갈 길을 생각한다!

엮은이 | 방민호
필자들 | Bekay Ahn · 고성국 · 황상민 · 조정환 · 박현수 · 홍성식 · 김영경

예옥

지금은 새 꿈을 꿀 때
— 486의 한계를 넘어 친노 프레임을 깨라

지금 우리 사회는 어디로 가야 하는지를 물어야 할 시점에 서 있다.

지난 4월에 있었던 선거는 그 시금석 가운데 하나였다. 그때 민주당과 진보당은 모두 통합이라는 말을 넣어 당의 이름을 짓고 연대해서 거대 여당에 맞섰다. 하지만 현재와 미래에 대한 새로운 전망을 내놓지 못하는 연대는 공허하게 느껴졌다.

뿐만 아니라 이 과정에서 한국정치의 중요 세력으로 떠오른 486세대의 모습은 실망스러웠다. 바야흐로 그들은 기득권층이 되어버린 듯했다. 이 세대의 일원으로서 고민이 깊어질 수밖에 없었다.

우리 사회를 위해 자신을 던지려는 희생정신 없는 정치 집단에 무엇을 기대할 수 있을까. 그 연대라는 것이 기득권을 유지, 확대하려는 욕망을 감춰주는, 값없는 수사가 되어버리는 것이 안타까웠다. 486세대 모두, 그리고 특히 이 세대의 정치인들은 자신의 희생보다 자신이 누리는 것이 많아지지 않도록 성찰해야 한다고 생각한다.

지금 우리 사회는 어려운 문제들 앞에서 고민이 깊다. 사회적 갈등이 여러 차원에서 심화되고 있고 민족의 미래에 대한 전망도 불확실하다. 그런데도 그것을 해결해 나가는 방법은 지혜롭지 못한 면이 있다.

한국정치는 언젠가부터 진보와 보수의 대결이라는 구도로 재편되었다. 아마도 노무현 정부가 출현할 때쯤부터였을 것이다. 그 즈음부터 우리 사회는 진보냐 보수냐를 가지고 숱한 논쟁을 벌여 왔다. 그러나 막상 무엇이 진보이고, 무엇이 보수냐를 묻기 시작하면 저마다 생각이 너무나 다르다는 것이 드러난다.

예를 들어, 북한 문제를 생각해 보자. 나는 우리나라의 이른바 진보 세력이 북한 정권의 전체주의에 침묵하는 것이 옳지 않다고 생각한다. 인간을 철저한 무권리 상태에 빠뜨려놓고 있는 북한의 동원 체제를 외면하면서 어떻게 더 나아가자는 뜻을 가진 진보를 자처할 수 있을까?

우리 사회가 더 나은 민주주의를 향해 나아가야 한다면, 북한도 응당 그래야 한다. 그래야 그 땅에서 사람이 숨 쉬고 살 수 있다. 사람에게 민주주의가 필요하다는 것을 우리는 지난 수십 년 동안 우리 자신의 경험을 통해 배웠다. 이 원칙을 북한에도 적용할 수 있어야 한다. 그렇게 적용하는 쪽이 이 문제에서는 진보적인 입장을 취한 것이 된다.

그럼에도, 여기서 지금 진보가 무엇이고, 보수가 무엇인지 정의내리는 일에 매달리고 싶지는 않다. 그런 일은 자칫하면 허깨비와 싸우는 일이 되기 쉬울 것이다. 지금은 진보가 무엇이고 보수가 무엇인지 불분명한 시대, 더 나은 가치를 대낮에도 등불을 들고 찾아야 하는 이 시대다. 이런 때 이게 진보다, 저게 보수다 하는 식으로 낡아빠진 언어유희에 빠져서는 문제를 풀어낼 진짜 실력을 얻을 수 없다.

그러면 지금 우리가 봉착해 있는 문제의 근원은 무엇일까?

나는 그것을 우리들 뼛속 깊이 스며든 물질주의라고 생각한다. 진보를 표방한 노무현 정부가 오히려 부유층을 살찌게 했을 때 서민층, 중산층은 절망했다. 부유층은 노무현 정부의 단견을 비웃으면서도 그 역설의 과실을 즐겨 맛보았다. 그러자 박탈감을 느낀 사람들이 이념도, 가치도 다 거추장스러울 뿐이고 오로지 부자가 되는 것, 살아남는 것만이 중요할 뿐이라는 물질주의의 푯대를 높이 받들었다.

도덕도, 신의도, 힘의 논리 앞에 힘없이 허물어지는 야만의 시대, 우리들의 벌거벗은 물질주의적 욕망이 뜨거운 태양빛 아래 모두 드러났다. 그것은 최영미 시인이 자신의 시집에서 말한 돼지와 여우들의 시간이었다.

지난 몇 년 동안 우리 사회의 청년들은 경제적으로 극심한 시련을 겪고 있다. 이것은 윗세대가 무엇인가 문제를 잘못 풀었기 때문일 것이다. 우리 사회의 미래를 짊어져 갈 젊은이들의 꿈은 어느덧 정규직으로 사는 것, 월급을 더 많이 받는 것 같은, 경제적인 척도로나 측정될 수 있는 것으로 변질되어 버렸다. 참 절실하고도 왜소한 꿈이다. 젊은 날엔 원래 가진 것이 없는 법인데도 많은 이들이 이 '없음'을 다른 많은 것에서 찾지 않고 오로지 물질적인 데서만 찾는 것은 무엇 때문일까.

젊은이들이 이런 꿈에 빠져 있다면 그것은 윗세대가 몰두해 온 물질주의에 대한 아랫세대의 어떤 '복수' 행위일 것이다. 만약 젊은이들이 '통일세'에 대해 거부감을 표명한다면 그것은 비용과 생산성만을 따져 온 윗세대에 대한 그들의 '복수'일 것이다.

분단된 나라의 통일을 말할 때 여기에 드는 비용만을 따지는 정신으로는 통일에 대해 논의할 수 없다. 윗세대가 젊은이들에게 개체적 생존이 제일이라고 가르치니, 그렇다면 그렇게 살아가 보겠다고 그들이 응답하고 있는 셈이다.

과연 우리는 살아가면서 경제적, 물질적 차원을 넘어서는 이상을 가질 수는 없는 것일까? 더 아름답고 풍요로운 꿈을 꿀 수는 없을까? 지난 십 년 동안 우리가 겪어 온 혼란과 고통, 물질주의와 탐욕에서 벗어나 새로운 삶의 가능성을 찾아 나설 수는 없을까? 누가 우리에게 공동체 전체를 위한 선을 추구해야 한다고 역설해 줄 수 있을까?

우리는 지금 한국사회를 이끌어 가는 세 사람의 정치인의 이름을 알고 있다. 안철수와 문재인, 그리고 박근혜가 그 분들이다.

이 세 사람이 앞으로 몇 년간의 한국정치를 좌우하게 될 것이다. 그러니 이 분들은 단순한 개인이 아니라 각각의 상징이자 표상들이다. 이 세 사람에게서 한국정치의 새로운 비상구를 발견한다.

정치인 안철수가 자신의 재산의 절반을 사회에 환원했을 때, 탈북자를 위해 발언했을 때, 특정한 정치집단으로 용해되지 않으려 했을 때 나는 아주 강한 인상을 받았다. 그것은 온정 없는 진보, 외면하는 진보, 패권을 추구하는 진보와는 다른 길을 보인 것이었다.

정치인 문재인이 오랫동안 낮은 곳에 머물러 있기를 자처했을 때, 그가 나라를 시킨 공수무대원이었고 옥중에서 사법시험 공부를 했다는 사실을 알았을 때, 그가 한국정치의 짐을 져보겠다고 꾸밈없이 나섰을 때도, 나는 새로운 기대를 품었다. 그는 국민을 받드는 지도자가 될 수 있을 것 같다.

또한 나는 정치인 박근혜가 절제된 언행과 일관된 태도로 국민들에게 안정감을 선사한다는 사실을 잘 알고 있다. 그는 아버지와 같지 않다. 새로운 길을 보여줄 수 없다 해도 적어도 무원칙하지는 않을 것 같다.

'안철수냐 문재인이냐'

이것은 오늘날 중요한 기로에 서 있는 한국사회의 진로를 묻기 위한 화두 가운데 하나다.

우리 사회에서 진보란 무엇이냐, 무엇이 더 나은 진보냐 하는 물음이 지금 이 두 사람을 중심으로 형성되어 있다. 이 문제를 깊이 있게, 그러면서도 현실적인 정치의 문제로 다뤄볼 필요가 있다. 앞에서도 말했듯이 진보나 보수 같은 이름 자체가 중요하다고 생각하지는 않는다. 요점은 우리가 어떤 가치를 향해 나아가야 하느냐. 이 책은 두 사람을 중심으로 이에 관해 생각해 보고자 한다.

여기에 참여한 저자 가운데 한 분은 한국정치, 한국사회를 이끌어 가는 진정한 주인은 국민 각자라고, 그 수많은 '나' 들이라고 했다. 그래서 진짜 대권은 분명히 우리가 쥐고 있다고 했다. 나는 그 말씀을 믿는다.

우리가 고민해야 한다. 우리에게 어떤 희망이 남겨져 있는지를 찾아보고, 따져보아야 한다. 그래서 새로운 삶을 향해 한 발이라도 더 앞으로 나아가야 한다. 이 책은 그런 생각을 위한 하나의 공간 역할을 하고자 한다.

이 공간에 모두 일곱 분의 전문가를 초청했다. 기부문화운동가인 비케이안 교수, 시사평론가인 고성국 박사, 심리학자로 이름 높은 황상민 연세대학교 교수, 진보주의 이론가인 조정환 선생, 전형적인 486세대에 속하는 박현수 경북대학교 교수, 오마이뉴스에서 오랫동안 필력을 발휘해 온 홍성식 기자, 젊은 세대를 대표할 만한 김영경 청년유니온 1기 위원장이 이 분들이다.

이 분들의 고견을 들어 우리 사회가 나아갈 길을 독자들과 함께 생각해 보고자 한다. 자신이 맡은 분야에서 실력을 발휘해 온 이 분들이, 정치인 안철수와 문재인이 지금 우리 사회에서 어떤 중요성을 가지고 있는지 여러 측면에서 분석해 보일 것이다. 이것이 우리의 생각을 위한 길잡이 역할을 해줄 것이다.

이 책에서 또 다른 한 분을 화제로 삼고 있지 않은 것은 그 일이 내 삶의 과정에 비추어 어울리지 않으며 더욱 주제넘은 일이 될 것이라고 생각하기 때문이다. 이렇게 생각하면서도 내가 '정치인' 안철수와 문재인에 관한 책을 엮어 내는 것은, 비록 내가 가는 길이 다르다 해도 여전히 우리에게 정치가 중요한 일 가운데 하나라고 생각했기 때문이다.

그저께 나는 압록강을 사이에 두고 북한 신의주 땅을 바라보고 있었다. 압록강 푸른 물은 세상의 경계를 허물어뜨리며 흐르고 있었다. 이 물의 흐름 속에서 우리는 다시 하나로 합류할 것이다. 하지만 지금 우리는 너무 오래 나뉘어 살고 있다. 불행을 극복하지 못하고 있다. 역사의 이 질곡에서 벗어나야 한다.

마지막으로, 이 책에서 얻어질 수 있는 수익의 일부는 탈북 아동을 위해 쓰일 것이다.

2012년 7월 7일

방민호

Contents

들어가는 말 • 4

1. 출생부터 오늘까지

문재인과 안철수의 성장 과정과 리더십 • 18
저널리스트 홍성식이 말한다

:: 문재인과 안철수의 삶을 들여다보기에 앞서 • 20

:: 유년 시절: 그들의 휴머니즘은 어디에서 발원하였나 • 22

가난의 맨얼굴을 아주 가까이서 들여다봐야만 했던 소년, 문재인 | 내성적이지만 '아이' 다운 꿈을 꾸며 성장한 소년, 안철수 | 도스토예프스키 휴머니즘과 존 스타인벡 휴머니즘

:: 소년 시절: 인간이 책 외에 어떤 것에서 세상을 배우겠는가 • 26

중학생 시절, 이미 『사상계』를 읽었던 독서광 문재인 | 저자의 생각을 무조건 받아들이는 마음으로 독서에 빠졌던 안철수

:: 청년 시절: 자신과 더불어 세상을 고민하다 • 29

의료봉사 활동으로 사회의식을 얻은 청년 안철수 | 유신 반대를 외치다 수감된 법대생 문재인 | 청년, 사회에 눈을 뜨다

:: 군대 시절: 담담히 받아들이며 미래를 준비하다 • 35

낮에는 군의관, 밤에는 컴퓨터 바이러스 백신 개발자로 살다 | 운동권 출신, 모범 공수부대원으로 활약하다

:: 자신이 걸어야 할 길 속으로 발걸음을 떼다 • 37

뜨거웠던 1980년 그해, 사법고시 패스하다 | 의사를 포기하고 안철수연구소를 설립하다

:: 다른 길, 다른 영역에서 자신의 탑을 쌓아가다 • 42

안철수연구소 대표를 내놓고 더 넓은 세계를 향해 유학을 떠나다 | 인권변호사에서 청와대 비서실장이 되기까지

:: 국민적 판단 앞에 선 문재인과 안철수 • 46

대중의 눈에 비친 문재인과 안철수의 이미지 • 48
심리학자 최상민이 말한다

문재인을 둘러싼 이미지 정치의 성격과 미래 • 50

문재인을 향한 대중의 욕망 | 문재인의 딜레마 | 남자 박근혜, 문재인

:: 정치권 돌풍남 안철수의 심리와 행동 분석 • 57
안철수 현상 | 철저한 주류인생 안철수 | 아이디얼리스트 VS 돈키호테

:: 단지 '박근혜'가 싫다는 마음 • 64

Tip 진중권에게 듣는다 • 67
'안철수 대통령은 없다?'

2. 안철수와 문재인에게, 486과 청년이 고함

486이 바라보는 안철수와 문재인 • 72
486세대 박현수가 말한다

:: 청와대 납품용 봉황의자 사용설명서 • 74
:: 철수체어, 베타 버전 사용후기 • 76
:: 철수체어의 맥거핀 효과(MacGuffin Effect)가
   윈순체어에 전이되디 • 79
:: 재인체어, 성공적 납품 경력 • 83
:: 재인체어의 진정한 기능은 '합종연횡' • 85
:: 의자에 앉는 사람은 바로 당신 • 89

2013년 청년들이 꿈꾸는 대안 • 90
청년 김영경이 말한다

:: 이게 사는 건가 • 92
내 이야기부터 들려줄게 | 이건 우리들의 이야기야 | 청년들의 신음이 들리니 | 아프니까 청춘 | 우리의
아픔은 계속된다

:: 486과 문재인 • 101
'믹고사니즘'과 '민주와 성의'의 관계 | 문재인의 치명적인 공백은 다름 아닌 청년이다 | 문재인에게
바란다

:: 현실에 기반한 안철수 현상 • 105

청년은 멍멍이, 기성세대는 꼰대, 세대 갈등은 감성에서 폭발했다 | 위로와 공감의 탄생은 이 한마디
에서 시작됐다 | 안철수에게 바란다

:: 새누리당의 청년 정치 • 110

정책이 아닌 정치만 있을 뿐 | 손수조 | 이준석

:: 청년이 꿈꾸는 대안 • 114

달팽이도 집이 있거늘 | 대선에서 잊지 말아야 할 것

Tip 시인 최영미가 바라보는 대선 • 120
안철수는 대통령으로서는 아직 검증이 안 된 사람이에요

3. 누가 대통령이 되어야 하는가

박근혜의 대항마는 누구? • 124

시사평론가 고선국이 말한다

:: 민주통합당에는 박근혜가 없었다 • 126
:: 정치적 리더로서의 문재인 • 128
:: 안철수식 정치 • 132
:: 486세대의 정치적 한계 • 136
:: '당' 은 새누리당, '사람' 은 안철수 • 140
:: '북한이 잘못하면 문재인한테 혼날걸?
    vs '안철수, 군대나 갔다 왔는지 모르겠네' • 142
:: 정치인 박근혜와 근혜 공주 • 146
:: 다크호스 김두관 • 150

Tip 김두관은 어떤 인물인가? • 153
시골 이장에서 장관……이번엔 대통령?

한국이 필요로 하는 지도자는 누구? • 158
기부문화전문가 *Bekay Ahn*이 말한다

  :: 우리에겐 새로운 지도자가 필요하다 • 160
  :: 리더십의 정의가 바뀌고 있다 • 163
  :: 지도자가 치러야 할 총성 없는 세 가지 전쟁 • 165
  :: 한국의 지도자들은 남의 말에 귀 기울이지 않는다 • 167
  :: 한국의 지도자들은 만남을 소중히 여기지 않는다 • 169
  :: 오바마로부터 배워야 할 것 • 171
  :: 김용 총장과 오바마 대통령의 비밀 • 174
  :: 주목할 만한 인물은 안철수다 • 176

      Tip 서울시장 박원순에게 묻는다 • 180
         안철수 교수는 신뢰할 수 있는 분

4. 세계 정치의 흐름으로 짚는 한국의 정치

진짜 대권은 우리가 쥐고 있다 • 184
'다중지성의 정원' *조정환*이 말한다

  :: 지구라는 제국과 미국 • 186
     이미 '세계화'는 균열되었다 | 9·11 테러가 의미하는 것 | FTA는 '세계화'의 실패를 보여준다

  :: 김대중·노무현·이명박의 시대를 말하다 • 191
     신자유주의화를 향했던 김대중 정부 | 국토 균형개발을 추구한 노무현 정부 | 부동산 개발로 양극화를
     부추긴 이명박 정부

  :: 우리는 어떤 삶을 살아가고 있는가 • 197
     실업과 경제 위기에 사회주의적 대응방식을 취한 세계 각국 | 세계 추세와 반대로 신자유주의를 고집
     하는 한국

:: 진보란 무엇인가 또는 진보는 어디에 있는가 • 200
복잡한 난맥상으로 뒤얽힌 진보의 개념 | 진보란 달리는 폭주기관차에 브레이크를 밟는 것

:: 대의제의 유형으로 본 대선 후보 • 205
가부장적 대의제, 자유민주주의 대의제, 구속적 대의제 | 사회복지를 통해 소비자를 생산하려는 박근혜 씨의 복지론 | SNS를 지지기반으로 하는 안철수 | 안철수 씨의 기부가 의미하는 것

:: 진보가 가야 할 길 • 212
진짜 대권은 우리가 쥐고 있다

자본주의의 '공황'이 변화시킨 세계정치의 판도,
한국은 어떻게 대응할 것인가? / 홍성식 • 214

:: 세계 정치의 진보와 보수는 어떻게 변해왔나
– 미국 · 일본 · 영국 · 독일 · 프랑스의 정치를 보다 • 216

:: 네오콘의 몰락 부른 '문제적 인간' 부시
– 민주당에서 공화당, 다시 권력은 오바마에게로 왔지만 • 218

:: 반성 없는 극우정권에서의 탈출은 가능한가?
– 일본 총리들이 단명하는 이유는 • 223

:: '철의 여인'은 왜 히피 기타리스트에게 밀렸을까
– 대처와 블레어, 결국 큰 차이 보이지 않은 두 총리 • 228

:: 바람둥이 슈뢰더, 그러나 친인척 관리는 철저했다
– 추락 조짐 보이는 독일 최초 여성 총리 메르켈의 미래는 • 233

:: 보수집권 17년에 대한 반발과 '미테랑 향수'
– '성장'이란 이름의 배를 출항시킨 프랑스 사회당 • 238

:: 그리고, 우리의 선택, 2012년 '한국호'의 새 선장은? • 243

Tip 우석훈이 꿈꾸는 시민의 정부 • 245
재벌개혁, 누가 할 수 있나

5. 현장에서 만난 안철수와 문재인

〈안철수 부산대 초청 강연〉
다시 희망을 꿈꿀 수 있는 세상을 위하여 · 250

:: 영화 〈퍼펙드 게임〉 · 251
:: 우리의 상황을 가장 잘 보여주는 자살률1위와
  최하위의 출산율 · 253
:: 매튜 효과(Matthew Effect) · 255
:: 내 아이를 행복하게 해줄 수 있는 방법은,
  옆집 아이를 행복하게 해주는 것 · 259
:: 공정의 반대말은 특권 · 263
:: 실리콘밸리는 실패의 요람 · 265
:: 정치에서 싸움은 필수 · 268
:: 미래에 대한 희망을 다시 꿈꿀 수 있는 사회 · 271

Q&A 부산대 학생들이 묻고 안철수가 답하다 · 274

〈문재인 스피치 콘서트〉
보통사람이 주인이 되는 나라 · 287

:: 구기동 사는 김정숙씨의 남편 · 289
:: 개인의 선택을 존중하는 사회 · 292
:: 격동의 시대에 청춘을 던지다 · 295
:: 노무현과의 만남, 그리고 운명 · 302
:: 우리가 바라는 대통령의 모습 · 308
:: '문'을 열다 · 314

Tip 김제동이 원하는 대통령 · 318
연애 좀 하게 합시다

출생부터 오늘까지 1

문재인과 안철수의 성장 과정과 리더십
저널리스트 홍성식이 말한다

대중이 보는 문재인과 안철수의 이미지
심리학자 황상민이 말한다

홍
성
식

1971년에 태어났다. 1999년부터 10여 년간 '오마이뉴스'를 포함한 온-오프라인 신문사에서 기자로 일하다가, 2011년에 300일 넘게 아시아와 유럽을 여행하고 돌아왔다. 저서로 시집 『아버지꽃』, 자칭 낭만적 쾌남아가 들려주는 영화에 대한 유쾌한 이야기를 담은 영화에세이 『내겐 너무 이쁜 그녀』, 27명의 시인과 소설가를 직접 만나 인터뷰한 작가 인터뷰 모음집 『한국문학을 인터뷰하다』 등이 있다. 지금은 자유로운 글쓰기를 하면서, 문학계간 『문학의오늘』에 여행기를 연재하고 있다.
저널리스트 홍성식은 꼼꼼한 정보력과 인간적인 필치로, 지도를 글리듯 두 인물의 궤적을 그려낸다.

안철수의 '창조하는' 인생이냐?
문재인의 '지킬 것 지키는' 인생이냐?

" 게임은 벌써 시작됐다. 현 시점에서 문재인과 안철수는 새누리당
의 유력한 대선 후보 박근혜와 승부를 겨룰 수 있는 가장 경쟁력
있는 진보진영의 대항마로 주목받고 있다. 각종 여론조사기관이
진행한 양자 혹은, 다자간 가상 대결에서 나타나는 지지율의 추
이가 그것을 증명하고, 여기에 진보적 성향을 가진 국민들의 기
대 역시 상당부분 두 사람을 향해 있다. "

문재인과 안철수의 성장 과정과 리더십
— 저널리스트 홍성식이 말한다

문재인과 안철수의 삶을
들여다보기에 앞서

2012년 초여름. 슬프지만 인정할 수밖에 없는 '한국적 현실'이 반복되고 있다. 미디어시대의 총아인 방송과 통신 분야를 관장하며 대통령의 정신적 멘토로 불리던 사람, 최고 통치권자의 신뢰를 등에 업고 이름보다 '왕차관'으로 더 자주 호명되던 사람, 여기에 국가수반의 형까지. 이른바 '왕의 남자'로 지칭되던 이들이 비리혐의로 줄줄이 검찰에 불려 다니고 있다.

언론에선 '이제 시작'이라며 드러난 것은 빙산의 일각일 뿐이라고 보도한다. 이런 상황은 이전 정권들의 말기 모습과 판박이로 닮았다는 걸 부정할 수 없다. 레임덕의 시작과 함께 그간 물밑에 가라앉아있던 각종 정권 비리가 수면 위로 떠오르기 시작한 것이다. 이런 모습에 이미 익숙한 국민들은 놀라움을 드러내기보다는 자조의 한숨을 먼저 내쉰다. "너희들이 그러면 그렇지"라며 쓴웃음을 짓는다.

'역사란 변화·발전하는 것'이란 철학적 명제가 한국에선 실현될 수 없는 것일까. "한국 정치의 역사란 지지부진한 되풀이"라는 조롱에 누구도 반박할 근거가 내놓기가 쉽지 않은 형국이다. 걷잡을 수 없이 터져 나오는 친인척, 측근 비리와 함께 다음 정권을 책임질 새로운 대통령을 뽑는 선거가 임박했음을 알 수 있는 '한국적 징후'는 하나 더 있다. 언필칭 '잠룡'(잠정적 대권주자)들의 등장이다.

여권에선 출마가 기정사실에 가까운 박근혜를 필두로 김문수 경기도지사가 대선 참여를 선언했고, 임태희도 이에 가세했다. 일각에선 김태호 전 경남도지사도 새누리당 대선 후보 경선에 참여할 것이라는 이야기가 흘러나오고 있는 상황. 야권도 다르지 않다. 문재인(민주통합당 상임고문)과 손학규(민주당 전 대표), 김두관(경남도지사), 이번 4·11총선에 출마, '대한민국 정치1번지'라는 종로에서 당선된 정세균 등이 앞서거니 뒤서거니 대권 도전을 선언하고 있다. 여기에 올 대통령 선거의 가장 큰 변수로 작용할 가능성이 농후한 안철수 서울대 융합과학기술대학원장도 빼놓을 수 없다.

현대사회에서 정치가 개개인의 삶에 미치는 영향력은 그 파장이 크고도 깊다. 공평무사하고 정의로운 정치적 힘을 통해 국민의 행복을 지향해야 할 대통령의 자리가 중요한 이유는 바로 이 때문이다. 2012년 국민의 선택에 의해 대통령이 될 사람은 지긋지긋한 '한국적 현실'의 악순환과 결별하고, 변화·발전하는 역사를 유권자들에게 선물할 수 있을까?

이 물음을 앞에 놓고 현 상황에서 '진보 범야권'으로 분류되는 진영의 유력한 대선 후보인 두 사람, 문재인과 안철수의 그간 행보를 살피는 작업은 그 의미가 적지 않다. 둘은 어떤 환경에서 태어나 어떻게 살아왔으며, 위기의 상황을 맞았을 땐 어떤 리더십을 발휘해왔을까. 이와 동시에 각종 징치·경세·사회적 문제에 관해 어떤 입장을 취했던지 살펴보고자 한다.

유년 시절 :
그들의 휴머니즘은
어디에서 발원하였나

가난의 맨얼굴을 아주 가까이서 들여다봐야만 했던 소년, 문재인

1952년 태어난 문재인은 한국전쟁으로 인해 고향을 떠나야 했던 실향민의 아들이다. 그의 부모는 1950년 12월 '흥남 철수' 때 함경남도 흥남의 문씨 집성촌 '솔안 마을'을 떠나 다른 피난민들과 함께 미군 선박을 타고 경상남도 거제에 도착한다. 오래지 않아 고향으로 돌아갈 것이라 예상했던 문재인의 아버지는 아무 것도 가진 것 없이 생면부지의 땅으로 왔고, 애초의 예상과는 다르게 남은 생을 남한에서 보내야 했다. 소설가 황석영의 표현을 빌리자면 '뿌리 뽑힌 사람' 중 하나였다.

삶의 기반과 친인척, 친구들을 고향에 두고 온 그는 타향에서 잘 적응하지 못했다. 일제 치하에서 함흥농고를 졸업하고 시청 공무원으로 일했던 문재인의 아버지는 '백면서생' 타입이었다고 한다. 성품은 조용했고, 말수가 적었으며, 술도 하지 않았던 그가 거제에서 부산으로 이주하면서 막노동을 거쳐 호구지책으로 선택한 양말 장사가 체질에 맞을 리 없었다. 거기다 연고도 지인도 없는 곳에서의 사업이라 더욱 어려움이 컸을 것이다.

문재인의 기억에 의하면 갚아야 할 빚은 늘어가는데 받지도 못할 외상미수금 전표를 앞에 놓고 한숨을 내쉬곤 했단다. 1950~60년대 여성의 경제활동이 극히 제한적이던 상황에서 아버지의 사업 실패는 가족들의 가난으로 이어지는 것이 정해진 수순. 문재인은 그가 쓴 책 『운명』에서 "가난도 아팠지만, 분단과 전쟁 때문에 아버지가 당신의 삶을 잃은 것이 늘 가슴 아팠다"고 고백하고 있다.

아버지의 경제적 몰락은 어머니의 고생으로 이어졌다. 구호물자 옷가지나 잡화를 파는 좌판과 구멍가게를 하던 문재인의 모친은 연탄 배달로 남편을 대신해 살림을 꾸려가기도 했다. 이런 상황이니 어린 문재인에게 가난은 엄혹한 현실 그 자체였다. 초등학교 1학년 꼬마가 미국이 구호물자로 보내온 옥수수 가루나 전지분유를 배급받으러 긴 줄의 끝에 서야 했고, 얼마 되지 않는 월사금을 내지 못하는 때가 있어 같은 처지인 급우들과 함께 담임교사에 의해 집으로 쫓겨 가기도 했다. 1959년에는 부산을 강타한 사라호 태풍으로 그가 살던 옹색한 집의 지붕이 날아가 버리는 황당한 일도 겪었다.

'가난은 소년을 일찍 철들게 한다'고 했던가. 문재인은 또래 아이들처럼 부모에게 자전거를 사 달라 떼를 쓰지도 않았고, 부엌칼로 장난감을 만들다가 손톱이 뭉툭 잘려나가는 상처를 입었음에도 이를 어른들에게 알리지 않고 혼자서 치료하는 아이답지 않은 조숙한 모습을 보인다. 물론 그는 "자립심과 독립심을 키울 수 있었던 건 가난이 내게 준 선물이고, 돈이 별로 중요한 게 아니라는 가치관은 오히려 가난 때문에 내 속에 자리 잡게 된 것"이라고 말하지만, 그건 성장한 이후의 생각일 터. 예나 지금이나 가난은 어른만이 아니라 아이까지 주눅 들게 하고, 불편하게 한다. 이를 극복할 수 있느냐, 없느냐는 사람에 따라 그 편차가 있겠지만. 어쨌건 문재인은 유년시절 내내 가난의 맨 얼굴을 아주 가까이서 들여다봐야만 했다.

내성적이지만 '아이' 다운 꿈을 꾸며 성장한 소년, 안철수

안철수의 유년은 가난과는 다소 거리가 있어 보인다. 그의 부친인

안영모 씨는 서울대를 나온 의사다. 안철수가 2세였던 1963년 부산의 한 낙후된 지역에서 병원을 연 그는 현재까지도 그곳에서 진료를 계속하고 있다. 안영모 씨는 비즈니스 마인드가 일상화된 요사이 의사들 사이에서 50년 가까이 같은 동네에서 환자를 돌보고, 진료비를 타 병원의 절반 수준만 받는 등의 모습을 보여 양심적 의사로 인정받고 있다. 이런 이유에선지 안철수는 여러 인터뷰에서 "아버지의 말없는 가르침이 내게 깊은 깨달음을 줬다"고 이야기했다.

다시 본론으로 돌아오자. 의사의 아들인 안철수가 궁핍과 곤궁의 어린 시절을 보냈을 가능성은 적다. 아니, 유복했다고 표현하는 게 더 정확할 것이다. 유년시절 너무나 내성적인 탓에 사람들 앞에 나서는 걸 두려워하고, 심지어는 길을 걸을 때도 땅만 보고 걸었다는 안철수지만 가난에 주눅 든 소년은 아니었다. 당장의 생계에 쪼들리지 않았을 그의 부모는 세상 대부분의 부모가 그러하듯 아들에게 물심양면의 지원을 했을 것이다. 때문에 안철수는 티 없고 순진한 그야말로 '아이 다운 아이'로 자랐던 듯하다.

그의 책 『행복바이러스 안철수』에는 이런 에피소드가 등장한다. 어머니에게 새들이 알을 품으면 새끼가 태어난다고 들은 그는 이 말의 사실 여부가 궁금했다. 제 힘으로 메추리를 만들겠다고 결심한 꼬마 안철수는 부엌 찬장에서 메추리알 몇 개를 꺼내와 이불 속에 품고 잤다고 한다. 아침에 일어나니 알들이 모조리 깨어져 있었던 것은 불을 보듯 뻔한 일. 그는 이 일을 두고 "내 최초의 꿈이 깨어졌다"고 표현했다. 그가 이처럼 아이다운 상상의 나래를 펼치며 어린 시절을 보낼 수 있었던 것은 당장의 먹고사는 문제에 집착하지 않아도 됐던 부모의 경제적 여유와 가정환경 탓이 컸을 듯하다.

도스토예프스키 휴머니즘과 존 스타인벡 휴머니즘

문재인과 안철수는 둘 다 진보적 성향을 가졌다고 평가 받는다. 무조건적 성장보다는 공정한 분배에 더 큰 방점을 찍고 있는 사람들이라는 것. 문재인은 "어릴 적 가난의 기억은 살아가면서 그대로 인생의 교훈이 됐다. 더 이상 가난하고 싶지 않았지만, 그렇다고 혼자 잘 살고 싶지도 않았다. 어려운 시기에 우리가 받았던 도움처럼 나도 어려운 사람들을 도우며 살고 싶었다"고 말한다. 이는 그가 펼치고자 하는 '복지정책'의 핵심을 미루어 짐작할 수 있는 발언이다. 안철수 역시 경영하던 회사의 직원들에게 자신의 주식을 나눠주고, 기부재단을 설립하는 등 축적한 재산의 상당 부분을 사회에 환원함으로써 아버지와 같은 양심적 지식인을 지향하는 모습을 보여왔다.

두 사람 모두 경제적으로 자신보다 못한 사람들에게 연민과 동정을 보인다는 것에서는 큰 차이가 없어 보인다. 하지만, 문재인의 경우 스스로가 가난 속에서 오랜 시간을 살아온 사람이고, 이에 비하면 안철수는 상대적이긴 하지만 직접적으로 느낀 가난의 체험은 드물었을 터라 둘이 보여주는 휴머니즘에는 그 차이가 없지 않다. 안철수가 도스토예프스키 식의 '베푸는 휴머니즘'에 가깝다면, 문재인은 체화된 경험이 인본주의로 진화한 존 스타인벡 스타일의 '제3 휴머니즘'을 보여주고 있다는 것이 필자의 생각이다. 부연하지 않아도 우리는 이미 안다. '인간은 존재가 의식을 규정하는 동물'이란 명제를.

소년 시절 :
인간이 책 외에 어떤 것에서
세상을 배우겠는가

중학생 시절, 이미 『사상계』를 읽었던 독서광 문재인

경제적으론 다소 다른 환경에서 자랐지만 초·중·고교 시절의 안철수와 문재인은 한 가지 공통점을 보인다. 바로 둘 다 지독한 책벌레였다는 것. 당시 부산의 명문으로 불리던 경남중학교에 입학한 문재인은 학교 도서관에서 '책 읽는 즐거움'을 발견하곤 거의 매일 그곳에 출근 도장을 찍는다. 도서관이 문을 닫을 때까지 버티다가 직원이 의자를 정리하면 그것까지 도와주고 집으로 돌아오는 일도 흔했다.

그의 독서습관은 아버지가 길러준 듯하다. 그의 부친은 장사를 떠났다 돌아올 때면 꼭 동화책이나 위인전 등을 문재인에게 사다줬다고 한다. 초등학교 시절, 교과서 외에는 읽을 책이 전무했던 소년 문재인은 아버지가 가져다준 책 외에도 세 살 위 누나의 교과서에 나오는 시와 소설들까지 남김없이 읽어치웠다. 그랬던 그에게 도서관은 꿈의 공간이었다. 한국소설에서 시작한 독서는 외국소설을 넘어 그 영역을 확장해나갔다. 중학생이 『사상계』까지 펼쳐든 것. 여기에 사춘기의 호기심을 해소해준 이른바 '야한 소설'까지.

그의 표현에 따르자면 '체계적인 계획이나 목표 없이 마구 읽었다'. 하지만 이런 독서편력은 그를 성장하게 만든다. 문재인은 고백한다. "독서를 통해 세상을 알게 됐고, 인생을 알게 됐다. 사회의식도 생겼다"고. 경남고등학교에 진학해서도 이런 습관은 변하지 않았다. 여전히 그는 책을 좋아했다. 여기에 더해 미미하나마 정치의식도 싹튼다. 4·19혁명의 전통이 생생할 때여서 고교생들도 나름의 사회비판 의식을 가지던 시절이었다. '3선 개헌 반대운동' 등 중요 시국상황이 전개될 때면 급우들과 함께 시위에 참여하기도 했다. 책을 통해 학습한 정치·사회의식이 현실에서 발휘된 순간이었다.

회갑에 이른 현재까지도 문재인은 여전히 독서광이다. 그의 책 『운명』은 이렇게 말한다. "지금도 나는 책읽기를 좋아한다. 아니 좋아하는 차원을 넘어, 어떨 땐 활자중독처럼 느껴진다. 어디 여행을 가도 가져가는 책 때문에 짐이 더 무거워진다. 쉴 때도 손닿는 곳에 책이 없으면 허전하다." 이 정도면 문재인을 키운 것은 8할이 책이라 말해도 과장은 아닐 듯하다.

저자의 생각을 무조건 받아들이는 마음으로 독서에 빠졌던 안철수

안철수의 책 사랑도 이에 못지않았다. 혼자 있기 좋아하는 성격상 그는 또래 친구들보다 책과 대화하는 시간이 더 많았다고 한다. "다른 사람과 대화를 나누지 못하는 데서 오는 공백을 소설의 주인공과 함께 메울 수 있었다"는 것. 안철수는 소설을 통해 인간의 다양한 면모와 성격을 대리 체험할 수 있었다.

그의 독서방법은 편집증에 가까울 만치 특이했다. 일단 책을 펴들면 하얀 종이 위의 까만 활자는 하나도 빼놓지 않고 읽었다. 표지를 살핀 후 목차는 다 외울 정도로 수차례 읽고, 본문을 한 장씩 넘길 때마다 쪽수까지 정독했다. 여기에 더해 책의 뒤쪽에 있는 출판사 이름과 주소, 발행인과 간행 날짜, 심지어 책의 가격까지 확인해가며 읽었다고 한다.

안철수는 책만이 아니라 책을 쓰는 사람까지도 절대적으로 신뢰했다. "나는 항상 글 쓰는 사람들을 존경했다. 그 사람들이 글을 잘못 썼으리라는 생각은 전혀 할 수 없었다. 그래서 비판적인 글 읽기가 아닌 무조건 수용의 자세로 책을 읽었던 것 같다"는 게 그의 설명이다. 안철수의 부모 역시 아들에게 책을 사주는 데 인색하지 않았다. 방학 때면 전집류를 옆에 끼고 방에서 나오지도 않고 밤을 새워가며 독서 삼매경에 빠졌다고 한다.

부산중앙중학교와 부산고등학교 시절에는 한국 소설을 주로 읽었다. 단편보다는 장편에 매력을 느꼈다고 한다. 아마도 장편이 가지는 서사적 완결성이 꼼꼼한 성격의 안철수를 매료시킨 것 같다. 여기에 더해 서양의 고전도 빼놓지 않고 읽은 그는 심지어 학교를 오가는 길에서도 책 읽기를 멈추지 않았다고. 그의 책 『행복바이러스 안철수』에는 모범생 안철수의 소박한 일탈이 소개돼 있다. "재미없는 수업 시간에 교과서 밑에 소설책을 놓고 읽는 재미로 시간가는 줄 몰랐다. 들키지 않게 주의하느라 긴장감도 있었다." 교사의 눈치를 살피며 칠판과 소설 사이를 오가는 그의 눈동자를 떠올리면 자연스레 웃음이 지어진다. 이쯤 되면 오늘의 안철수를 만든 가장 큰 자양분은 독서였다는 사실을 인정하지 않을 수 없을 것 같다.

두 사람의 경우가 말해주듯 인간에게 책 읽기란 무엇과도 비교할 수 없는 소중한 자산이다. 음식이 육체의 키를 키운다면 독서는 정신을 성장시킨다. 동서와 고금을 통틀어도 책 읽기를 게을리 했다는 정치가와 철학자, 예술가를 보기 힘들다. 책을 통해 역사와 인간의 본질, 세상의 이치를 깨닫기 시작한 문재인과 안철수는 대학에 들어가 보다 더 큰 세계와 만난다. 한국사회에 존재하는 거대한 불합리와 부조리를 마주 대하게 되는 것도 그때부터였다.

청년 시절 :
자신과 더불어 세상을
고민하다

의료봉사 활동으로 사회의식을 얻은 청년 안철수

안철수의 꿈은 아주 어렸을 때부터 과학자였다. 좀 더 구체적으로 이야기하자면 기계를 다루는 공학도. 중학교 시절 『학생과학』이나 『라디오와 모형』 같은 잡지의 열혈독자였던 그는 실생활에서도 각종 가전제품을 분해하고 조립하는 것에 몰두하곤 했다. 당연히 전자공학과나 수학과 등 공과대학을 가고 싶었다.

그랬던 그가 진로를 바꿔 의과대학에 진학한 이유는 장남이 의사가 되기를 바랐던 아버지의 희망 때문이었다. 이에 관해 그는 이렇게 말한다. "피를 끔찍하게 싫어하던 내가 아버지가 좋아하실 거라는 이유 하나만으로 의과대학에 갈 것을 결정했다. 지금 생각하면 그런 용기가 어디서 났는지 알 수 없을 정도다." 더불어 이런 고백으로 부친에 대한 전폭적 애정을 드러낸다. 앞서도 말했지만 안철수의 아버지는 지역사회에서 존경받는 의사였다. "부모님은 나를 낳아주시고 아무런 조건 없이 사랑하고 길러주셨다. 그런데, 내가 꼭 부모님의 마음을 따르지 않고 공대를 가야 하는 걸까? 공대를 가서는 어떻게 하겠다는 말이냐? 공대에 가는 것을 좋아한다고 뚜렷하게 내세울 것도 없지 않느냐? 그렇다면 부모님을 기쁘게 해드리는 것이 아들 된 도리가 아니겠는가."

세상의 어떤 자식이 그렇지 않겠냐마는 그 역시 부모에게 자랑스러운 아들이 되고 싶었던 효자였다. 서울대 의과대학에 진학하면서 거처를 부산에서 서울로 옮겼다. 말투부터 문화까지 다른 생면부지의 낯선 곳이었지만 안철수는 어렵지 않게 적응했다고 한다. 많은 시간을 투자해 외워야 하는 의대 학업의 특성상 의대생들에게는 성실성이 필수다. 입학 성적이 빼어난 편은 아니었지만, 특유의 성실성과 집중력으로 안철수는 쉽지 않은 공부를 계속해 나갔다. 성적도 갈수록 올라갔다고 한다. 두려움을 느끼던 해부학 실습도 익숙해져갔다. "모든 일이 다 마찬가지겠지만 내가 꼭 해야 할 일이고 남이 그것을 대신해 줄 수 없다면 금방 적응하게 되는 모양"이라는 게 이와 관련된 그의 설명.

그러나, 누구에게나 슬럼프는 있는 법이다. 안철수의 경우 본과 1학년을 마친 시기에 고민과 방황이 찾아왔다. 좋은 성적을 받기 위해 자신의 모든 사생활을 포기해야 하는 학업 스트레스를 견디기가 힘들었다. 더 이상 학교를 다니고 싶지 않았다. 그는 그때를 '내 평생 가장 어려웠던 시기'라고 말한다. 아들이 겪는 고통을 알게 된 부모는 안철수를 부산으로 불러들였다. 아버지의 소개로 정신과 의사와 상담을 한 것도 이때다. 그러나 지금까지 해온 것을 한꺼번에 내려놓기엔 투자한 시간과 노력이 아까웠다. '결국 모든 문제는 내가 해결해야만 한다'는 결심을 하고 다시 서울로 올라갔다.

당시의 황폐한 마음을 달래준 것 중 하나가 의료봉사 활동이었다. 안철수는 신자가 아니었지만 의과대학과 간호대학이 연합해 만든 진료 동아리 가톨릭학생회에 가입해 주말마다 구로공단 인근으로 어려운 형편에 있는 환자들을 찾아갔다. 이 활동은 본과 4학년이 될 때까지 계속됐다. 그는 거기서 한국사회의 일그러진 단면을 가감 없이 보게 된다. 의사의 아들로 태어나 어려움 없이 살아오던 자신과는 다른 삶을 살아가는 가난한 사람들. 이런 광경이었다.

"어느 날 관절염이 심해 움직이지 못하는 한 할머니를 찾아갔을 때였다. 중학교 1학년 손녀가 신문 배달을 해서 생계를 유지하고 있었다. 그때 나는 처음으로 사람과 돈의 관계에 대해 생각을 달리 하게 되었다. 그전까지는 심각하게 생각해본 적이 없던 문제였다. 흔히 돈과 사람의 가치를 비교할 때는 사람이 더 높은 가치에 있다고 말한다. 그러나 때로는 그게 통하지 않는 듯해 보였다. 사람이 중심이 되어 이루어지는 가족 관계는 최저 수준 이상의 돈이 있어야 가능하다는 생각이 들었다."

이런 깨달음은 그에게 적지 않은 혼란을 줬지만, 동시에 함께 살아가는 사회에서 자신이 해야 할 역할을 고민하게 만든다. 1980년대 당시 많은 수의 대학생들은 학생운동을 통해 사회의 모순과 불합리에 눈떴다. 하지만 안철수의 경우는 의료봉사 활동을 통해 불평등한 경제구조와 한국사회의 부조리를 처음으로 인식하게 된 것으로 보인다.

유신 반대를 외치다 수감된 법대생 문재인

문재인이 재수를 하여 경희대 법대에 입학한 그 해. 박정희 정권은 '10월 유신'을 선포한다. 기어코 영구적으로 집권하겠다는 권력의지를 드러낸 독재정권에 수많은 국민과 학생들이 분노했다. 문재인도 예외가 아니었다. 대학마다 휴교령이 내려지고, 탱크가 들어와 버티고 선 교정을 보며 양심 있는 교수들 역시 절망의 한숨을 내뿜었던 시절.

문재인은 하숙집에서 저녁마다 이어지던 타 대학 친구들과의 '시국토론'에서 현실에 대한 비판의식을 키워갔다. 리영희의 논문 「베트남 전쟁」을 읽은 것도 그 즈음이었다. 미국과 우리사회의 허위의식을 통렬하게 비판한 그 글에서 전율을 느꼈다고 한다. 개헌청원 100만인 서명운동이 전개되고, 긴급조치 1호와 4호가 이어지고, 민청학련사건과 인혁당사건 등이 일어났지만 경희대에선 본격적인 시위라고 부를 만한 움직임이 보이지 않았다. 운동을 이끌 중심세력이 부재했기 때문이었다.

경희대에서 처음으로 유신반대 집회가 있었던 것은 문재인이 3학년이던 1974년이다. 여기서 그는 시위 선언문을 작성하고, 학생들을 동원하는 역할을 맡았다. 비가 내렸던 날이었는데 문재인은 자의 반 타의 반으로 선언문 낭독까지 한다. 이 일로 그는 구류를 산다. 이것은 앞으로 겪게 될 수난의 시작에 불과했다. 대학은 물론, 종교계와 언론계에서까지 유신반대의 불길이 거세던 1975년. 경희대는 직선으로 총학생회장을 선출한다. 문재인은 총학생회 총무부장을 맡아 시국선언문을 만들고, 배포하는 일에 적극적으로 관여한다. 대의를 위해 처벌을 감수할 각오를 이미 한 터였다. 5000명 이상이 참석한 경희대

비상학생총회는 유신독재 화형식과 시위로 이어졌고, 이 집회를 주도했다는 이유로 문재인을 포함한 3명의 경희대생들이 구속됐다. 구속과 동시에 학교에서도 제적됐다.

경찰조사를 마치고 검찰로 이송되던 날. 그는 어머니를 본다. 철망두른 경찰 호송차에 탄 자식과 한마디 말도 나누지 못하고 그저 바라봐야만 하는 모친의 슬픔. 광포한 시대였다. 자신은 옳은 일을 한 것이란 신념과는 별개로 문재인은 '어려운 형편에 무리해서 대학까지 보내주신 어머니의 기대를 내가 저버렸다는 괴로움'에 한참동안 마음 아파했다고 한다.

이어진 구치소 생활. 문재인은 거기서도 기죽지 않았다. 오히려 민주화된 사회에 대한 열망을 더 크게 키워갔다. 당시 반공법 위반혐의로 구속 중이던 인권변호사 한승원과 민주화운동의 핵심이었던 박형규 목사, 김지하 시인 등도 만났다. 동아일보 해직기자들을 마주한 것도 그 시기였다. 함께 지내던 수감자들 사이에선 인기도 좋았다. 법대 4학년에 사법고시 1차 합격 경험이 있던 그는 재소자들이 탄원서와 진정서를 낼 때 적지 않은 도움을 줄 수 있었던 것. 여기에 형편이 어려운 소년수들을 위해 감방 동료들과 의논해 배급되던 구치소 관식을 모아 그들에게 보내주는 선행도 베풀었다.

검찰은 문재인에게 징역 2년을 구형했다. 당시 시위 주도 대학생들에게 구형되던 일반적인 형량이었다. 그러나 운이 좋았던 것일까. 판사는 징역 10월의 집행유예를 선고한다. 이례적인 판결이었다. 문재인의 기억과 짐작에 의하면 그 판사는 시국사건에 대한 소신 판결을 이유로 얼마 지나지 않아 재임용에서 탈락됐다고 한다. 집행유예 선고로 석방은 됐지만 넘어야 할 산은 또 있었다. 신체검사도 받지 않았는데, 입영통지서가 먼저 그에게 배달된 것이다. 당시 운동권 학생들 사이에서 악명이 높았던 이른바 '강제징집' 이었다.

청년, 사회에 눈을 뜨다

　부모로부터 독립해 개인적 자아를 형성하는 시기인 스물 살 이후 문재인과 안철수가 사회의식을 가지게 되는 과정은 적지 않은 차이를 보인다. 안철수의 경우 빈민지역 의료봉사 활동을 통해 우회적으로 세상의 불합리성과 자본의 폭력성을 알아갔다면, 문재인은 보다 직접적인 방식으로 부조리한 세계를 변혁하고자 했다. '시위주도-체포-구속-제적-수감'으로 이어지는 1970년대 진보 학생운동의 수순을 그대로 밟은 것이다.

　안철수 역시 불평등한 구조 탓에 가난에 시달리는 이들에게 연민을 가졌지만, "그렇다고 그 사람들을 위해 당장 학교를 그만두고 봉사에 헌신하는 것도 해결책은 아니었다. 숱한 책을 읽으면서 어려운 사람을 돕는 이야기들을 많이 접했지만 막상 그런 광경을 지켜보면서 어떤 가닥도 잡히지 않았다"는 존재론적 고민에 멈춰 있었다. 반면 문재인은 앞서 말했듯 구속과 수감이라는 개인적 희생을 각오하는 결기를 보인다. 이 차이는 두 사람이 자라온 환경과 대학을 다닌 시기가 달랐다는 것(문재인은 1970년대 학번, 안철수는 1980년대 학번이다)에서 오는 것일 수도 있고, 둘의 지닌 성정과 기질의 차이로 해석할 수도 있을 듯하다.

군대 시절 :
담담히 받아들이며
미래를 준비하다

낮에는 군의관, 밤에는 컴퓨터 바이러스 백신 개발자로 살다

안철수의 경우 늦은 나이에 입대했다. 학교를 졸업하고 단국대 의과대학에서 학과장을 지내며 강의를 하다가 1991년, 한국 나이 서른 살에 해군 군의관으로 군대생활을 시작했다. 그 당시 컴퓨터 사용자들을 괴롭히던 '미켈란젤로 바이러스'의 백신을 개발하기 위해 동분서주 하다가 경황없이 입영했다는 사실은 여러 매체를 통해 이미 알려진 사실. 장교가 되기 위해선 사병들보다 긴 3개월의 훈련기간을 거쳐야 한다. 체력이 약했던 안철수로선 쉬운 일이 아니었다. 하지만, 모범생 특유의 성실함은 그곳에서도 발휘됐다. 50km를 행군해야 하는 훈련에서 동기들은 짊어질 짐을 줄이기 위해 각종 편법을 동원했지만, 그는 자신의 인내력도 시험할 겸 규정대로 군장을 꾸렸다고 한다. 원칙과 양심을 지키고자 하는 태도가 군대에서도 그대로 드러난 사례라 할 수 있다.

또 하나 재미있는 에피소드는 자신의 계급이 엄연히 대위인데도 부하인 사병들에게 쉽사리 반말을 하지 못해 애를 먹었다는 것. 이는 안철수를 포함한 자식들 모두에게 존댓말을 썼던 어머니를 보고 자란 때문이었다. 어린 시절 가정에서 학습한 것은 오랫동안 기억에 남아 삶에 관한 그 사람의 태도에 영향을 미친다.

3년이 넘는 제법 긴 기간의 군대생활은 안철수에게 공백기가 될 수 있었다. 하지만 그는 부지런한 천성을 버리지 못하고 군의관 역할과 함께 컴퓨터 바이러스 백신 개발 작업을 병행함으로써 '감각'을 잃지 않으려 노력한다. 앞으로 가야 할 길을 준비하던 그는 그 시절을 이렇게 기억한다. "군생활을 했던 경남 진해에서 내가 살았던 방은 책상 하나가 겨우 들어가고, 남은 자리에 이불을 펴면 전혀 여유 공간이 없는 자그마한 방이었다. 그러나 나는 별다른 불편을 느끼지 못한 채 퇴근 후에는 그 방에서 컴퓨터와 관련된 원고를 쓰고 백신도 만들었다." 이는 어찌 보면 사병보다는 상대적으로 자유시간이 많고, 육체적으로 덜 힘든 군의관이란 직책이 선물해준 보너스 같은 여유였을지도 모르겠다.

운동권 출신, 모범 공수부대원으로 활약하다

문재인의 경우 군대생활이 안철수와 비교하면 좀 더 드라마틱하다. 집행유예 판결로 석방된 후 입영을 위한 신체검사를 받은 뒤 문재인은 선배가 야학을 운영하던 경상남도 하동으로 간다. 가난한 형편에도 학업을 포기하지 않은 아이들을 위해 야학교실을 지어주기 위해서였다. 1주일의 짧은 기간이었지만 보람은 컸을 것으로 짐작된다.

그가 39사단에 훈련병으로 입소한 것은 1975년 여름. 강제징집에 의해서 끌려가듯 한 군대지만 그는 선임 분대장을 맡았을 정도로 적응을 잘 했다. 훈련소 퇴소 이후 그가 배치된 곳은 특전사령부. 즉 공수부대였다. 다시 고생길이 열린 것이다. 게다가 그가 가게 된 제1공수 특전여단은 전두환이 여단장으로 근무하던 곳이었다. 자신이 그토록 반대했던 유신정권의 후계자를 지휘관으로 만났으니 인연이라면 묘한 인연이었다.

운동권 출신이었으나 문재인은 모범적인(?) 군인이었다. 폭파병으로 근무한 그는 특수전 훈련에선 특전사령관 표창을, 화생방 훈련에선 여단장 표창을 받았다. 이 대목에서 그의 낙천성을 엿볼 수 있다. 억지로 끌려왔지만 그 상황을 절망적으로 받아들이지 않고, 처한 입장을 긍정적으로 수용하는 자세. 까마득한 공중에서 낙하산을 타고 뛰어내리는 공수훈련을 "하늘에 떠있는 동안 황홀했다"고 말할 정도다. 거기다 야간에 400km 이상을 걸어야 하는 힘겨운 '천리 행군'도 "내가 가보지 못한 산과 강 그리고 마을을 보는 즐거움이 있었다"고 추억한다. 북한군에 의해 '판문점 도끼 살해 사건'이 발생했을 때 문제가 된 미루나무를 자르는 임무에 문재인이 복무하던 부대가 투입됐다는 사실은 한 TV 프로그램을 통해 알려지기도 했다.

그는 "군대 경험이 내 삶에 큰 도움이 됐다"고 말한다. 생전 처음 해보는 것이라도 막상 해보면 다 해낼 수 있다는 자신감을 줬다는 이유에서다. 그 자신감과 낙천성을 바탕으로 그는 1978년 2월 제대 후 자신의 인생에서 가장 난감하고 대책 없는 시기를 이겨내고 다가올 미래를 계획하기 시작했다. 사법시험을 치르기 위해 산사로 들어간 것이다.

자신이 걸어야 할
길 속으로
발걸음을 떼다

뜨거웠던 1980년 그해, 사법고시 패스하다

문재인의 사법시험 합격은 몇 가지 우여곡절을 겪은 끝에 왔다. 갑작스레 돌아가신 아버지를 위해 그의 사후에라도 성공하는 모습을 보여주고 싶다는 결심에서 전라남도 해남 대흥사로 들어간 후 문재인은 지독하게 공부에 집중했다고 한다. 하지만 그가 그곳에 머문 시간은 길지 않았다. 사찰의 사정에 의해 이곳저곳을 떠돌며 고시공부를 계속한 문재인은 1979년 사법시험 1차에 합격했다. 다음해 치를 2차 시험 준비에 박차를 기해야 할 시점에 '부마항쟁'이 일어난다. 전국이 민주화의 열기로 들끓었고, 마침내 10월 26일 장기집권을 이어가던 박정희가 김재규가 쏜 총탄에 맞아 사망한다.

이어 도래한 '서울의 봄'은 문재인의 마음을 들뜨게 했다. 복학을 한 그는 경희대 복학생 대표가 됐고 공부에 집중하기가 힘들었다고 한다. 학교에선 '학원민주화 투쟁'이 불붙었고, 당연한 수순처럼 문재인 역시 그 역사적 흐름에 몸을 던졌다. 학내 투쟁 와중에 2차 사법시험에 응시했으나 합격을 자신하진 못했다. 가장 중요한 시기에 공부를 놓은 탓에 다음을 기약하며 경험 쌓기의 일환으로 고사장을 향했다고 한다. 학내 문제로 촉발된 시위는 민주화요구 시위로 그 불이 옮겨 붙었다. 그는 경희대 운동권 내부의 주요한 리더 중 한 명이었다. 시련은 서울역에 모인 20여 만 명의 대학생이 신군부의 군대 투입을 우려해 퇴각을 결정한 이른바 '서울역 대회군' 이후에 그에게 다가왔다.

5월 17일 비상계엄이 전국으로 확대된 상황에서 계엄포고령 위반 혐의로 장래 장인과 장모가 될 사람들이 보는 앞에서 권총을 든 정보과 형사들에게 체포·구속된 것이다. 그러나 군 입대 전 집행유예 판결을 받은 것처럼 다시 한 번 운이 좋았던 것일까. 전경이 사망한 사건의 참고인으로 조사받았지만, 그를 수사한 특별수사본부는 문재인에게 어떤 진술도 받아내지 못했고, 구속된 지 3주가 넘어설 무렵 수

감돼 있던 청량리경찰서 유치장에서 사법시험 합격 소식을 접했다. 곧이어 석방. 계엄포고령 위반혐의 조사와 참고인 조사도 유야무야 마무리가 됐다. 개인적으론 작지 않은 기쁨이었지만, 유치장에서 들은 광주 5·18항쟁 소식에 마냥 웃는 표정일 수만은 없었다.

이즈음 문재인의 강단을 보여주는 일화가 있다. 사법시험의 마지막 절차인 3차 면접시험을 앞두고 안전기획부 요원과의 면담이 있었다. 그가 물었다. "지금도 예전에 데모할 때와 생각이 변함없느냐?" 당연히 곤혹스러웠을 것이다. 원하는 대답이 뻔한 질문이기에 더욱 그랬다. 하지만, 자존심을 굽히는 것이 죽기보다 싫었던 문재인은 "그때 생각이 옳았고, 그 생각은 지금도 변함없다"고 응수한다. 물론 대답을 한 이후엔 합격자 발표 때까지 후회했다고 한다. 인간적인 번민이 없지 않았겠으나, 자신과 동지들을 배반하는 답변을 내놓지 않는 태도. 이는 문재인이 명분을 중시하는 사람이라는 증거인 동시에 향후 그의 리더십이 어떤 방향으로 나아갈 것인가를 예측케 해주는 좋은 사례로 읽히기도 한다.

사법연수원 시절 그는 판사를 지망했다. 연수원을 차석으로 졸업했으니 판사가 될 수 있을 것으로 생각했다. 하지만 '시위 전력'이 문제가 돼 임용이 좌절됐다. 사람을 잡아다 죄를 물어야 하는 검사의 역할은 문재인에게 체질적으로 맞지 않았다. 어쩔 수 없이 변호사의 길을 걸어야 했다. 그는 거기서 평생의 동지이자 존경하는 변호사 선배 노무현을 만난다. 그의 책 『운명』에선 이렇게 표현된다. "나를 변호사가 되게 한 그 모든 과정이 결국은 노무현을 만나기 위해 미리 정해진 운명적 수순처럼 느껴진다"고.

의사를 포기하고 안철수연구소를 설립하다

안철수의 경우 평생의 친구가 될 컴퓨터와 처음 만난 것은 1982년 이었다. 책에서만 보던 애플컴퓨터를 실물로 마주한 순간 그는 문화적인 충격까지 받았다고 고백한다. "상상하는 일을 현실에서 직접 이루어보는 일은 거의 불가능하게 보였는데 컴퓨터에서는 그게 가능했다"는 것. 그 매력에 푹 빠져 독학으로 관련 공부를 시작했다. 지방에서는 컴퓨터 책을 구경하는 것도 힘들 때였다. 그 과정에서 수많은 시행착오를 겪었다. 애플컴퓨터 시절 안철수는 '컴퓨터 언어'를 중점적으로 학습했다. 이는 훗날 그가 바이러스 백신 전문가가 될 수 있게 해준 기초적 힘으로 작용했다.

1986년엔 아이비엠(IBM) 개인용 컴퓨터를 구입했다. 3개월간 모은 조교 월급으로도 모자라 돈을 빌리기까지 하였다. 박사 과정에 들어가면서 생긴 약간의 시간적 여유는 '아이비엠 기계어 공부'에 모조리 투자했다. 그 무렵 컴퓨터 바이러스라는 것이 생겨나기 시작했다. 컴퓨터 바이러스는 아이비엠 기계어로 만들어진 프로그램이라 안철수 입장에선 쉽게 그 백신을 개발할 수 있었다.

1988년 브레인 바이러스를 퇴치할 백신을 만든 그는 컴퓨터 관련 잡지에 이름이 소개되며 전국적으로 유명세를 타기 시작한다. 하지만 이때만 해도 의학공부가 주업이었다. 그의 표현을 빌리자면 "백신 프로그램을 만든 일은 바이러스 피해가 컸음에도 아무도 나서는 사람이 없어서 했던 일"이었다. 결국 세상은 그를 가만히 내버려두지 않았다. 새로운 바이러스가 등장할 때마다 그에게 해결을 부탁해온 것이다. 잠을 줄여가며 의대 박사과정을 공부하고, 백신 프로그램을 만들어 무료로 보급하는 1인 2역을 7년 이상 지속했다. 단국대에서 강의를 맡

으면서는 '의학 컴퓨터'라는 과목을 개설해 강의도 했다. 이는 의과
대학 최초의 의대생을 위한 컴퓨터 강좌였다.

그가 의사라는 직업을 포기하고 본격적으로 컴퓨터 바이러스와
백신을 연구·개발하는 조직을 구상한 것은 군대를 마친 이후였다. 바
이러스로 인해 발생되는 개인적·국가적 손실을 미연에 막고, 외국산
상업용 백신 프로그램 구입으로 낭비될 외화를 절약하자는 차원에서
의 고민이었다. 애초엔 정부나 대기업에서 출자를 받아 비영리 법인
으로 운영되는 형태를 원했지만 쉽지 않았다. 그러나 뜻을 세우니 길
이 보였다. 한 소프트웨어 회사가 바이러스 백신을 일반인에게는 무
료로 공급하는 대신 기업이나 관공서 등에는 유료로 판매하자는 제의
를 받아들인 것. 그런 과정을 거쳐 1995년 설립된 것이 안철수연구소
다. 그는 이 회사의 대표이사를 맡았다.

다른 길,
다른 영역에서
자신의 탑을 쌓아가다

안철수연구소 대표를 내놓고 더 넓은 세계를 향해 유학을 떠나다

회사 운영 경험이 없었던 안철수에게 시련의 기간은 길었다. 직원들에게 지급해야 할 월급 걱정이 떠날 날이 없을 정도였다. 적자는 쌓여갔고, 경영자인 그의 한숨도 깊어졌다. 그런 날들이 이어지던 1997년 안철수는 미국 실리콘밸리의 거대 백신 소프트웨어 회사 맥아피의 오너로부터 매력적인 제안을 받는다. "돈을 줄 테니 안철수연구소를 내게 팔라"는 것이었다. 제시된 금액은 1000만 달러. 어떤 인간이건 충분히 유혹에 흔들릴 만한 금액이었다. 하지만, 안철수는 고심 끝에 제안을 거부한다. 이에 관해 그는 "당장 돈이 필요한 건 사실이었다. 하지만 맥아피가 원했던 것은 자기들이 한국으로 진출하는데 V3(컴퓨터 바이러스 검사 프로그램)가 걸림돌이 되니까 V3를 없애고 자기 제품을 팔려는 계획이었다. 그들의 생각대로 한다면 내가 받을 수 있는 건 돈밖에 없었고, 남는 건 직원들의 해고와 우리가 애써 개발한 프로그램의 폐기뿐이었다"고 말했다.

이 대목에서 경영자로서 안철수 리더십의 한 단면을 엿볼 수 있다. 당장의 이익보다는 앞을 내다보는 협소하지 않은 시각, 무엇보다 직원들의 안정적인 고용을 중요시 하는 태도가 바로 그것. 안철수연구소가 흑자를 기록한 것은 역설적이게도 한국에 수천억 원의 경제적 손실을 입힌 CIH 바이러스가 창궐한 1999년부터다. 30만 대 이상의 컴퓨터가 만들어지면서부터 사건을 계기로 바이러스와 백신에 대하 국민적 인식이 달라졌고, 백신 개발 연구 업체인 안철수연구소의 위상이 격상된 것. 이후엔 매출이 눈에 띄게 신장했고, 동탑산업훈장을 받는 등 경영전반에 어려움의 그림자가 걷혔다.

승승장구하던 2005년 안철수는 기업의 최고경영자 자리를 스스로 내놓는다. "한 회사를 잘 경영하는 것도 가치 있는 일이지만, 산업 전반적으로 기업가정신을 불어넣고 성공확률을 높이는데 기여하는 게 더 의미가 크고 해볼 만한 일이라 생각했다"는 게 그가 설명한 사직의 이유다. 1년의 고민 끝에 나온 결정이라 말릴 사람이 없었다. 만약 만류했다고 해도 결심을 꺾을 그가 아니었을 것이다.

몇 해 전 TV 예능프로그램에 출연해 밝혔던 것처럼 이후 안철수는 미국으로 유학을 떠났고, 2008년에 미국 와튼스쿨 경영학 석사학위를 받고 돌아와 카이스트 기술경영전문대학원 교수가 된다. 그는 학생들에게 기업가가 지녀야 할 정신을 가르치며 이 말을 강조했다고 한다. "21세기의 리더십에서 중요한 것은 위에서 아래로 명령을 내리는 것이 아니다. 수평적 관계에서도 인정받을 수 있는 리더가 되어야 한다." 2011년 그가 서울대 융합과학기술대학원으로 자리를 옮긴 것은 이미 많은 사람이 알고 있는 사실이다.

인권변호사에서 청와대 비서실장이 되기까지

대학시절 '시위 전력'으로 판사 임용이 무산된 문재인은 부산으로 내려가 노무현(당시 변호사)과 함께 합동법률사무소를 운영하며 변호사로의 업무를 시작한다. 그때는 '부산 미문화원 방화사건'과 '부림 사건'으로 운동권 세력이 줄줄이 끌려가면서 침체됐던 부산지역의 민주화운동 열기가 다시금 뜨거워지던 시점이었다. 당연지사 학생-노동자 관련 시국사건이 많아졌고, 문재인은 이런 사건들의 변론을 맡으며 인권변호사로 이름을 알려갔다. 특히 그는 노동자 문제에 관심을 기울였고, 부산은 물론 인근 울산과 창원, 거제 지역을 오가며 노동 관련 시국사건의 변호사로 활동했다. 그가 송기인 신부, 최성묵 목사 등의 재야인사들과 본격적으로 교류하기 시작한 것도 그즈음이다. 1985년에는 부산민주시민협의회의 발기인으로 참여하기도 한다.

그는 처음부터 인권변호사가 되기를 꿈꾼 사람은 아니었다. 하지만 힘없는 사람들이 자신에게 내미는 도움의 손길을 거부할 수가 없었다고 한다. 당대의 상황이 그를 변호사인 동시에 민주화운동가로 만든 측면이 컸다. 두 사람이 운영하던 변호사 사무실 내에 노동조합의 설립에서부터 일상 활동을 돕는 노동법률사무소를 만든 것도 노동자들에게 실질적인 도움을 주기 위해서였다고 그는 회상한다. 동시에 "1987년 6월 항쟁 이후 노동자 대투쟁 시기에 수많은 파업 관련 재판을 맡아 변론한 것은 이 땅 노동운동 현장의 역사와 함께 한 큰 보람이었다"고 말한다. 그런 문재인이었으니 6월 항쟁에 적극 참여한 것은 어찌 보면 당연한 일. 노무현과 그는 변호사라는 계급장을 내려놓고 최루탄을 맞으며 연좌농성을 벌이다 경찰에 체포돼 구금까지 됐다. 1988년 13대 총선에서 노무현이 부산 동구에서 출마해 5공 실세였던 허삼수를 누르고 당선돼 국회의원이 된 후론 홀로 부산에 남아 노태우정권 시절에도 적지 않았던 시국사건의 변론을 이어갔다.

그가 변호사로 활동한 셀 수 없이 많은 시국사건들 가운데 잊지 못하는 2건의 사건은 1989년 발생한 동의대 참사와 세칭 '신씨 일가 간첩단' 재심청구라고 한다. 문재인은 동의대 사건에 관한 언론의 보도 내용과 경찰 수사 발표의 오류를 재판과정에서 밝혀내는 데 힘을 쏟았고, 천주교인권위원회의 도움을 받아 금기의 영역으로 이야기되던 조작간첩 사건의 변론을 맡아 재심청구 15년 만에 무죄 판결을 받아내는 성과를 이뤄냈다.

2002년 대통령 선거를 전후한 시기부터의 문재인의 행적은 비교적 많은 사람들이 알고 있다. 지지율이 바닥으로 떨어지던 시기에 노무현 후보의 부산지역 선거대책본부장을 맡은 그는 노 후보의 낙마를 저지하기 위해 대학교수 등 지식인들의 지지 선언을 조직해나갔고, 정몽준과의 단일화 필요성과 함께 단일화의 방식까지 조언했다고 한다. 선거를 하루 앞둔 날 정몽준의 지지 철회로 어려움에 직면하기도 했지만, 결과는 모두가 알다시피 노무현의 승리.

이어 수립된 참여정부에서 문재인은 민정수석비서관, 시민사회수석비서관, 청와대 비서실장 등을 맡으며 노무현정부의 영욕과 부침을 온전히 함께 했다. 스스로도 "인권변호사란 말을 들으며 권력을 비판하는 역할만 해왔을 뿐, 국정운영이나 행정 경험이 전혀 없고, 법률가로서 법을 알뿐, 국정에 관해서는 백면서생이나 진배없다"고 말하던 그가 그런 자리를 끝내 거부할 수 없었던 이유는 노무현 전 대통령과의 긴긴한 인연에서 파생된 정과 의리 때문이었다고 보는 시각이 많다. 마찬가지로 정치에 깊숙이 몸담고 있으면서도 끝내 정치인이란 꼬리표를 부담스러워했던 문재인이 정치인으로 돌아온 것 역시 남은 인생을 함께 웃고 울며 동행하고 싶었던 노무현의 갑작스런 죽음 때문이었다. 다시 새로운 대통령을 뽑는 선거가 임박한 지금. 그는 말한다. "2012년 대선의 희망을 말하려면 우리 현 주소를 살펴봐야 한다. 참여정부 5년, 더 나아가 민주정부 10년의 성공과 좌절에서 우리의 역량과 한계를 따져보고 거기서 출발해야 한다"고.

국민적 판단 앞에 선
문재인과 안철수

　게임은 벌써 시작됐다. 현 시점에서 안철수와 문재인은 새누리당
의 유력한 대선 후보 박근혜와 승부를 겨룰 수 있는 가장 경쟁력 있는
진보진영의 대항마로 주목받고 있다. 각종 여론조사기관이 진행한 양
자 혹은, 다자간 가상 대결에서 나타나는 지지율의 추이가 그것을 증
명하고, 여기에 진보적 성향을 가진 국민들의 기대 역시 상당부분 두
사람을 향해 있다.

　2011년 8월 서울시장 재보궐선거를 앞두고 불기 시작한 '안철수
신드롬'의 거센 바람은 아직도 그 기세가 당당하다. 그는 당시 "현 집
권세력은 역사의 물결을 거스르고 있다. 한나라당(현 새누리당)은 응
징 당하고 대가를 치러야 한다. 그래야 역사가 발전한다"는 입장을 분
명히 했다. 그런 생각이 아직도 여전하다면 새누리당의 재집권을 저
지하기 위해서라도 어떤 형태로든 이번 대통령 선거에 참여할 가능성
이 높아 보인다.

　문재인 역시 마찬가지다. 오랜 인권변호사 활동을 통해 정치권 안
팎에서 쌓아올린 인간적이고 청렴한 이미지는 그가 노무현정권의 계
승자에 그치지 않고 노무현을 넘어서는 역할을 할 것이란 기대를 적
지 않은 사람들에게 주고 있는 것이 사실이다. 물론, 넘어야 할 벽과
해결하고 가야 할 문제도 있다. 얼마 전 실시된 4·11총선. 부산·경남
에서 지역감정을 넘어서는 '낙동강 벨트'를 형성하려 했던 시도가 사
실상 실패로 끝난 문재인은 다른 방식으로 자신의 경쟁력을 다시 한
번 보여줘야 하는 어려움에 처해 있다. 여기에 자서전으로 읽히는 『운
명』에 드러난 참여정부 시대의 각종 정치·경제·사회적 문제의 해결

과정에 대한 시각이 "지나치게 자신만의 입장을 강변하는 변명으로 일관돼 있다"는 일각의 비판에도 어떤 형태로든 답을 내놓아야 할 것으로 보인다.

어차피 대선 경쟁이 본격화되면 '참여정부의 마지막 비서실장'을 맡았던 그에게 당시에 관한 혹독한 비난과 질문이 쏟아질 것이 분명하기 때문이다. 안철수의 경우 대선 참여를 선언한다는 가정 하에 이야기를 해보자. 정치인으로 살아본 적이 없는 그가 냉혹하게 진행될 자신에 관한 각종 검증절차를 견뎌내는 게 쉬운 일은 아닐 것이다. 개인적 검증으로 그치지도 않을 것이다. 한·미 FTA를 둘러싼 잡음, 국가보안법 존폐 여부, 북한에 대한 입장 등 산적한 각종 정치현안에 관해서도 그가 가진 해결 방안과 비전을 빠른 시간 안에 내놓아야 하는 부담감도 커질 게 분명하다.

일부 보수 언론매체에선 아직 대선 출마를 공식적으로 선언하지 않았음에도 이미 안철수를 둘러싼 몇 가지 의혹을 검증의 도마 위에 올리고 있고, 이런 흐름은 앞으로도 가속될 것이 불을 보듯 뻔하다. 어쨌건 앞서도 말했듯 '2012년 제18대 대통령 선거'라는 전 국민이 주목하는 게임은 이미 그 출발을 알렸다. 문재인과 안철수는 범야권, 혹은 진보진영의 유력한 대권 주자로 다른 대선 후보들과 함께 국민적 판단과 선택 앞에 섰다. 과거는 현재를 규정하는 동시에 미래를 예측케 하는 가장 확실한 근거가 된다. 그런 이유로 우리는 역사를 중요시한다. 위에서 정리한 안철수와 문재인의 지난날 삶의 궤적이 유권자의 결정에 조그마한 도움이라도 됐으면 하는 바람이다.

황
상
민

1962년에 태어났다. 현재 연세대학교 심리학과 교수이며, 표정상담기법을 도입한 국내 유일의 심리전문가로 통한다. 그의 관심은 심리학을 넘어 사회, 문화, 경제, 일상의 영역까지 다양한 분야에 걸쳐 있다. 저서로 『짝, 사랑』, 『부모 심리, 아이 심리』, 『한국인의 심리코드』, 『디지털 괴짜가 미래 소비를 결정한다』, 『대한민국 사람이 진짜 원하는 대통령』, 『사이버공간에 또 다른 내가 있다』, 『대한민국 사이버 신인류』, 『독립연습』 등이 있다.
심리학자 황상민은 그간 방송과 칼럼 등을 통해 보여준 신랄한 심리분석으로
두 인물의 이미지와 대중의 욕망을 날카롭게 분석한다.

안철수,
아이디얼리스트 또는 에고이스트?
문재인,
순수한 매력남 또는 남자 박근혜?

> 현재 대중은 문재인, 안철수를 통해 단지 거부하고 싶은 정치 집단을 연상하는 수준에 있다. 문재인, 안철수는 기성정치에 대한 불신, 새로운 정치에 대한 기대를 반영한다. 하지만 곧 대중들은 이 두 사람이 정치인으로 대중과 소통해야 하는 상황에서는 다른 모습을 점점 느끼게 될 것이다. 무엇보다, 정작 이 사람들이 무엇을 지향하는가, 어떤 일을 하려고 하는가, 이들이 나타나야 할 시대적 소명은 무엇인가 등에 의문을 두게 될 것이다.

대중의 눈에 비친 문새인과 안철수의 이미지

― 심리학자 황상민이 말한다

문재인을 둘러싼
이미지 정치의
성격과 미래

문재인을 향한 대중의 욕망

정치 지형의 변화를 일으킬 사람, 새로운 정치에 대한 기대를 하게 만드는 사람, 젠틀한 모습의 조용한 사람, 정치를 할 것 같지도 않고 정치에 어울리지 않는 사람, 아니 권력에 대한 욕심이 없어 보이는 사람, 정치를 하면서도 정치인의 모습을 드러내지 말아야 하는 사람······.

안철수에 대한 이야기가 아니다. 지난 총선 때 부산에서 당선되어 초선의원으로 2012년 6월부터 정치생활을 하고 있는 전 노무현 재단 문재인에 대한 이야기이다. 사실, 그는 부산지역의 국회의원으로 당선되었지만 국회의원보다는 곧 있을 대통령 선거에서 야당의 유력 대권 주자로 부각되는 사람이다. 왜, 대한민국의 대중들은 이제 초선의원으로 막 정치에 몸을 담은 사람에게 이런 기대를 하는 것일까?

문재인은 국회의원이 되기 전에 이미 박근혜 전 한나라당 대표와 향후 대선에서 견줄만한 유력한 차기 대권 주자로 여론의 관심을 받았던 사람이다. 2011년 가을 안철수가 새로운 정치권의 인물로 주목받기 전까지 문재인은 야당 대통령 후보로 여겨졌다. 당시 그는 공식적으로 정치를 하겠다는 선언을 하지 않은 상태였지만 야권의 대통합을 주장하는 발언을 볼 때 이미 현실 정치에 참여한 상태였다.

문재인, 그는 어떤 사람이기에 대중들은 여당에 대응하는 야당의 유력한 대통령 후보감으로 그를 보게 된 것일까? 이것은 문재인 그 사람이 본질적으로 어떤 사람이며 또 그 사람에 대한 사실이 무엇인가를 따지는 문제가 아니다. 대중이 믿고 싶은 아니 보고 싶은 문재인의 이미지의 문제이다. 문재인을 대중은 어떻게 보고 있으며, 그를 통해 충족하고 싶은 욕망이 무엇인지를 확인하는 것이다. 그것은 바로 현재 대한민국 사람들이 간절히 바라는 욕망이 무엇이며, 또 이 나라의 미래가 어떻게 이루어질 것인가에 대한 대중의 기대와 희망을 반영한다.

문재인의 딜레마

현재 한국사회에서 대중이 바라는 정치인은 어떤 사람일까? 대중의 심리에서 분명한 것은 현재의 정치권 인사가 아닌 정치권 밖의 사람이 정치를 바꾸어 주기를 바란다는 것이다. 문재인이 향후 대선의 유력한 후보로 갑작스럽게 관심의 대상이 되기 시작한 것도 바로 대중의 이런 바람 때문이다. 이런 바람에는 그 사람이 어떤 능력이나 특성을 가지고 있다는 것 보다는, 기존의 정치인과 다를 것 같다는 마음이 더 뚜렷하다.

> "인간적인 진솔함이 느껴진다. 선한 인상만큼, 정치에 물들지 않은 깨끗함이 있다. 대중에 소탈하게 다가가고 싶어 한다. 원칙적이고 강단 있는 모습이다. 명분에 어긋나지 않으며, 반듯하다. 품격이 있고 신뢰가 가는 사람이다. 노무현의 꿈('사람 사는 세상')을 이어가고 지속적으로 재창조 될 수 있게 할 것 같다. 10대 같은 순수함을 가지고 있으면서, 봉사와 섬김의 리더십을 보인다. 소년과 같은 감수성을 갖고 있으면서 협력과 화합, 균형을 우선시한다. 내 생각, 내 경험만 옳다고 주장하는 사람들까지 폭 넓게 껴안을 줄 아는 사람이다. 좀처럼 말이나 생각을 뒤집지 않는다. 한 번 아니라고 결론 내리면 끝까지 아니다."

문재인에 대한 일반적인 인물평이자 긍정적 이미지이다. 대중의 마음에 이런 문재인의 이미지가 뚜렷하게 부각된 계기는 있다. 바로 노무현 대통령의 죽음이다. '운명적인 순간'에 초인과 같은 '평정심'을 보인 깊은 무게를 지닌 인물, 그는 그렇게 보였다. 그 이후, 그가 노무현 전 대통령과의 인연을 강조한 자신의 책『운명』을 출간하였을 때, 대중은 마치 운명처럼 그를 노무현의 후계자로 보게 된다.

대중은 북 콘서트를 통해 문재인이 자신을 드러내었을 때, 어떤 정치인보다 그에게 열광적인 관심을 보였다. 이후, 정치권과 거리를 두는 것처럼 보이는 그의 행보는 권력에 욕심이 없는 모습으로, '야권통합'을 부르짖는 그의 노력은 통합과 신뢰의 이미지를 주게 된다. 물론, 이런 행보를 정치인의 대선 전략이라 본다면, 문재인에 대한 대중의 인상은 달라진다.

"사람을 대하는 것이나, 정치인다운 화려한 연설에 서툴다. 무엇보다 정치에는 초보이다. 꽉 막힌, 답답한 사람이다. 도전정신이 없고 안전한 길로만 가려고 한다. 한미 FTA, 새만금, 경인운하 등 MB대통령의 토목 사업과 같은 국정현안에 대한 고민이 충분하지 않다. 용기가 없어 보인다. 전형적인 친노 느낌 이상의 이미지가 없다. 비전 없는 친노 이미지로 정치를 하겠다고 나선 것 같다. 어떤 사람인지, 어떤 비전을 갖고 있는지 잘 모르겠다. 중요한 정치 사안에서 도로 민주당 수준을 벗어날 의지도, 용기도 없어 보인다. 선비 같은 품성은 있지만, 무엇을 혁신하고 개혁해서 바꿀 수 있는 기대를 걸기 힘들다. 내세우는 정치비전은 단지 MB 정권교체와 친노무현 향수에 젖은 감성을 반복하는 수준이다. 남한테 아쉬운 소리 못하고, 귀 얇고, 노무현이라는 인물과의 인연에 의존하는 인물이다."

정치인 문재인을 보는 또 다른 대중의 믿음이다. 아니, 문재인이 정치인으로 자신을 드러내자 점차 대중들은 이런 평가를 하기 시작한다. 말 그대로 '미래가 하나도 안 보이는' 인물이다. 정 뽑을 사람이 없고, 정권을 교체하긴 해야겠다고 믿을 때, 자포자기하는 마음이라면 할 수 없이 선택하게 될 사람이다. 이런 이미지의 사람이 보여줄 특성은 분명하다.

무엇보다 주변 정치인들에게 휘둘릴 것 같다. 자기의 뚜렷한 비전이 없기 때문에 일단 집권하면 지난 대통령의 '과오'라고 지적하는 것들만 뒤바꾸느라 바쁠 것이다. 자신만의 비전이 전혀 보이지 않기에, 심지어 개인적인 호감/비호감 수준의 관심조차 생기지 않는다. 이런 사람이 대통령이 된다면, 경제적으로나 정치적으로 하나도 발전하

지 못한 채로 우리 사회가 현재 그대로 남거나 심지어 퇴보할 것이다. 혹시라도, 사람들이 다른 선택이 없어 대충 뽑고 '나 몰라라' 하는 심리가 아니라면 선택하지 않을 사람일 것이다.

이런 이미지의 사람이라면, 향후 이 사람에 대한 대중의 기대가 지속적으로 유지되기 힘들 것이다. 정치에 입문하기 전의 문재인과 정치인으로 변신하는 문재인에 대한 이런 뚜렷한 이미지의 차이는 문재인이라는 인물의 특성 때문은 아니다. 과거 대중들은 현실에서의 대통령이나 가장 뚜렷한 대통령 후보로 부각되는 박근혜와 대비되는 '참신한 신인 정치인'의 이미지를 마음속에 그려내고 있었다. 문재인은 이런 이미지에 가장 잘 맞는 사람이었다.

결과적으로, 문재인은 대중의 막연한 기대와 희망만으로 높은 지지를 받는 사람이 된 것이다. 하지만, 이제 분명한 정치인으로 부각된 상황에서 대중의 마음은 조금씩 바뀌기 시작한다. 그가, 무엇을 위해, 어떤 일을 할 것인지를 묻기 시작한다. 흥미롭게도 아직 그는 이런 의문에 대한 적절한 답, 기존 정치인과 차별되는 자신만의 답을 내주지 못하고 있다. 어쩌면, 그가 대통령이 되겠다고 선포하는 그 순간까지 분명하게 나오지 않을지도 모른다.

남자 박근혜, 문재인

대통령 선거를 약 5개월 앞둔 현재, 문재인에 대한 대중 지지는 분명하다. 이런 현상이 나타난 이유는 무엇일까? 그것은 역설적으로 새누리당의 확실한 대통령 후보로 예상되는 박근혜의 이미지 때문이다. '높고 훌륭한 인기 있는 기성 정치인에 대비되는 '새롭고 참신한 정치인답지 않은 정치인'을 기대하는 대중의 심리 때문이다. 그렇기에,

역설적으로 정치인 문재인의 정체성은 스스로 만들어 내는 것이 아니라, 바로 대립되는 정치인인 박근혜의 정체성에 좌우된다.

　문재인이 박근혜와 대비되는 이미지를 가지게 된 것은 그 자체로 운명이자 역설적이다. 왜냐하면, 그가 대중의 의식 속에 자리 잡게 되는 계기는 무엇보다 '노무현' 전 대통령이기 때문이다. 이제 고인이 된 그 분의 후광을 받은 것이다. 이런 점에서 문재인은 박근혜와 거의 유사하다. 박 의원의 경우에는 아버지 박정희 대통령의 후광이 그 분의 가장 든든한 배경이자 자산이다. 이렇게 보면, 대중의 마음속에 문재인은 마치 '남자 박근혜'와 같은 위치를 차지하고 있다.

　정치인에 대한 대중의 감성적 반응, 정치인을 이미지로 보게 된다는 정치평론가의 입장에서 본다면, 현재 박근혜와 문재인에 대한 대중의 지지 그 자체는 또 다른 모순된 내용을 담고 있다. 왜냐하면, '높고 훌륭한 정치인'의 이미지는 정작 대중들에게 냉정하고 절제하며 쉽게 다가가기 힘들다는 생각도 들게 만든다. 무엇보다 이런 정치인은 기득권이나 자신의 지지 세력만을 대표할 것 같다. 특권층에 속하는 선민의식을 지닌 지체 높은 사람이다.

　이에 비해, 참신한 신인 정치인의 이미지는 바로 대중과 소통할 뿐 아니라 쉽게 대중이 자신의 아픔을 호소할 수 있는 사람이라는 측면에서 가장 큰 장점이다. 이 사람은 특히 우리 사회의 양극화 문제와 갈등을 해결해 줄 수 있는 사람, 내일은 좀 나아질 것 같은 기대를 품을 수 있는 사람이다. 그런데, 이런 참신한 신인 정치인의 이미지를 올곧이 자기의 정체성으로 가져가야 하는데 그렇지 못한 것이 현재 문재인의 상황이다.

　문재인, 박근혜 모두 후광을 받을 수 있는 뚜렷한 배경이 있다. 하지만, 나름 자신이 지향하는 뚜렷한 정치적 목표나 입장을 대중이 쉽게 공감하고 찾기란 쉽지 않다. 두 사람 모두 정치지도자로 활동한다고 하더라도 자신이 무엇을 하려고 하는지, 또 할 수 있을지조차 명확하지 않다. 아니, 아직 명확하게 이야기하거나 보여준 것이 없다. 물론, 두 사람의 분명한 차이도 있다. 한 사람은 과거와 더 가깝고 또 다른 한 사람은 막연한 미래의 모습을 그리게 한다. 하지만, 문과 박 두 사람 모두 비슷하게 스스로 자신이 무엇을 대변하는지, 어떤 일을 하려 하는지, 어떤 변화를 일으키려 하는지를 명확하게 대중들에게 알려주지 못하는 점에서는 너무나 유사하다.

문과 박의 공통점은 이들이 활동하는 방식에서도 잘 드러난다. 이 둘 모두 자신에게 주어진 정치적 과제나 시대적 소명이 있다면 그것을 운명처럼 잘 따를 것 같다. 하지만, 아무 것도 보이지 않은 황량한 광야에서 두 사람이 서 있다면, 이 둘은 조용히 선 채로 그냥 미라가 될 것 같다. 정치인으로 이런 느낌을 더 분명하게 줄 사람은 바로 문재인이다. 이런 사람에 대해 기대를 가질 뿐 아니라 강한 믿음까지 가지려 한다면, 바로 현실에서 직면한 고난이나 시련이 견디기 힘들 수준이어야 한다. 아니, 문재인이 맞서 싸우게 될 어떤 정치인이나 정치적 힘이 대중들에게 더 이상 참을 수 없는 '거대 악'으로 다가와야 한다. 본인이 그렇게 만들 수 없다면, 본인이 현재 지배적인 힘을 거부하고 싶은 대중의 선택을 받기란 힘들 것이다.

무엇보다, 문재인에 대한 대중의 시각은 아직 유보적이다. 현실적인 기대와 더불어 현재까지 보여주었던 이 사람의 모습은 그 자체로 단순한 희망과 기대 이상의 무엇을 찾기 힘들기 때문이다. 대중이 이 사람에 대해 가질 수 있는 분명한 이미지는, 결국 내부적으로 스스로 동력을 만들어 어떤 일을 해 나갈 수 있을 것 같지 않다는 것이다.

지난 10·26 보궐선거를 통해 문재인에 대한 대중의 관심은 더 새로울 것 같은 인물인 안철수에게 쏠리고 말았다. 어느 순간, 그가 조금은 관심 밖의 인물로 바뀐 듯하다. 심지어, '야권 통합'을 부르짖는 문재인이 이제 무엇을 위해, 왜 그렇게 하는지조차 궁금해 하지 않는다. 모두들 '박근혜의 대세론'이 흔들리는지, 차기 대선에서 '박근혜'와 안철수의 구도가 어떻게 형성될 것인지를 언급하기 바쁘다.

어떻게 새롭게 등장한 문재인은 조금씩 잊혀져가고, 안철수가 더 각광을 받는 일이 벌어지는 것일까? 그 이유도 바로 대중이 바라보는 문재인의 이미지 때문이다. 대중은 '참신한 신인 정치인'의 이미지로 문재인이라는 사람을 보려 했지만, 그가 아직 뚜렷한 자신의 모습을 보여주지 못하고 있기 때문이다. 향후 누가 대중의 마음을 분명히 잡을 수 있느냐의 문제는, 현재 대중들이 가진 자신의 이미지를 어떻게 변화시킬 수 있느냐에 달려 있다.

정치권 돌풍남
안철수의 심리와 행동 분석

안철수 현상

"안철수 개인이 무서운 것이 아니라 안 교수를 지지하는 민심, 안 교수로 상징되는 새로운 변화, 이것을 직시해야 한다." "진보는 통합론만 이야기하고 대중의 고통에 절감하는 모습을 보여주지 못했다. 지분싸움만 하고 있었다. 안철수 현상을 보고 자성의 기회로 삼아야 한다."

'안철수 현상'이라는 것이 무엇이기에 너도나도 우리 정치권의 자성까지 주문하는 것일까? 사실, 이런 자성 주문마저도 현재의 상황을 제대로 보지 못하고 있다. 안철수를 지지하는 민심을 읽기 위해서는 무엇보다 안철수 개인이 어떤 사람인지를 알아야 하기 때문이다.

현재 안철수는 정치권에 있지 않다. 하지만, 그가 차기 서울시장의 출마가능성이 대두하자 그에 대한 대중의 지지도는 대세론을 주장하는 박근혜마저 가볍게 제쳐버렸다. 몇 년 동안 승천을 기대했던 수많은 정치 이무기들의 입장에서 보자면, 정말 귀가 막히고 코가 막힐 일이다. 지역 판세나 지지세력 또는 진보-보수 편가르기와 같은 정치공학적 계산으로 전혀 답이 나오지 않는 일이다. 언론에서는 이런 안철수를 대중과 소통할 뿐 아니라 '감성'에 기반한 '위로'와 '공감'의 정치를 한다고 미화하기 시작했다. 그리고 여의도를 터전으로 하는 기성정치권을 싸그리 '욕망정치'의 화신으로 몰아 붙였다.

안철수가 지난 20년 동안 무엇을 했고, 또 현재 어떤 이야기를 하고 있는가? 이런 질문은 그럴듯해 보이지만, 현재 일어나는 상황을 이해하는 데에는 도움이 되지 않는다. 왜냐하면, 대중은 안철수를 알고 그 사람에 대해 열광하는 것이 아니기 때문이다. 막연히 바라고 믿고 싶은 인간, 막연히 바라는 어떤 사람의 이미지에 열광하는 것이기 때문이다.

물론, 안철수는 컴퓨터 백신을 만들어 보급했다. 안철수 연구소로 돈도 벌었다. 예능 프로 〈무릎팍도사〉에 나와 사람들에게 감동도 주었다. 저런 인간이 어떻게 대한민국에서 살아남을 수 있었으며, 또 성공까지 할 수 있었을까 하는 궁금함까지 자아내었다. 특히 '청춘콘서트'라는 대학생 대상 대중강연과 멘토 노릇까지 한다니, 신세대와의 소통을 고심하는 기성세대의 입장에서 본다면 최적의 인물처럼 보인다. 그런데 이런 사람이 정치를 한다니, 어떻게 이해해야 할까? 안철수를 바라보는 대중들의 심리분석은 바로 이런 질문으로 시작해야 한다.

철저한 주류인생 안철수

대중이 안철수를 잠재적 대선주자로 받아들이는 현상의 핵심은 일종의 반감이다. 누구에 대한 반감일까?

"정치권에 이제 올 것이 왔구나, 라는 위기로 받아들였다." 이명박 대통령이 안철수 현상을 언급하면서 한 말이다. 국민의 입장에서 거의 '사오정' 수준의 응답이다. '발끈해'라는 이름으로 조소를 당하는 어떤 정치인보다 더 심한 상황이다. 왜냐하면, 정치권에 대한 반감과 불신의 진앙지는 바로 그분이기 때문이다. '그때 그 사람'이 마치 '남이야기' 하듯 한말씀하시면, 대중은 더욱 열 받는다.

현재 우리 사회에서 대중은 이것이다 한마디로 꼬집어 말하지는 못하지만, 불안한 삶을 절실히 느끼고 있다. 아니, '고소영'이라 대표되는 기득권 집단에 자신이 속해 있지 않기에 막연한 피해의식을 느끼고 있다. 세상의 변화를 기대하지만, 자신이 나서기는 좀 그렇다. 조금 더 믿을만한 인간이 나서서 더 이상 사기 치지 않고 나를 위해 뭔가를 해 주었으면 하는 마음이다. 안철수는 바로 이런 대중의 기대와 부합한다. 하지만 이런 대중의 기대는 안철수 개인에게 성공의 축배라기보다 피해야 하는 '독배'이다. 안철수라는 인물의 특성 때문이다.

지금까지 안철수는 다양한 영역을 넘나들었기 때문에 새로운 일을 끊임없이 한 사람으로 보인다. 의사에서 소프트웨어 사업가, 다시 학생과 교수의 역할로 바뀌었다. 한 개인에게는 새롭고 다른 길이었다. 하지만 그가 한 일 자체는 새로운 것이 아니다. 사실, 그는 단지 각기 다른 영역에서 가장 규범적인 길을 갔다. 비주류로 움직인 것 같지만, 실제로는 철저하게 주류의 입장에서 살아왔다. 단지, 자신만의 방식으로 다양함을 추구한 것이다.

새로운 상황을 만든 것 같지만, 그는 주어진 상황에서 최선의 노력을 다했고, 최고의 결과를 얻었다. 이것은 정치의 영역에서 그가 어떤 일을, 어떻게 하게 될지를 분명히 알려준다. 또한 그가 정치권에서 직면하게 될 가장 큰 어려움이기도 하다. 왜냐하면, 그는 정치권에서 그가 분명히 수행할 역할과 해결할 문제를 스스로 명확하게 규정해야 하기 때문이다. 만일 이것이 성공적이지 못하면, 그의 정치권 진입 자체가 혼란에 빠질 위험성이 있다.

안철수만의 문제해결 방식, 그가 지향하는 세상의 변화는 '청춘콘서트'에 잘 드러난다. 나름의 문제를 설정하고, 자신의 생각을 끊임없이 공유하려 한다. 그가 세상을 바꾸려는 방식이다. 꿈을 꾸는 아이디얼리스트의 성향이다. 남과 다른 생각을 하며 자신의 꿈을 믿고 그것을 현실에서 이루려 한다. 그렇기에 그는 자신이 할 일을 분명 이해하면서, 나름의 목표를 스스로 설정하고 수행하려 한다. 이런 방식은 먼저 구체적인 문제 또는 과제를 설정하는 것이다. 문제해결은 그냥 차근차근 풀어 가면 된다. 그는 그것이 정치라 하더라도 이렇게 나름 전문성을 확보할 수 있다고 믿는다. 최소한 정치권에서 같이 일하는 사람들이 같은 목표를 향해, 같은 목적을 위해 같은 마음으로 일한다는 기대를 할 수 있어야 한다. 하지만 안철수는 정치권에서 이런 사람을 찾기도 힘들고, 그렇게 만들기도 힘들 것이다. 그의 과거의 성공의 트랩이 정치권에서 통하지 않는다면, 그는 가장 큰 어려움에 직면하게 될 것이다.

정치인이란 대중이 필요하다고 하면 무조건 자신이 할 수 있다고 나서는 사람들이다. 안철수의 경우, 이런 정치인과 다르다. 그는 본인이 해결해야 할 분명한 문제가 분명하게 설정되어야 나름 행동할 수 있다. 현재 그가 설정한 대한민국의 주요 아젠다가 있을까? '반한나라당', '반재벌'인 것은 분명하다. 하지만, 아직 그가 정치인으로 내세울 수 있는 국가 아젠다는 없다. 자신의 아젠다와 문제해결을 대표할 수 있는 대표적인 메타포도 없다. 그의 문제해결 능력의 한계가 드러날 수밖에 없다.

과거 그가 컴퓨터 백신을 만들 수 있었던 것은 질병에 대한 백신이라는 비유를 활용했기 때문에 가능했다. 현재 우리 사회가 직면한 질병에 대해, 그는 어떤 백신을 생각하고 있을까? 의사가 환자를 치료한다는 것은 개인으로 할 수 있는 하나의 해결책이다. 하지만 그가 정치인이 된다면, 그가 관심을 두고 해야 할 일은 대중이나 사회 전체의 입장에서 사람의 의식과 행동을 바꾸는 작업이다. 그것이 바로 정치이다. 이것은 바로 예수가 2천 년 전 로마 지배의 이스라엘에서 히려했던 일이다. 하지만 현재 그는 '열두 제자'도 '사도 바울'도 없다. 무엇보다, 그는 정치인으로 자리를 설정하는 순간, 자신이 편하게 설정했던 과제에 대해 대중의 이해와 공감을 구해야 한다.

아이디얼리스트 VS 돈키호테

안철수의 성향은 기본적으로 아이디얼리스트이다. 남과 다른 생각을 하며 자신의 꿈을 이루려 하는 사람이다. 지금까지 그는 주어진 일과 역할을 수행하는 데에 아무 문제가 없었다. 또한 앞으로 어떤 상황이 주어진다 해도 자신에 대한 요청을 기꺼이 받아들일 것이다. 그는 문제를 창의적으로 해결하고자 할 것이다. 안철수가 나름 한국사회에서 대중에게 가치를 인정받고 부각될 수 있었던 것은 바로 그의 이런 성향 때문이다. 우리 사회의 규범이나 관행에서 벗어나면서도, 자유롭고 잘나고 멋진 사람이라는 이미지를 만들 수 있었기 때문이다. 탈정치를 주장하는 새로운 정치인, 변화를 이야기하지만 믿을만한 인간이다. 식상한 보수-진보의 틀에 갇혀 여전히 과거의 유행가를 부르는 정치인에 더 이상 매력을 느낄 수 없을 때, 대중은 이런 사람에게 열광한다.

'이상, 에고이스트, 독특, 창의, 독립, 자유, 확장, 호기심, 개성' 등의 단어들로 포장되는 사람을 한번 연상해 보자. 이 성향의 사람은 일하는 장면에서도 일관성을 주려 하기보다, 항상 오늘과 내일이 다를 수 있다는 변화를 지향한다. 이런 인간이 정치인이 되면, 그에 대한 평가는 달라진다. 대중은 그를 이해하기 힘든, 돈키호테와 같은 사람으로 보려 한다. 익숙한 대세를 거부하는 그의 시도는 초기에는 놀라움으로 수용되지만, 점차 '오늘은 또 왜 저러는 거야', '쟤는 왜 저렇게 하고 싶은 대로만 하는 거야'라는 시선으로 바뀐다. 우리는 이런 현상을 이미 노무현을 통해 경험했다.

노무현 정권에서 대중은 시도 때도 없이 염장을 질러대는 그 분의 뜬금없는 제안과 이야기에 어이없어했다. 분명 나쁜 사람은 아닌 것 같은데, 그 분의 행동은 정말 알 수 없었다. 모자라는 것인지 아니면 멍청한 것인지, 알 수 없는 고집은 아집처럼 보였다. 노무현에 대해 기대를 했던 사람들은 답답해했고, 이런 결과, 우리는 MB 대통령을 선택했다. 홧김에 서방질하는 것과 다르지 않는 선택이었다.

아이디얼리스트 성향의 인간이 혼자 일을 하는 것에는 아무런 문제가 없다. 자신이 꿈꾸고 믿는 것을 그냥 하면 된다. 성공이든 실패든 본인에게는 큰 문제가 되지 않는다. 하지만, 이런 성향의 사람들이 가장 힘들 때는 자신이 꿈꾸는 일, 변화를 유발하는 일을 혼자가 아닌 수많은 사람들과 하려 할 때이다. 정작 이 사람이 지향하는 사회가 무엇인지, 어떤 가치를 추구하고 있는지를 일반 사람들과 소통하기란 쉽지 않다. 하지만, 본인은 소통이 잘 된다고 믿는다. 같이 일하는 사람들이 공유할 수 있는 꿈이 무엇이며, 무엇을 지향하는지를 알 수 있도록 해야 한다. 그것이 분명하지 않으면 소위 말하는 조직이 공유하고 지향하는 가치에서 혼란이 발생한다. '사공이 많으면 배가 산으로

간다' 는 속담이 바로 현실이 된다.

대중의 기대란 신기루와 같다. 사실, 차근차근 문제를 규정하고 해결하려는 안철수에게 대중의 기대는 독이다. 분명한 과제를 수행하는 것에는 능한 그이지만, 긴박하게 발생하는 상황 변화에 대해 그가 발휘할 수 있는 통찰이나 혜안은 제한적이다. 그는 마법사가 아닌 모범생의 틀을 따라 가려는 사람이기 때문이다. 어쩌면 그는 노무현과는 다른 문제해결책을 찾으려 할 것이다. 안철수 개인의 이력과 그의 문제해결 방식을 잘 살펴보면, 향후 그의 정치 행보가 읽혀진다. 본인이 직접 정치판에 들어가는 것이 아니라, 정치판 자체를 바꾸고 싶어 할 것이다. 향후 대통령 후보 논의에서도 안철수는 서울시장 후보선택에서 박원순 서울시장과 함께 보인 행동을 또 다시 반복할지도 모른다. 안철수 개인이 문제를 푸는 방식, 세상을 변화시키려는 방식이다. 노무현과 다른 정치의 변화, 이 사회의 변화의 시도이다. 정치판을 변화시키기 위해 정치인이 되기보다는, 정치판을 새로운 사회변화의 구도 속에 집어 넣는 것이다.

단지 '박근혜'가 싫다는 마음

진보와 보수의 단순 프레임에 갇혀 정치권을 보는 사람들에게 문재인과 안철수는 성격이 분명하지 않는 새로운 종류의 정치인임에 틀림이 없다. 좌우의 프레임에서 벗어난 무엇을 지향한다는 것을 보여주지만, 정작 이것을 벗어나 어떤 뚜렷한 정체성을 보여주지 못하고 있기에 의구심을 자아내게 된다. 심지어, 새누리당의 이한구도 부르고, 민주통합당에 속하게 된 문재인도 부르는 안철수이다. 그는 새누리당은 안 된다고 했는데, 앞으로 어떻게 할지 더욱 궁금증을 자아낸다. 정치가 특별하다고 믿는 사람들에게는 '안철수'의 침묵이나 관망하는 태도는 더욱 그에 대한 부정적인 감정을 불러일으킨다. 점점 그에 대한 대중의 기대 또한 불안정하다. 대통령 후보로 나오지 말았으면 한다고 하는 사람이 50% 수준이고, 정작 이런 사람들은 안철수에게 호감을 가진 사람들이기도 하다. 무엇보다 자신이 짊어져야 할 시대적 사명이 무엇인지를 분명히 해야 할 상황이다.

대중이 간절하게 기대하는 '참신한 정치인'이란 자신의 아픔을 호소하면서 소통할 수 있는 사람이다. 우리 사회의 양극화 문제와 갈등을 해결해 줄 수 있는 사람, 내일은 좀 나아질 것 같은 기대를 품을 수 있는 사람이다. 이런 분위기가 연말에 뚜렷하다면, 우리 사회는 지난 미국 대통령 선거에서 미국인들이 오바마 대통링 후보를 통해 충족히고자 했던 그런 열망에 휩싸일 수 있을 것이다. 참신 정치인을 통해, 자신의 삶에 긍정적인 변화를 일으키고 싶은 열망이다.

현재 대중에게 문재인과 안철수는 기존 정치 집단에 대한 거부의 반영이다. 즉. 문재인, 안철수는 기성정치에 대한 불신, 새로운 정치에 대한 기대를 반영한다. 하지만 곧 대중들은 이 두 사람이 정치인으로 대중과 소통해야 하는 상황에서는 다른 모습을 점점 느끼게 될 것이다. 무엇보다, 정작 이 사람들이 무엇을 지향하는가, 어떤 일을 하려고 하는가, 이들이 나타나야 할 시대적 소명은 무엇인가 등에 의문을 두게 될 것이다.

청춘콘서트를 통해 안철수는 자신이 젊은이와 또 더 많은 대중과 소통하면서 그들의 욕구를 충족시켜주고 있다고 자평했다. 하지만, 이것은 아이디얼리스트가 경험하는 나르시스트적인 상황이다. 문재인은 국회의원이 되었지만, 곧이어 대선 출마 선언을 했다. 현재 억지로 만들어진 정치인의 정체성에 또 다른 이미지를 부여하는 것이다.

문재인, 안철수 모두 각자가 가진 개인적인 특성들은 비교적 뚜렷한 인물이다. 하지만 이것만으로 정치적으로 대중의 마음을 사로잡기는 어렵다. 두 인물에 대해 대중은 사회적 성공을 이룬 자신의 대리자 또는 노무현의 후계자로 괜찮은 평가를 갖고 있을 뿐이다. 다시 말하자면, 이들은 분명 대중의 호감을 받고 있지만 정치적으로 확실한 지지를 확보했다기보다는 단지 '박근혜'가 싫다는 마음, 또 다른 대안을 가지고 싶은 마음을 충족시켜주는 인물들일 뿐이다. 그렇기에 혹자는 "철없는 20대들이 철을 찾아서, 철수를 쫓아간다"고 했다. 또는 개인과 사회의 문제를 좀 더 심각하게 받아들이는 30대들이 변화에 대한 바람으로써 문재인을 바라본다고 한다. 어쩌면, 이런 글을 읽는 당신은 40대나 50대일지도 모른다. 자신이 아닌 누군가가 현재의 상태를 바꾸어 주기를 바라고 있는.

:: '안철수 대통령은 없다?'

안철수는 가령 새누리당에 대해서도 '응징'이란 표현을 썼다. 그 직후 한나라당이 쇄신하다면 바꿀 수도 있다고 했다. 큰 틀에서는 박근혜 전 대표와의 큰 승부가 있다는 게 상식이다. 과거 노무현 후보와 정몽준 후보의 연대 모델, 뭐가 뭔지도 모르게 갑자기 덜렁 연대하여 전혀 시너지가 발생하지 않는, 그런 연대에 대해 국민들은 감동하지 않을 거다.

안철수의 입장에선 이 과정을 통해서 새누리당이든 민주당이든 진보당이든, 기성 정치권에 대한 변화를 강력히 주문해야 한다. 민주당과 연대할 가능성이 높지만 연대할지라도 단순한 악수가 아니라 어떤 변화를 촉구하는 정강정책, 또한 인물 면에서는 바뀌는 과정을 만들지 않으면 나중에 최종적으로 민주당 후보와 연대할지라도 박근혜 전 대표를 이기긴 힘들다. 시대적 과제인 화합과 소통의 정치를 하겠다고 강연을 했는데 진영논리에서 선거가 치러질 경우, 민주당에 뭘 요구할 것인지가 숙제라는 거다.

복지, 정의, 평화의 메시지는 제대로 잡은 것 같다. 정의, 젊은이들이 열광하는 것 중 대표적인 것이다. 쉽게 말하면 경제민주화, 대기업과 중소기업의 상생, 공정한 경쟁 속 일자리 창출까지 연결될 수 있는 부분이기에. 부산대에서도 박근혜 칭찬하고 문재인도 칭찬했다. 네거티브가 아닌, 기존 선거 레이스와는 다른 부분을 보여주고 있다.

또 하나는 정당정치 문제인데, 한겨레에서 성한용 기자가 '안철수 대통령은 없다'라고 쓴 걸 보며 그런 생각이 들었다. 이 변화가 무엇인가. 예부터 정당정치에 불만은 있어왔고 정당정치 내에서 문제를 해결하려고도 했다. 정치인이 아닌 운동권을 끌어들이고, 새누리당 민주당 할 것 없이 스타급 사람들을 밖에서 끌어오고. 오세훈, 강금실 씨도 그런 경우였고 심지어 노무현 대통령도 처음에 정치 입문할 때는 그렇지 않았다. 박원순에 들어 의원 수준에서 시장 수준까지 간 거다. 이제는 대선후보까지 나왔다.

이걸 부정적으로 볼 것인가, 아니면 시대적 변화가 담겨 있는 거라고 볼 것인가. 예를 들어 외국에서는 이런 이론이 나온다. "정당정치는 2020년 사라질 것이다." 성한용 기자의 말은 정치를 정치인에게 맡기라는 것. 즉 정당정치를 강조하는 것이다. 그러나 다른 한편에 이런 이야기도 있다는 것이다. 이 현상을 어찌 봐야 하나. 화합과 소통의 리더십이라는 게 어떻게 보면 본질적인 부분과 연결돼 있지 않나 싶다.

안철수라는 사람에게 매력을 느꼈던 부분은 이런 것이다. 대기업과 중소기업의 상생 문제. 그가 말한 출발선의 평등은 보수적인 부분인데, 사실 제대로 된 보수 사회라면 여기에 합의가 이뤄져야 하는데 우리 사회에서 이런 얘기를 하면 진보라고 받아들여진다. 그가 말하는 건 진보 보수가 아니라 상식의 문제다. 이것은 안철수가 호응을 받는 중요한 요소 중 하나라고 본다.

지금 고용의 90%를 중소기업이 창출하는데 대기업의 횡포가 중소기업을 못살게 군다. 그렇기 때문에 이익공유제를 만들어서 억지로 하게 하는 것이 아니라 공정한 경쟁을 하게 하고 게임 규칙을 어기면 아주 강력하게 처벌할 수 있는, 대기업이라 하더라도 강력히 처벌할 수 있는 의지가 필요하다. 고용이 살아나고 젊은이들 일자리가 살아나는 부분을 그가 지적한 게 매우 중요하다고 본다.

이명박 대통령은 현장 감독, 공사판 감독이다. 안철수는 백신을 만드는 사람이다. 산업사회에서 정보화사회로 넘어왔는데 여기에 맞는 경제관념과 상식을 갖춘 사람이 안철수라는 생각을 사람들이 갖는 것 같다. 그래서 나온 게 정치적 리더십의 문제다.

내가 CEO고 너희는 사원이다. 내 말대로 해, 나는 나중에 평가받을 거야. 사람들이 여기에 굉장히 지쳐 있는데 안철수는 얘기를 들어준다. 이런 부분들이 그가 던지는 중요한 메시지라고 본다. 이런 것들을 구체적인 정책으로 어떻게 실행하는가. 이에 따라 파급력이 굉장히 다를 거라고 본다. 박근혜의 경우 5공, 3공까지 가버리는, 7인회 멤버를 보고 경악을 했다. 이들이 대단한 분들이거나 정책을 세우거나 하는 분들은 아닐 거다. 아무리 그래도 그렇지 어떻게 이런 분들에게 조언을 구하는지, 이건 퇴행도 아니고……. 일부러도 거리 둬야 할 판에 그건 아니다 싶었다.

오마이뉴스가 만드는 팟캐스트 방송 〈이슈 털어주는 남자〉 '전방위토크'에서

안철수와 문재인에게, 486과 청년이 고함 2

486이 바라보는 안철수와 문재인

486세대 박현수가 말한다

2013년 청년들이 꿈꾸는 대안

청년 김영경이 말한다

박현수

1966년에 태어났다. 호(號)는 난타산인. 시인이자 문학평론가이며 현재 경북대학교 국어국문학과 교수로 재직하고 있다. 1992년 한국일보 신춘문예에 시 『세한도』로 등단하였으며, 시집 『우울한 시대의 사랑에게』, 『위험한 독서』가 있고, 연구서 『현대시와 전통주의의 수사학』, 『모더니즘과 포스트모더니즘의 수사학』, 이론서 『시론』, 시비평집 『황금책갈피』, 편저 『시를 써야 시가 되느니라』, 『레몬향기를 맡고 싶소』 등이 있다.
걸출한 재담과 호쾌한 문체를 자랑하는 박현수 교수는, 우리시대 486세대를 대신하여 두 인물에 대한 탐구를 해학적으로 풀어내었다.

누가 현정부의 '돈벌이주의'를
대체할 것인가?

> 본사는 이번에 창사 이래 최대의 야심작으로 청와대 집무실에 들여놓을 봉황의자 두 개, 철수체어와 재인체어를 출시하였다. 이번에 본사에서 출시한 제품을 자세히 살펴보고 소비자들이 현명한 판단을 내리기를 기대해본다.

486이 바라보는 안철수와 문재인
— 486세대 박헌수가 말한다

청와대 납품용
봉황의자 사용설명서

본사는 이번에 창사 이래 최대의 야심작으로 청와대 집무실에 들여놓을 봉황의자 두 개, 철수체어와 재인체어를 출시하였다. 이번 제품은 본사 최고의 전문가가 다년간 심혈을 기울여 만든 것으로 기존의 제품과 뚜렷한 차별성을 지닌다. 타사에서 만든 근혜체어가 있으나 일단 제품이 출고된 지 오래되어 소비자에게 '후보 피로증'을 유발할 뿐만 아니라, 군데군데 나사가 헐거워져 불협화음을 내기도 하여 많은 소비자들이 반신반의하며 선택을 주저하고 있다.

본사는 이번 야심작을 소개하기 전에 이런 유형의 제품을 선택하는 일반 소비자가 잘못 알고 있는 상식부터 짚고 넘어가고자 한다. 많은 소비자는 일반 제품과 달리 청와대용 특수 체어를 선택할 때에는 제품을 만든 목적에 현혹되기 쉽다. 제품 제작 목적은 철학이니 형이상학이니 뭐니 하는 말로 부르는 것이지만, 그것은 사용 방향을 결정할 뿐 제품의 구체적 기능을 평가하는 데에는 무력하다. 그래서 이런 제품의 철학은 개똥철학에 불과하다.

저번에 많은 소비자가 선택하여 청와대에 납품한 바 있는 MB체어의 제작 목적은 '돈벌이주의'였다. 이 제품만 들여놓으면 소비자가 저절로 많은 돈을 벌게 된다는 것이다. 소비자가 이 제품을 선택한 것에는 제품의 과거 이력, 즉 기존에 대기업에 납품되어 어느 정도 좋은 평가를 받았다는 사실이 많은 영향을 끼쳤다. 그러나 이 체어가 가지고 있는 이런 개똥철학이 만든 결과는 개판이었다. 돈을 벌어주는 것이 아니라 잦은 고장으로 소비자는 수시로 천문학적인 수리비를 치러야 했으며, 게다가 제품에 어울리지 않게 큰 강물에 휩쓸려 다녀

제 스스로 녹을 만들어 사용기한이 1년 이상이 남았는데도 벌써 반품 요청이 쇄도하고 있다. 소비자가 선택한 봉황의자 중 보통의자를 제작 목적으로 내세운 물태우체어 이래 최악의 체어가 되었다.

이것은 제품 제작 목적을 제품 선택의 최우선 기준으로 삼으면 안 된다는 최악의 사례이다. MB체어가 최악의 제품으로 평가되는 것은 바로 돈벌이주의라는 제작 목적과 실제 기능이 따로 놀았기 때문이다. 이전에 대기업에 납품 된 경험 이면에는 오히려 제품 자신의 이익만을 위해서 최선을 다하는 모습이 숨어 있었고, 실제 기능도 소비자의 돈을 뜯어 제품 자신의 가치만을 높이는 것에 초점이 맞추어져 있었다. 겉으로 내세운 제작 목적은 철저하게 소비자 중심주의인 것처럼 내세웠으나 실제 기능은 이처럼 전혀 딴판이었던 것이다.

이런 문제점은 MB체어와 전혀 다른 공장에서 만들어진 제품에서도 마찬가지로 나타난다. 최근 일반 정당에 납품되어 문제가 되고 있는 진보의자 정희체어를 보자. 정희체어의 제작 목적은 '평등주의'이다. 그러나 그런 개똥철학을 가지고 있음에도 그 기능은 MB체어의 기능과 다를 바 없었다. 가난한 동네에 중국산처럼 싼 맛에 납품되다가 모처럼 공식적인 정당에 납품되니 그동안 나타나지 않았던 각종 하자와 비위생성 등이 줄줄이 드러나게 되었던 것이다. 개똥철학이 달라도 실제 기능면에서는 아무런 차이가 없었던 것이다. 이런 정치용 특수 체어에 중요한 것은 그것의 제작 목적이 아니라 실제 기능이 얼마나 합리적으로 작동하는가 하는 점이다.

본사는 제품의 제작 목적에 크게 신경 쓰지 않는다. 제작 목적이라는 개똥철학은 제품 광고기획사가 부풀려 놓은 과대광고에 불과하다. 특히 최근의 입찰 경쟁은 일종의 신화 전쟁의 양상으로 발전되었다. 각 가구사마다 자사 제품에 신화적인 이미지를 덧씌워 앙상한 뼈대밖에 없는 체어가 마치 두 발은 지상에 두고 머리는 별에 찰랑찰랑 부딪히는 거대한 신인 것처럼 선전한다. 이런 선동을 각종 미디어가 앞장서서 자발적으로 수행하고 있는 것이다. 비극적인 MB체어도 그렇게 탄생하였다. 이런 신화를 이기기 위해 또다른 신화를 맞세워서는 안 된다. 신화의 적은 또다른 신화가 아니라 냉혹한 현실인식이다. 그 신적인 체어가 사실은 앙상한 철근을 용접하여 만든 초라한 의자에 불과하다는 것을 통찰하는 것이다.

봉황의자를 선택하는 올바른 길은 철저하게 실제 기능이 무엇인지 파악하는 것이다. 이것은 수년간의 스트레스를 방지하는 유일한 길이다. 기능에 대한 평가는 그것이 현실적으로 제대로 작동하여 소비자의 만족도를 최대한으로 높여줄 수 있느냐 여부에 달려 있다. 소비자는 이제 신화를 덧씌우는 개똥철학에 대한 미련을 깨끗이 접고 최대한 기능이 정상적으로 작동되는지에 주목해야 한다. 물론 제품을 직접 사용하기 전에 그것을 제대로 알기는 어렵지만, 평소 작동하는 모습을 눈여겨보면 어느 정도 짐작할 수 있을 것이다. 최근 MB체어나 정희체어를 통해 소비자의 눈이 한층 더 높아지게 되었으니 본사로서는 천만다행이 아닐 수 없다.

철수체어,
베타 버전 사용후기

본사가 출시한 철수체어는 지금까지 나온 봉황체어 중 가장 기능적인 제품이라 확언할 수 있다. 일단 이 제품의 제작 목적은 '공동선을 위한 중도주의'라 할 수 있다. 이 제품이 지금까지 여와 야라는 두 가지 제품밖에 없던 시장에 나타나 소비자의 선택 폭을 높여 주었다는 점은 분명해 보인다. 철수체어도 시장의 속성상 결국 두 가지 제품군 중의 어느 하나로 분류될 수밖에 없겠지만, 현재 이 제품에 소비자들이 그만큼 기대를 거는 것은 그 동안 양대 제조사 제품에 싫증이 났기 때문이다. 현재 이 제품은 어디에도 속하지 않은 순수한 체어로서 이름을 떨치고 있다. 본사가 다른 계열사 브랜드로 이 제품을 내놓은 것도 바로 이런 틈새시장을 공략하기 위해서이다.

그러나 본사는 소비자들이 이런 제작 목적에 너무 현혹되어서는 안 된다고 솔직하게 밝힌다. 진짜 중요한 것은 이 제품의 기능이다. 이 제품은 봉황의자로 대이나기 이진에 시험판으로 몇 가지 기능이 점검된 적이 있다. 먼저 의과대학 교수용으로 납품된 적이 있다. 이 제품은 성실하게 모든 과정을 마치고 교수용으로 납품되었으며 그 기능이 훌륭하게 발휘될 것으로 기대되었지만, 거기에서 새로운 곳으로 옮겨졌다. 따라서 의과대학 교수용으로서는 그 기능이 충분하게 검증되었다고 보기 힘들다.

새로운 곳은 바로 컴퓨터 바이러스 퇴치 프로그램을 만드는 벤처기업이다. 전혀 공통점이 없는 이 두 곳을 연결시키는 지점은 바이러스라는 이름이다. 기호적 상 징에 불과한 이름이 실제로 존재하지 않았던 것을 탄생시킨 희귀한 사례이다. 이것은 이 제품의 가능성이 무한하다는 사실을 말해준다. 상징적 유사성을 통해 자신의 능력을 무한 확장할 수 있다는 점을 확 인시켜 주었기 때문이다.

벤처기업에 납품된 이 제품은 그곳에서 경영상의 기능을 제대로 수행하였다. 그런 성공으로 이 제품이 얻은 것은 경영의 세 가지 원칙 이다. '회사는 한 사람이 할 수 없는 크고 의미 있는 일을 이루는 조직 이다.' '자본주의 사회에서 기업은 함께 살아가는 사회를 풍요롭게 만들 수 있는 존재이다', '수익이라는 것은 기업 활동을 열심히 한 결 과다'. 여기에서도 제작 목적에 나온 '공동선'의 이념이 강조되고 있 다.

개똥철학이라 할 이런 경영 원칙이 지금 설득력을 지니는 것은 이 제품이 놀랄만한 경영상의 성공을 이루었기 때문이다. 기업 경영은 성패를 확실하게 확인해주는 물질적 기준을 지니고 있기 때문에 성 패가 분명하게 드러난다. 그리고 성공은 쉽게 신화가 된다. 따라서 본 제품의 성공 각인 효과는 앞으로 지속될 것이다. 즉 경영 실패가 오지 않는 한 이 믿음은 계속 유지된다는 것이다. 기존의 실패작인 MB체 어도 단 하나 바로 이런 성공에 기대어 청와대에 납품되었다. 따라서 이 점이 철수체어의 한계가 될 수도 있다. 이후의 성공은 모두 이 성 공에 바탕을 두고 있기 때문이다. 이 성공이 무의미하다고 밝혀지면 그 이후의 모든 성공도 함께 무의미한 것으로 판명될 것이다.

지금 납품을 원하는 정치공간은 철수체어가 거쳐 온 어떤 곳과도 유사성이 없는 곳이다. '바이러스'라는 언어적 동일성 하나로 의과대 학 교수 자리에서 벤처 기업가의 자리로 옮겨 올 수 있었던 것은 어쩌면 행운이었을지 모른다. 현재 다시 교수의 자리로 옮겨온 이 체어가 그 자리에 성공적으로 안착하였는지는 알 수 없다. 자신의 자리와 관련된 전문성이 드러나는 새로운 결과들이 제대로 평가되지 않았기 때문이다.

철수체어의 맥거핀 효과(MacGuffin Effect)가 원순체어에 전이되다

정치공간에 한 번도 놓인 적이 없다는 것이 본 제품의 최대 단점이다. 청와대는 이런 공간의 최상위 장소이기 때문에 그 단점은 더욱 크게 부각될 수 있다. 정치적 기능은 지식 학습을 통해 이루어지기 힘들다. 다년간의 정치적 경험, 논리적 설득력으로 돌파할 수 없는 극한적 대립 상황에 대한 적응, 그로부터 얻게 되는 적절한 타협 능력, 권모술수와 위선에 대한 통찰 등은 서적에서 얻을 수 없는 경험이다. 이것은 이론의 영역이 아니라 흩어지는 연기 분자처럼 그 다음이 예측 불가능한 실제의 영역이라서 단 시간에 메우기 힘든 결점으로 연결될 수 있다.

정치공간과 달리 경영공간은 적대적인 상대가 오로지 그 자리를 차지하기 위해 노리는 유일한 공간이 아니다. 경영공간에서는 수많은 공간으로 독립되어 있으며 경쟁 상대는 익명의 다수이며, 그들이 노리는 것은 유일한 어떤 자리가 아니다. 수많은 과녁이 있기 때문에 각자 자신에게 가장 잘 어울리는 과녁을 설정하여 자신의 방식으로 성과를 내면 된다.

그러나 정치공간은 다르다. 청와대라는 유일한 자리를 차지하기 위해 적대적인 존재가 언제나 빈틈을 노리고 있다. 한 번의 실수는 단순한 실패가 아니라 적이 그만큼 자신의 자리에 다가오도록 허용하였다는 뜻이다. 그 자리의 막강한 위엄 때문에 서로 공유하는 믿음이나 가치가 다르더라도 수많은 조직들이 아침저녁으로 이합집산을 밥 먹듯이 한다. 그 조직들이 새로운 신화를 만들고 소비자를 현혹시켜 최고의 자리를 만들고자 한다.

또한 기업 경영과 달리 정치공간에서는 어떤 주체도 절대적인 판단을 내리고 그것을 바로 실행에 옮길 수 없다. 여러 번거로운 절차와 복잡한 변수들이 기다리고 있다. 본 제품에 이런 문제들을 풀 수 있는 기능이 있는가 의심해 볼만 하다. 본 제품은 지금까지 혼자서 최종 결정을 내릴 수 있는 그런 자리로만 옮겨 다녀 왔다. 교수의 자리도 경영자의 자리도 그런 곳이다. 철수체어는 지금 최고의 실험대에 올려져 있다.

따라서 본사는 철수체어의 최고의 기능은 '맥거핀'의 기능이라 분석하고, 이것을 적극적으로 사용할 것을 추천하는 바이다. 맥거핀이란 지젝이라는 사람이 즐겨 사용하는 개념으로 영화나 소설 등에서 "이야기를 가동시키는 역할만을 하고 있는, 하지만 그 자체로는 아무것도 아닌 순수한 기능"을 가리키는 개념이다. 지젝이 드는 예를 그대로 옮겨 보자.

두 남자가 기차에 앉아 있다. 그 중 한 명이 묻는다. "저기, 짐칸에 있는 꾸러미는 무엇이죠?" "아, 그거요. 맥거핀이에요." "맥거핀이 뭐죠?" "아,

그건 스코틀랜드 고지방에서 사자를 잡을 때 쓰는 장비예요." "그런데 스코틀랜드 고지방에는 사자가 없는데요." "아, 그럼 그건 맥거핀이 아니에요." 좀더 딱 들어맞는 또 다른 판본이 있다. 나머지는 동일하고 마지막 대답이 다른 것이다. "그래도, 그게 얼마나 효과가 있는지 몰라요." 그게 바로 맥거핀이다. 순수한 무(無)이지만 효과는 확실한 것.(슬라보예 지젝, 이수련 옮김, 『이데올로기라는 숭고한 대상』)

맥거핀, 존재하지 않지만 효과는 확실한 것? 이것을 쉽게 이해하기 위해 이런 가정을 빌려와 보자. 몇 사람이 포커를 하러 어느 테이블에 둘러앉은 영화 장면이다. 그런데 이 테이블 아래에 시한폭탄이 장치되어 있다는 암시가 나온다. 영화는 농담 속에서 진행되는 포커 게임 장면과 시한폭탄이 목표 시간을 향해 나아가는 장면을 번갈아 보여준다. 이 때문에 영화에 긴장감이 흐른다. 그런데 목표 시간에 도달하기 전에 누군가 '영화나 보러 가자!'고 제안하자 모두들 떠나버린다.(양운덕의 블로그 글, 「사이버 시대의 지도」에서) 이 영화의 줄거리에서 시한폭탄은 실제적 역할이 없다. 그렇지만 이 영화는 이 시한폭탄이 없으면 의미가 없다. 이 시한폭탄의 기능이 바로 맥거핀의 기능이다.

현재 철수체어는 청와대의 납품을 기다리는 한 개의 의자에 불과하다. 그러나 공식적으로 청와대에 납품한다는 사실을 한 번도 밝힌 적이 없다. 즉 정치공간에서 이 체어의 실재는 제로이다. 전혀 존재하지 않은 것이다. 그럼에도 그 효과는 엄청나게 확실하다. 소비자들의 최고 선호대상의 하나로 인구에 회자된 지 한 해가 넘었다. 그리고 그 지속성은 조금도 의심 받지 않는다. 이것이 바로 맥거핀의 기능이다. 철수체어는 확실히 이 맥거핀의 기능을 가지고 있다. 정치공간에 존재하지 않지만 효과는 실제적으로 확실한 기능이다.

그러나 맥거핀의 기능은 그것이 어떤 공간에 실재할 때 하나의 거품으로 사라져 버릴 수도 있다. 그 효과는 철저하게 실재가 모습을 드러내지 않았기 때문에 생긴 것이다. 따라서 모습을 드러내면 그 효과는 자연스럽게 사라져버리게 될 수도 있다. 이때 필요한 것은 이 기능을 적절하게 활용하는 방식이다.

그것은 바로 맥거핀의 확실한 효과를 이용하여 다른 제품을 파생시키는 방식이다. 부재를 통해 형성된 확실한 효과는 자신이 실재로 나타나는 대신 다른 것을 대리로 내세울 때 지속될 수 있다. 이 기능이 이미 성공적으로 사용된 적이 있다. 서울시장 자리에 원순체어를 성공적으로 납품한 것이 그것이다. 원순체어의 가치는 소비자들에게 전혀 인식되지 않았다. 그런데 철수체어의 맥거핀 효과가 원순체어에 전이되자 그것은 일순 유명상품으로 주목받게 되었다. 그 결과 납품이 성공적으로 이루어지게 된 것이다.

그렇다면 청와대 납품은 어떻게 될 것인가. 본사는 이 제품의 기능을 고려해 볼 때 이번에도 청와대에 바로 납품시키는 것이 무리일 수 있다고 판단한다. 곧장 청와대 납품이 이루어질 가능성도 없지는 않지만, 그것보다는 맥거핀적 기능을 십분 활용하여 그 효과를 다른 체어에 전이시켜 대리로 납품하는 것이 더 효과적이라 판단한다. 물론 그 기능이 여전히 유효하다는 판단 하에서만. 이번에 본사가 재인체어를 함께 출시한 것도 바로 이런 기능을 염두에 두었기 때문이다.

재인체어,
성공적 납품 경력

먼저 기존 논의들이 즐겨 다루기 좋아하는 개똥철학, 즉 제작 목적부터 검토해보자. 재인체어의 제작 목적은 '평화와 정의를 위한 원칙주의'로 요약될 수 있다. 현재 남북관계의 경색이 국가 발전의 상당한 장애가 되어 경제, 정치 등의 국가적 기능이 마비상태에 놓였음은 주지의 사실이다. 또한 경제, 정치 등 각종 관료들의 전방위적 부패로 인하여 국가의 모든 행정이 불신의 대상이 되고 있음도 널리 알려진 사실이다. 이런 상황을 고려할 때, 확고한 원칙을 바탕으로 평화 무드를 조성하고, 관료의 부패를 뿌리 뽑아 건전한 사회를 만드는 일이 국가 발전을 이룩하는 최대의 당면 과제라 할 수 있다. 이 체어는 이 심각한 문제를 해결하여 소비자들에게 실제적이고도 정신적인 만족을 주기 위한 목적 하에 제작되었다.

재인체어의 최고의 장점은 이 제품이 부주용품의 자격으로서이긴 하지만 이미 여러 번 청와대에 납품된 적이 있었다는 점에 있다. 자주 삐걱거리는 청와대 무현체어를 보조하기 위해서였다. 그리고 그 역할에 한계가 있었지만 의미 있는 결과를 보여주었다는 평가를 받았다. 원칙론적인 입장에서 기능을 발휘하며 삐걱거림과 흔들림을 바로 잡아주어 소비자들의 환심을 샀다. 무현체어의 몰락에도 흔들리지 않으며 그 역할을 충실하게 해내었던 것도 본 제품이다. 이 때문에 무현체어의 몰락에도 불구하고 현재 이 제품의 브랜드는 살아남은 것이다.

한 번 정치공간에 놓인 적이 있다는 사실은 철수체어와 비교할 때 이 제품의 비교우위를 더욱 부각시켜 주는 장점이다. 철수체어에게 전혀 낯선 공간이 이 제품에게는 너무나 익숙한 곳이라는 사실은 소비자들의 불안감을 해소시키는 데 일정한 기여를 할 것으로 보인다. 청와대라는 최고의 정치공간에서 이 체어는 정치의 전체적인 흐름을 조감하는 귀한 경험을 중요한 자산으로 얻은 바 있다. 민정수석비서관, 시민사회수석비서관, 청와대 비서실장이라는 직함은 이 체어가 정치공간에서 일어나는 모든 사건을 조망할 수 있는 절대적인 위치에 놓인 적이 있음을 말해준다. 이것은 어느 부분적인 조직기구나 부처 등의 이해관계에 국한되지 않고 봉황의 시선을 대신하여 국정 전체를 검토하는 소중한 기회를 가졌음을 뜻한다. 그리고 국정의 성패를 지켜보고 반성할 기회를 가졌다는 점도 부수적이지만 중요한 경험이 아닐 수 없다. 이것이 봉황의자 후보로서 본 체어가 지닌 최대의 강점이 아닐 수 없다. 지금 거론되는 어떤 유력 후보체어도 이런 점을 지니고 있지 않기 때문이다.

또한 이 체어가 이전에 사회의 여러 문제를 다루는 인권변호사의 자리에 있었다는 점도 돌발적인 문제를 해결해야 하는 정치공간에서는 장점이 된다. 인권변호사라는 직책은 가진 자의 논리보다는 가지지 못한 자의 논리를 충실하게 이해하여야만 하는 자리다. 소비자들의 대부분이 가지지 못한 자라는 사실을 강조한다면 이 역시 비슷하면서도 새로운 장점으로 기억될 수 있을 것이다.

바로 이런 장점 덕택에 이 제품은 부산 일부 지역에서 소비자의 확실한 마음을 얻어 국회의사당으로 자리를 옮길 수 있었다. 본 제품이 자리를 옮길 수 있게 된 것은 가구사의 힘도 아니고 심판론도 아니고 오로지 이 체어의 장점이 스스로 만들어낸 이미지 덕분이다. 자신의 능력으로 자신의 공간을 창출해낸 것이다. 그러나 이런 능력은 오히려 한계로 작용할 수도 있다. 일부 좁은 지역에서 장점을 인정받았기 때문에 그것을 어디까지 확장시킬 수 있을지는 미지수다.

재인체어의
진정한 기능은
'합종연횡'

    이 제품의 기능 중에 강조할 만한 것은 청결성이다. 재인체어는 원칙론적 입장을 중시하며 청결성을 최고의 가치로 삼는다. 불량의자 검사관이 그의 청결성을 조사하기 위해 수시로 등판을 떼고 시트를 헤집고 별짓을 다했지만 어떠한 하자도 발견하지 못 했다는 사실은 정치공간에서는 일종의 신화에 속한다. 이번 부산 판매장에서도 상대사로부터 이 부분에 대한 혹독한 검증을 받은 바 있다. 상대사에서 이 제품 소유의 처마 그림자가 공유지의 일조권을 침해하고 있다는 주장이 제기 되었던 것이다. 그러나 이런 주장은 소비자들의 측은지심을 자극하여, '애잔하다'는 반응을 끌어내었을 뿐이다.

    그러나 정치공간에서 청결성을 유지하는 이 기능은 유일한 기능도 그다지 긍정적인 기능도 아니라는 점을 기억해야 한다. 이 기능은 중요한 정치적 기능을 작동하게 하는 하나의 바탕일 뿐이나. 청결성은 아주 정적인 가치이며 이를 바탕으로 동적인 기능이 작동될 때 비로소 완전한 체어 기능이 탄생할 수 있다.

    청결성의 기능만으로 정치공간에 납품되었다가 실패한 체어들이 한둘이 아니다. 청백리로 알려진 태국의 잠룽체어나 우리나라의 회창체어, 국현체어도 정치공간에서 제 자리를 잡는 데는 실패했다. 청렴성은 정치적 기능의 있을 법한 하나의 조건일 뿐, 정치공간에서 요구하는 핵심기능은 아닌 것이다. 현재 청렴성과 거리가 먼 관료체어들이 소비자들의 여론을 무시하며 꿋꿋하게 자신의 자리를 지키는 것도 이 때문일 것이다.

따라서 근래 왼쪽으로 다소 기울어진 디자인을 선호하는 가구사에서 정치체어의 자질 중에서 도덕성만 강조하는 것은 상당한 넌센스가 아닐 수 없다. 진보 가구사에서 이것을 스스로 강조하면서 얻은 것은 아무 것도 없다. 오히려 자신의 가능성을 더욱 축소시켜 왔다고 할 수 있다. 정치공간에서 이런 성향은 결벽증으로서 일종의 병으로 인식되어야 한다. 도덕성이나 청렴성의 손상이 직무 수행에 그다지 방해가 되지 않는다면 스스로 반성의 차원에서 해결하고 넘어가야 한다. 이 흠을 스스로 너무 엄중하게 여기는 정치구조는 기능성 체어의 자진사퇴로 이어졌다. 지금까지 이 염결성은 상대 가구사의 판매 전략의 희생물로 사용되어 왔던 것이다. 어떤 흠이 발견되었을 때 상대편 가구사에서 이것을 과장하고 부풀려서 판매량을 현격하게 떨어트리는 데 쓸 뿐이었다. 따라서 이제 체어의 이런 기능을 강조하는 것은 실패한 전략, 전술이라 할 수 있다.

그렇다면 재인체어의 진정한 기능은 무엇일까. 그것은 '합종연횡'의 기능이다. 합종연횡(合從連衡)이란 '합종책과 연횡책의 외교정책을 아울러 일컫는 말'로서, 일반화시킨다면 자신의 목적을 이루기 위해 다른 조직 등과 소통하고 통합하는 정책을 말한다. 이 말은 원래 중국의 전국시대에 당시 최강국인 진(秦)과 인근의 여섯 개 나라의 연합 정책에서 온 것이다. 이때 합종의 '종'은 남북을, 연횡의 '횡'은 동서를 의미한다. 결과적으로 여섯 개의 나라가 진에게 정복당하고 말았기 때문에, 그 나라의 입장에서 볼 때 이 외교정책은 실패한 정책이라 할 수 있다. 그러나 그 본질적 전략은 고려할 만한 가치가 있다.

재인체어에서 말하는 합종연횡의 기능은 한 마디로 소통의 기능이다. 현재 그 소통은 동서의 차원에서 먼저 작동할 것이다. 동서란 현재 우리나라 동쪽 지역과 서쪽 지역으로 재편되어 있는 양분된 시

장 판세를 말한다. 동쪽 지역에는 현재 붉은 색 디자인을 선호하는 소비시장이, 서쪽 지역에는 녹색과 황색이 어우러진 디자인을 선호하는 소비시장이 형성되어 있다. 이 양분된 소비시장의 경계를 허물어 상대 시장의 소비자를 더 많이 확보하는 것이 이번 입찰 경쟁의 최대 과제이다. 그리고 이를 위해 자신이 장악하고 있는 시장의 사분오열을 먼저 극복하여야 한다.

재인체어는 이런 분열을 극복하는 소통의 기능을 잘 갖추고 있다. 다른 사람의 눈치를 보지 않고 소신을 밝히며 다양한 의견을 성심성의껏 청취하는 능력이 여러 입장들을 중재하는 소통 기능을 강화시켜 왔던 것이다. 서울시장 납품 체어의 단일화도 이 제품의 대표적인 성과라 할 수 있다. 또한 청와대 보조의자로서 임무를 수행하면서 사회 여러 계층과 분야에서 발생한 각종 갈등과 분쟁을 중재한 경험도 이 제품의 기능을 최대한 업그레이드 시키는 데 긍정적인 바탕이 되었다. 양보 지점과 타협 지점을 정확히 파악하여 윈-윈 게임이 되기 위한 최선의 방도를 객관적으로 제시하여 상대를 설득하는 기능은 현재 시장에서 가장 필요한 기능이 아닐 수 없다.

또한 재인체어에 있어서 합종, 즉 남북의 차원에서도 이 기능이 잘 작동할 수 있다. 이 기능이 종북적이니 친북적이니 하여 비난을 받은 바가 있지만, 결과적으로 MB체어나 근혜체어도 이런 지향을 과거에도 전면적으로 배제할 수 없었으며 현재에도 현실적으로 배제할 수 없다는 사실을 염두에 둔다면 이 합종의 기능은 봉황의자 후보로서는 심각하게 고려해야 할 사항이 아닐 수 없다. 경제와 정치 문제가 합종의 문제와 무관하지 않기 때문에 이 기능이 빈틈없이 작동할 수 있는가가 이번 봉황의자가 갖추어야 할 중요한 기능이 될 것이다. 이런 점에서 재인체어는 그동안 합종의 노하우를 충분하게 습득하고 있다는 점에서 언급되는 후보들 중에 가장 앞서는 제품이라 할 수 있다.

그러나 이 합종연횡의 기능이 소비자의 환심을 사는 데 2% 부족한 것은 사실이다. 좋은 기능임에는 틀림없으나 대다수 소비자를 현혹시킬 만한 충격을 지니지는 못 하였다. 현재로서는 소비자에게 다가서기에는 너무나 멀리 있는 기능으로 여겨진다. 소비자 선호도가 늘 3위에 머물고 있는 것도 이 때문이다. 본사는 이 제품이 제대로 평가받기 위해서는 이 기능을 전면적이고 자극적으로 선전하는 것이 필요하다고 판단하고 있다. 또한 철수체어의 맥거핀 기능의 도움이 필수적이라 판단한다. 철수체어가 맥거핀 효과를 충분하게 발휘하게 되면 재인체어의 장점이 부각되면서 상승세를 탈 수 있을 것이다.

의자에 앉는 사람은
바로 당신

　이상으로 본사가 출시한 청와대 납품용 봉황의자 야심작 두 제품을 소개하였다. 본사 제품의 우수성과 한계를 동시에 보여주어 소비자들이 의자를 선택하는 데 최대한 도움이 되도록 하였다. 그러나 최종 선택은 소비자의 몫이다. 한 번의 선택이 최소한 5년간의 두통거리가 될 수 있다는 사실을 기억하고 소비자들의 현명한 판단을 기대해 본다.

　다만 본사는 다음과 같은 점을 강조하고자 한다. '의자는 의자일 뿐'이라는 자명한 사실을 말이다. 본사가 출시한 두 제품은 의자로서 그 위의 공간은 비어 있다. 어떤 제품이든 자신이 그 자리에 앉을 수는 없다. 그곳에 앉는 자는 소비자이다. 천지개벽이 일어나도 이것은 변할 수 없는 사실이다. 그러나 과거에는 의자가 스스로 그 의자의 주인이라 생각하는 시절이 있었고, 소비자가 의자의 본질을 잊고 의자 아래 꿇어앉아 있던 몰상식적인 시대가 있었다.

　어떤 제품을 선택하든 소비자는 자신이 의자의 주인임을 잊어서는 안 될 것이다. 이번에 본사에서 출시한 제품을 타사 제품과 꼼꼼하게 비교해 보고 후회 없는 선택을 하고, 또한 주인으로서 자신의 본질을 절대 잊지 않기를 바란다.

팔공산 아래 진보수가구 대표 *난타산인*

김영경

1980년에 태어나 한양대학교 언론학과를 졸업했다. 2010년 비정규직의 삶을 사는 청년들의 노조 '청년유니온'을 결성해 초대 위원장이 되었으며, 서울시로부터 사회적 약자를 대변하는 명예부시장으로 위촉되었다. '반값 등록금 실현과 교육 공공성 강화 국민본부' 공동대표로 활동하였고, 청년고용과 노동인권에 관한 강연과 교육활동을 하고 있다. 저서로는 『배운녀자』(공저), 『레알청춘』(공저), 『통하면 아프지 않다』(공저)가 있다.
이 시대 청년의 목소리를 대변하는 김영경은 청춘들의 현실과 함께,
문재인과 안철수를 바라보는 청년들의 시선을 생생하게 전달한다.

우리 젊은이들은 대안을 원한다!

> 현 시대의 리더십은 청년 문제의 본질을 간파하고, 그 문제의 행간을 읽어내며 가슴 깊이 그 절망을 인식하는 속에서 가능할 것이다. 언제나 그러하듯 청년들이 꿈꿀 수 있는 사회가 행복한 사회이기 때문이다. 따라서 아랫세대를 보며, 윗세대와 아랫세대의 다리 역할을 하게 될 그 누군가에게 청년들은 과감하게 지지를 표명할 것이라는 걸 이번 대선에서 모두 잊지 말아야 한다.

2013년 청년들이 꿈꾸는 대안
— 청년 김영경이 말한다

이게
사는 건가

내 이야기부터 들려줄게

내 나이 서른셋. 돈도, 스펙도, 물려받을 재산도, 변변한 일자리도, 하물며 남자친구도 없는 내가 장밋빛 미래를 꿈꿀 수 있을까. 3평 남짓한 방 안에서 밤이면 밤마다 곱씹어 보는 질문이다. 하루하루 열심히 살아가고 있건만, 대책 없는 미래를 기다리는 서글픔에 온 밤을 뒤척인다. 안 그래도 길게 내려앉은 '다크서클'이 무릎까지 내려갈 것 같다.

나의 인생 설계에는 결혼이 없다. 졸지에 시대적 흐름을 쫓아 '결혼파업'을 한 여자가 되어 버렸다. 당연히 출산 및 육아에 대한 계획도 없다. 집을 살 계획도 없으며 노후에 대한 생각은 꿈도 못 꿀 일이다. 당장 일 년 후가 어찌될지 알 수 없는데 몇 십 년 후를 예측한다거나 준비한다는 것은 정말 '사치'이다. 더불어 부모님에 대한 부양 계획도 없다. 다만 부채감만이 있을 뿐이다. 사람들이 나를 욕한다 해도 어쩔 수 없다. 내가 원하든 원하지 않든, 대한민국의 청춘으로 2012년을 살아가는 나는 점점 피도 눈물도 없는 '독한년'이 되어가고 있는 것이다.

대학교 2학년 때부터다, 나의 알바분투기가 시작된 것은. 대학 1학년 말부터 삐거덕거리던 아버지의 사업이 결국 실패로 돌아가고, 나의 안락한 공주 인생은 완전히 끝이 났다. 학교 식당부터 시작된 나의 알바분투기는 고깃집과 횟집 서빙, 전화 리서치 설문조사, 과외, 문서입력, 전단지 배포, 공연 스텝, 편의점 직원, 대형마트 판매 및 보안 직원, 경리, 마트 점원, 그리고 지금은 나의 생업이 되어 버린 학원

강사까지 꽤나 다양한 분야에 걸쳐 있다. 주변 사람들에게 가끔 내 아르바이트 이력에 대해 이야기를 하면 가장 흥미로워 하는 것이 등판 썬크림 알바이다. 이 아르바이트는 아직 출시되기 전 제품이나 고객의 불만 사항이 접수된 썬크림을 등에 바르고 약 두 시간 정도 빛을 쬔 후 그 결과를 확인하는, 투입되는 시간이나 노력에 비해 꽤나 고수익인 일이었다. 이렇게 살을 태운 흔적은 약 6개월 정도가 지나야 없어지는데, 흔적이 사라지면 다시 그 일을 했다. 그리고 그렇게 3년여를 보내니 등에 뻘건 흔적이 가실 날이 없었다. 흡사 드라마 〈추노〉에 나오는 노비 문신 마냥……

어른들 말씀대로 열심히 공부해서 그럴듯한 대학에도 들어가 봤고, 갖은 아르바이트를 하며 어렵게 졸업장도 따보았지만 내게 남은 것은 비자발적 결혼파업을 포함한 차가운 현실뿐이다. 정말로 눈높이를 '낮춰' 불안정한 일자리에 나를 맡겨 보기도 했지만 나아지는 것은 아무것도 없었다. 그저 시작도 끝도 없이 계속될 굴레에 나를 밀어 넣고 있는 느낌이랄까. 이런 상황에서 내가 도출할 수 있는 결론은 하나였다 '이기, 니무 억울하다…'

이건 우리들의 이야기야

나의 억울함은 동시대를 호흡하는 청년들이 느끼는, 우리의 억울함이다.

고등학교를 졸업하고 장밋빛 인생을 꿈꾸는 이들에게는 연간 천만 원이라는 잿빛 상아탑이 기다리고 있다. 이들은 부모님에게 손을 벌리는 '등골 킬러'가 되거나, 학자금이라는 사채 시장에 진입하여 꽃다운 20대를 빚쟁이로 시작한다. 대학을 안 다니면 되는 거 아니냐는 이야기나 청년들이 눈이 너무 높다는 이야기는 삼가주시길. 고졸과 대졸노동자의 임금 격차는 2배에 달하고, 고용률 또한 대졸자가 월등히 높다. 등골탑에 메어 있지 말고 고졸노동자의 삶을 기꺼이 선택하라는 코멘트는 청년들에게 대단히 치명적일 수 있다.

등록금으로 손 빌린 것도 미안한데, 생활비 정도는 직접 벌어야겠다는 효심으로 아르바이트를 시작한다. 사교육 시장이 아니면 대부분 최저임금이다. 10원 하나 안 더해서 딱 4580원. OECD는 노동자 평균임금의 50% 수준으로 최저임금을 맞출 것을 권고하고 있지만, 대한민국은 딱 33% 수준으로 책정되어 있다. OECD 소속 국가 중 단연 9등급이다. 1시간을 일해서 가츠동을 먹고 스타벅스 커피로 입가심을 하는 일본의 노동자와, 1시간을 일해서 김밥천국의 제육덮밥 앞에 갈등하는 한국의 노동자 사이에는 상당한 깊이의 심연이 자리한다.

뿐만 아니라 아르바이트 노동시장에 종사하는 이들의 절대다수는 근로기준법의 절대적 사각지대에 놓여있다. 근로계약서 미작성, 최저임금 미달, 유급휴일 수당 미지급, 휴게-휴가 미보장…… 그나마 최저임금을 받으면 다행이라는 말이 괜히 나오는 게 아니다. 살인적인 노동 강도에 시달리고 턱없는 임금을 받으면서 컵라면으로 끼니를 때우는 이들에게 노동의 희망을 말할 수 있을까.

대학을 졸업하고, 아르바이트를 벗어나 정규 노동시장으로 진입하면 상황이 좀 나아질까? 일단 취업부터가 요원하다. 20~30대 청년층의 실업률은 전체 실업률의 2배에 육박하고. 취업준비생, 구직 포기자 등을 포함한 실질 실업률은 25%에 달한다. 단군 이래 최대의 스펙을 자랑하는 이들이 정작 자신의 능력을 발휘할 일자리를 찾을 수 없다니. 취업에 성공한 이들 또한 장밋빛 미래가 보장되지 않는다. 청년층 신규채용 인원의 상당수가 비정규직이다. 2년 계약으로 쓰다 버리고, 인턴이랍시고 대충 쓰다 버리고, 파견 고용해서 쓰다 버리고……
또한 이들은 한국의 장시간 노동 지표를 보존하기 위해 밥 먹듯이 야
근을 수행한다. 실질 노동시간을 감안하면, 이들의 시급은 아르바이
트생의 그것과 큰 차이를 안 보인다.

저임금 고강도 노동에 시달리다 계약해지를 밥 먹듯이 당하면서,
학자금 대출까지 갚아야 하는 이들의 통장 잔고가 온전할 리 없다. 직
장을 구하고도 자기 입 하나 풀칠하기 힘드니, 독립은 정말로 요원하
다. 보증금 500, 월세 50…… 한국 사회에서 정말 소박하게 구할 수 있
는 원룸의 평균적인 가격이다. 월세를 감당하기는커녕 보증금에 필요
한 종잣돈 마련도 요원하다. 이런 이들이 나이를 먹고, 결혼과 육아를
감당할 수 있을까.

청년들의 신음이 들리니

오늘날 청년층이 겪고 있는 고통의 구조적인 원인을 짚어보기 위
해 잠시 과거로의 여행을 떠난다. 결정적으로 1997년이 보인다. IMF
가 우리에게 선물한 신자유주의라는 괴물은 사회 전반의 '불안'을 극
대화시켰다. 재벌 대기업에 대한 경제력 집중, 노동유연화에 따른 소
득 악화, 양질의 일자리 축소에 따른 경쟁 심화…… 글자만 읽어도 안
구가 피로해지는 이 현상들은 청년의 현실이 되어 재앙으로 다가온
것이다.

정규직 노동자에 대한 정리해고가 일상적으로 감행되고, 그 빈자
리는 저임금의 비정규직 노동자가 대신한다. 계약 기간을 줄여 안정
적인 근로조건을 위협하는 것이 어째서 '유연화'인지는 모르겠지만
아무튼 그렇다. 309일 간 크레인에서 고공농성을 하고, 수만 명의 희

망이 절망의 현장에서 한 목소리를 내고, 국회의원이 붙어서 자신의 모든 역량을 걸어야, 우리의 회장님은 못 이기는 척 합의를 해준다. 묵묵히 자신의 역할을 다하던 노동자가 하루아침에 해고되는 비상식은 너무도 쉽게 자행되는데, 이들이 인간의 삶을 회복하는 상식은 너무도 어렵게 실현되는 것이다. 정리해고된 부모 세대의 빈자리를, 저임금 비정규직으로 전락한 청년 세대가 대신하고 있는 이 상황을 어떻게 해석해야 할까.

한편, 회장님의 이름으로 빵집이 생길 정도로 사회 전반에 대한 재벌의 독점이 강화되고 있으나, 이들이 창출하고 있는 총 고용량은 10년 전과 비교했을 때 반 토막이 났다.

	1993	2009	누적
1-4	28.3	29.0	29.0
5-9	9.0	12.2	41.2
10-49	21.1	24.1	65.3
50-99	8.5	10.1	75.4
100-299	10.5	10.9	86.3
300-999	9.0	7.6	93.9
1000+	13.6	6.1	100.0

〈기업 규모별 고용률(한국노동연구원)〉

골목의 떡볶이 상권까지 장악해가며 재벌대기업의 사업규모는 나날이 번성하고 있건만, 어째서 회장님의 이름으로 창출된 고용규모는 절반으로 뚝 떨어진 것일까. 알고 보니 회장님께서는 자신의 기업에서 수행해야 할 역할을 영세한 중소기업에게 하청으로 넘겨 후려치고 계셨던 것이다. 납품단가를 깎아 먹거나, 애써 만든 핵심 기술을 뽑아먹는 것만으로도 회장님의 순이익이 올라가니 이 땅에서 재벌로 살아가기는 참으로 쉽다. 회장님의 배가 불러가는 만큼 영세한 기업에 채용 된 절대다수 청년들의 신음은 깊어간다.

아프니까 청춘? 우리의 아픔은 계속된다

이러한 시스템은 2000년대에 들어서 '프랜차이즈'라는 이름으로 그 영역을 확장한다. 편의점, 식당, 커피숍, 슈퍼마켓…… 프랜차이즈 로고를 사용하지 않는 사업장은 대한민국의 자유 시장에서 살아남을 수 없는 것 같다. 좀 더 자세히 보면 이러한 프랜차이즈 사업장을 관리하고 수익을 가져가는 자본은 재벌대기업과 그 계열사에서 나온다. 삼성의 자본이 관리하는 편의점, 롯데의 자본이 관리하는 슈퍼마켓, CJ의 자본이 관리하는 커피숍과 레스토랑……. 재벌 대기업의 막강한 자본력으로 형성 된 거대한 힘 앞에(실제로 프랜차이즈 매장들은 규모가 크다.) '동네'라는 이름의 브랜드가 살아남을 수 없는 것이다.

그 결과, 사업주와 손님의 관계로 형성 된 골목경제는 '본사-가맹 사업주-고객' 형태의 프랜차이즈 경제로 재편된다. 내수시장의 규모가 뻥튀기되지 않는 이상에야 상품에 대한 수요량은 똑같은데, 수익을 나눠가져야 하는 입만 하나 늘어난 것이다. 당연한 결론이지만 이렇게 재편된 '프랜차이즈 경제'의 최종 승자는, 단연 회장님이다.

프랜차이즈 사업장의 대부분은 본사가 직접 운영하지 않고 가맹 사업주를 받는다. 사업주에게 브랜드 명의와 운영 양식을 제공하고, 본사는 매출액에 따른 가맹 수수료를 취하는 방식이다. 대단히 합리적으로 보이는 이 계약은 본사와 사업주 간의 '갑을 관계'로 왜곡되어 대단히 불공정하게 완성된다. 과도한 수수료를 책정하거나, 정기적인 인테리어 교체 비용을 사업주에게 전가시켜 중간 수익을 떼먹기

지역별	시급				전체
	3000원 미만	3000-3999원	4000-4110원	4110원 이상	
서울	0%/0	18%/41	30%/69	53%/122	232
경기	1%/1	54%/56	23%24	22%/23	104
광주	6%/2	82%/27	3%/1	9%/3	33
부산	9%/4	69%/31	18%/8	4%/2	45
전주	38%/5	62%/8	0%/0	0%/0	13
대전	0%/0	100%/8	0%/0	0%/0	8
기타	11%/1	44%/4	22%/2	22%/2	9
전체	3%/13	39%/175	23%/104	34%/152	444

〈2010년 4월~6월 청년유니온에서 전국의 편의점 500여 군데의 최저임금 실태조사 결과 66%가 최저임금 미달로 나타났다. 2010년 법정최저임금은 4110원이다.〉

도 하고, 영업이익이 높은 사업장은 가맹계약을 일방적으로 해지하고 본사에서 직접 운영해버린다. 대한민국의 미친 땅값 덕분에 임대료 막기도 벅찬 사업주들은, 프랜차이즈 본사의 후려치기 덕분에 이중고를 겪는다.

이런 상황에 놓인 사업주가 양질의 고용을 창출할 수 있을 리 만무하다. 청년유니온의 실태조사 결과 편의점에 채용된 파트타이머의 66%가 최저임금에 미달한 임금을 받고 있었으며, 프랜차이즈 커피숍에 채용된 파트타이머의 82%가 법적으로 명시된 수당을 받지 못하고 있었다. 전태일 사후 40년이 지났건만 아직도 근로기준법은 안드로메다에서 돌아올 생각을 하지 않는다. 이 상황에 대한 법리적 책임은 가맹 사업주에게 있으나, 문제의 본질적인 원인을 공급한 대기업 본사의 모르쇠는 매우 심각하다.

근로조건이 낮아졌을 뿐 아니라, 이들 청년층이 수행해야 하는 노동의 강도 또한 올라갔다. 프랜차이즈 사업장에서 유통되는 상품은

▲ 커피 전문점 브랜드별 통계

브랜드	조사한 매장수	평균 시급	주휴수당 주는 비율	주휴수당 미지급 비율	알수없음 or 무응답	예상 체불임금액
카페베네(630)	46	4430원	2%(1)	91%(42)	6.5%(3)	59억5천만원
엔제리너스(440)	36	4399원	19%(7)	77%(28)	2.7%(1)	34억8천만원
커피빈(212)	40	4498원	0%(0)	100%(40)	0%(0)	22억3천만원
할리스(349)	45	4518원	22%(10)	71%(32)	6.6%(3)	26억1천만원
파스구찌(160)	19	4483원	10%(2)	73%(14)	15.7%(3)	12억2천만원
스타벅스(368)	55	4385원	16%(9)	70%(39)	12.7%(7)	26억4천만원
탐앤탐스(176)	10	4402원	0%(0)	90%(9)	10%(1)	16억3천만원
총합	251	4448원	11.5%	81.2%	7.2%	197억6천만원

〈2011년 8월 청년유니온에 전국 대형 커피전문점 251개 매장의 주휴수당 지급 실태조사 결과 82.1%가 미지급으로 나타났다.〉

기본적으로 가격이 높게 책정된다. 재벌대기업 본사가 개입됨으로써 수익을 나눠가져야 하는 구조가 복잡해졌기 때문이다. 같은 품질의 상품을 제공하면서도 더 높은 가격을 책정할 수 있는 유일한 방법은 노동자의 노동력을 더 많이 사용하는 것이다. 쉽게 말해 노동자로 하여금 소비자에게 더 친절하게, 더 많은 서비스를 제공하게, 더 많이 봉사하게끔 강세한다. 같은 상품을 이용하면서도 더 비싼 값을 치를 가치가 있다고 여기는 착각은 '저임금 노동자의 살인적인 노동강도'를 통해 만들어지는 것이다. 소비자는 더 많은 돈을 지불하고, 노동자는 더 일하면서 덜 받는 악순환이랄까.

재벌대기업은 외환위기 당시 자신들이 해고한 노동자를 가맹 사업주로 모셔오고, 청년세대는 이런 사업체에 고용되어 근로기준법의 보호도 받지 못한 채 대한민국 경제 먹이사슬의 가장 밑바닥에 서 있음을 다시 한 번 증명한다. 우리의 회장님은 프랜차이즈를 통해 내수시장을 효과적으로 독점하고, 이를 통해 부모와 자식을 동시에 착취하는 '일타쌍피'를 완성한 것이다.

문제는 한국 사회 99%의 고통을 가중시키는 재벌의 경제력 집중이 완화되기는커녕 심화되는 국면에 있다는 것이다. 현재 5대 재벌기업이 GDP 대비 매출액에서 차지하는 비중은 55%에 달한다. 구조조정 수순을 밟았던 외환위기 직전의 수준과 거의 비슷하다. 손가락에 드는 재벌기업만이 문제가 되는 것이 아니다. 이들의 친족으로 구성된 신세계, CJ, KCC 등의 파생 재벌을 고려하면 상황은 더욱 심각하다. 파생 재벌의 경제력 집중까지 포함한다면 이들이 GDP 대비 매출액에서 차지하는 비중은 70%에 육박한다. (2012. 2. 1 새로운 사회를 여는 연구원, 김병권)

　　IMF와 신자유주의, 이에 따른 재벌대기업의 경제력 집중은 99%의 국민에게 고통으로 다가왔으나, 사회적 기반이 전무한 청년세대에게는 특히 가혹했다. 새파랗게 젊다는 것만 한 밑천인 청년세대가 어찌 IMF에 따른 사회재편과 재벌의 역습을 어찌 홀로 막아낼 수 있으랴. IMF와 함께 사회생활을 시작하여, 그에 따른 모순을 온 몸으로 떠받들고 있다는 점에서, 지금의 청년세대를 'IMF 1세대'라 칭할 수 있을 것이다.

486과 문재인

'먹고사니즘' 과 '민주와 정의' 의 관계

문재인은 그의 저작 『운명』으로 서점가를 강타했다. 대중 정치인으로서 문재인의 첫 행보는 강력한 파장을 만들어내며 정치권에 충격을 선사한 것이다. 초창기에 그가 보여준 놀라운 상승 기류를 만들어낸 것은 다름 아닌 노무현이다. 노무현은 다시 뽑고 싶은 대통령을 묻는 여론조사에서 압도적 1위를 차지했다. 삶과 죽음을 통해 국민의 심장을 울린 역사의 거인이 아니던가. 노무현의 운명적 동반자였던 문재인이 짧은 시간 내에 대중적 인지도를 확보하고 대권주자로 떠오른 것은 어찌 보면 너무도 당연한 줄거리이다.

『운명』을 통해 출사표를 던진 그는, 〈힐링캠프〉에 출연함으로서 유력한 야권 대선후보의 지위를 굳히는 데에 성공한다. 인생 역정과 정치관, 노무현 등 운명에서 보여 준 기본적인 플롯을 유지한 채 보다 많은 대중을 상대로 자신의 존재감을 어필했다. 무엇보다 돋보인 점은 "요즘 대세(박근혜)를 이길 수 있는 유일한 사람"이라 피력한 것이다. 대중 정치인으로서의 행보를 조금씩 완성하고 있는 그의 강력한 의지를 엿볼 수 있는 대목이라 할 수 있다.

직설적인 화법, 적절한 예능감, 충만한 소명의식 등 문재인은 대중 정치인의 전형적인 모범을 보인다. 굳이 약점을 찾자면, 지나치게 전형적이라는 점이다. 정의, 민주, 진보, 상식 등으로 열거되는 그의 키워드는 노무현의 향수를 기억하는 기성세대의 심금을 울리고 있으나, 2012년의 청년 세대에게 자못 식상함으로 다가온다. 당장의 '먹고사니즘' 에 시달리고 불확실한 미래에 저당 잡힌 이들에게 '민주와 정의' 라는 키워드는, 유의미하지만 진부한 어휘인 것이다. 노무현을 택했던 이들이 이명박으로 돌아선 결정적인 의제 또한 '경제'가 아니던가. 청년들은 문재인에게서 보다 구체적인 삶의 언어를 기대하고 있다.

문재인의 치명적인 공백은 다름 아닌 청년이다

문재인에게서 느껴지는 또 하나의 걱정은 그가 간직한 정치관의 뿌리이다. 앞서 우려를 표했던 그의 전형적인 어휘 또한 486세대의 역사적 투쟁의 정신을 따르는 것이고, 지금까지 보여준 행보 또한 486세대의 그것과 큰 변별력을 보여주지 못했다. 뒤에 서술하겠지만 '정치민주화'의 환희를 '경제민주화'로 끌고 나아가지 못한 486세대의 과오를, 문재인이 과연 강력한 추진력을 바탕으로 극복할 수 있을 것인가.

세대로서 정치세력화에 성공한 사람들이 바로 486세대이다. 이들의 성공은 '정치민주화'의 포문을 열고 '평범한 사람'도 정치를 할 수 있다는 강력한 메시지를 던지며 노무현 전 대통령의 신화를 만들어낸다. 그럼에도 이 486세대에게 후한 평가를 할 수 없는 이유는 바로 이 정치민주화의 힘으로 경제민주화를 이루기커녕 오히려 사회양극화를 부추겨 왔기 때문이다. IMF 이후 심화된 양극화와 사회 개편을 거치면서, 이들은 새로운 시대의 논리를 체득했다. 이는 부동산과 사교육 열풍을 통해 확인 할 수 있다.

기성세대의 무관심 혹은 동조로 심화된 신자유주의와 사회양극화가 현재의 청년문제를 만들어 냈다는 점은 인정해야 한다. 하기에 바꾸어 말하면 현 청년의 문제는 청년들 '만'의 문제가 아니고, 따라서 모든 세대가 청년들을 탓하기 이전에 청년들의 문제가 왜 시대의 문

제인지 겸허하게 돌아볼 필요가 있다. 사회 전반에 '일등주의'를 조장하며. 현재의 청년들을 눈이 높은 세대로 만들어 버린 데에는 그들 역시 공범자라는 것이다. 청년들에게 왜 사회 문제에 무관심하냐고 질타를 하기 전에 집에서 자녀들에게 어떻게 대하는지 한 번 돌아보시라.

게다가 그들이 포문을 연 정치민주화 역시 결국은 그들만의 리그가 아니었을까 하는 생각이 이번 총선을 지켜보면서 심화되었다. 청년들을 유례없는 경선 방식으로 뽑는다는 발상은 총선이 끝난 지금에서도 결코 기분 좋은 제안일 리는 없다. 자체적으로 세력화되어 있지 않은 청년들의 대표 선수를 뽑기 위해 고심한 기획이라고는 하지만, 딱 거기까지였다. 그 어떠한 정치적 책임도 지지 않았으며, 단순한 홍보용 이벤트가 아니었냐는 비판도 면하기 어렵다.

현재의 룰로는 청년들의 정치 진출과 세력화는 쉽지 않다는 결론이 도출되었다. 과연 486세대가 정치권 세대교체와 새로운 물결을 위해 무엇을 타협할 수 있을지 묻지 않을 수가 없다. 기성 정치권은 정녕 청년들을 함께 협의하고 긴밀하게 파트너로서 인정해 줄 수는 없는 것일까. 아울러 문재인은 기성 정치권인 보여주는 권위와 구태를 어떻게 뛰어넘고, 새로운 세대와의 긴밀한 파트너십을 형성할 수 있을 것인가. 이는 앞으로 진행 될 대선후보 선출 과정의 중요한 관전 포인트라 할 수 있다. 야권 성향의 40~50대에게 안정적인 지지를 받고 있는 문재인의 치명적인 공백은 다름 아닌 '청년'이기 때문이다.

문재인에게 바란다

"청년들의 실업문제, 비정규직 문제해결을 최우선 과제로 삼겠다, 이러한 과제를 잘 완수함으로써 민주당의 수권능력을 검증받겠다."

문재인 의원이 지난 4월26일 국회에서 열린 민주통합당 '민생공약실천특별위원회' 좋은일자리본부장으로서 한 말이다. 경제민주화의 핵심은 재벌의 권력을 견제하고, 이를 통해 양질의 일자리를 만들어 내는 것이다. 청년들이 연봉 몇 억 원을 원하고, 비싼 타워팰리스에 살면서, 고급 승용차를 몰기 위해 좋은 일자리를 원하는 것이 아니다. 그저 자신의 노동의 대가를 정당하게 보장받을 수 있는 상식적인 노동을 꿈꾸는 것이다.

앞서도 서술했으나 청년층은 '민주와 정의'라는 추상적 구호가 아닌, '경제와 노동'이라는 구체적인 삶에 반응한다. 따라서 노동유연화의 칼날 아래 양산 된 오늘날의 나쁜 일자리들을 좋은 일자리로 만들기 위한 데에 총력을 기울여야 함은 너무도 당연하다. 그가 좋은 일자리 본부장으로서 최선의 역할을 수행해주길 간절히 바란다. 이는 청년들의 삶을 개선시켜내기 위한 중대한 정치적 행보임과 동시에, 그에게서 드러나는 다양한 우려를 불식시키고 더 높은 곳으로 나아가기 위한 열쇠가 될 것이다. 문재인은 과연 노무현의 재방송이 될 것인가, 노무현의 플러스 알파가 될 것인가. 노무현이 성공하지 못한 영역에서 발휘하는 문재인의 역량이 이를 검증할 리트머스가 될 것이다.

현실에 기반한
안철수 현상

청년은 멍멍이, 기성세대는 꼰대, 세대 갈등은 감성에서 폭발했다

2007년, 우석훈 박사는 사회과학 베스트셀러 『88만원 세대』를 통해 '세대론'이라는 영웅적인 문제제기에 성공한다. '(청년)세대로 표현된 계급모순'을 최초로 제시한 것이다. 그가 청년들에게 들라고 한 짱돌과 바리케이드가 대체 뭔지 책만 읽어서는 알 수 없지만, 지금까지도 이어지는 청년담론의 시초가 되었다는 점에서 그의 업적은 실로 놀라운 것이다. 이즈음부터 '청년 친구들이 고생이 많군' 류의 감수성이 기성세대—이 글에서 사용되는 '기성세대'는 현재의 40대와 50대 초반을 아우르는 소위 '486 세대'를 의미한다—에게서 회자된다.

기성세대가 청년세대에게 내린 연민의 감수성은 그 유효기간이 대단히 짧았는데, 결정적인 계기는 2008년 촛불 정국이다. 10대 청소년들도 촛불을 드는데, 개념 없는 청년들은 도서관에 박혀서 대체 뭐 하냐는 것이다. 2007년 대선에서의 낮은 투표율과 맞물려 '청년의 보수화'라는 명제는 기성세대의 뇌리에 강하게 박히며 상당 기간 영향력을 발휘한다.

사실 청년층 입장에서는 억울할 수밖에 없다. '교복'이나 '밥 좀 먹자, 잠 좀 자자'로 표현되는 상징이 없었다 뿐이지, 청년 세대가 촛불 시위에서 아무런 역할을 하지 않았다는 주장의 근거는 대단히 소박하기 때문이다. 그리고 경제 대통령의 승리로 마무리된 2007년 대선과 뉴타운의 승리로 마무리된 2008년 총선에서 한나라당에 압도적 몰표를 준 것은 다름 아닌 기성세대가 아니던가. 이 와중에 아무런 비전과 희망을 제시하지 못한 민주당(정동영)을 선택하지 않고 기권한 청년들을 멍멍이로 규정하다니. 청년의 한 사람으로서 억울한 게 당연한 거 아닌가.

가는 말이 고와야 오는 말도 곱다고, 경제적 모순과 더불어 '멍멍이'라는 공격까지 받은 청년세대는 '꼰대'라는 규정을 기성세대에게 돌려준다. 세대 갈등이 감성의 영역에서 폭발한 것이다. 정작 '경제적 고통'이라는 문제를 제공한 회장님과 한나라당은, 부모와 자식 간의 소모적인 굿판, 아니 갈등을 방관하며 떡이나 먹는 형국이다. 부모와 자식 세대의 화해가 이루어지지 않으면 이들을 고통스럽게 하는 공동의 적과의 정면승부를 벌일 수도, 승리할 수도 없다. 세대 간의 화해의 실마리를 제공한 이는, 다름 아닌 안철수이다.

위로와 공감의 탄생은 이 한마디에서 시작됐다

"미안합니다."

그는 이 한 마디로 청년층의 마음을 움직인다. 아니, 모두가 혼내기 바쁜 천덕꾸러기인 청년들에게 미안하다니. 청년층이 안철수에게 열광하는 이유를 단순히 '성공한 CEO이기 때문'이라 생각한다면 대단히 지엽적인 평가라 할 수 있다. 성공한 CEO가 제시하는 자기계발의 영역은 대단히 광범위했으나, 안철수와 같이 광범위한 청년들의 마음을 사로잡고 열렬한 지지를 받은 이는 없었다. 의사와 CEO를 거치며 사회적 발언권을 획득한 그는, 당신들에게 경제적 고통과 사회적 모순을 물려준 기성세대의 일원으로서 미안함을 느끼며, 이러한 조건에서 방황하는 청년들의 현실에 공감한다 말했다. 그와 동시에 '경제민주화'로 분류되는 의제를 제시하며 사회 구조의 개혁이 이루어져야 함을 주장했다. 청년 세대에게 이보다 완벽한 기승전결을 제시한 인물이 존재했던가. 그가 의도했든 의도하지 않았든 간에, 안철수는 '미안합니다'로 상징되는 위로와 공감의 키워드를 통해, 부모와 자식 세대의 중간 다리 역할을 수행하며 갈등의 회복을 이끈 것이다.

그가 만들어낸 정치적 성과 또한 결코 가볍지 않다. 작년 말 정치의 영역에서 블루칩으로 등장한 그는 박근혜의 지지율을 사뿐히 추월하며, 힘들이지 않고 '차기 대통령'의 상징을 누리고 있던 박근혜의 위상에 상당한 타격을 가했다. 뿐만 아니라 청년층은 10·26 재보궐 선거에서 안철수가 껴안은 박원순에게 압도적 몰표를 선사하며, 강남 3구를 수성하는데 그친 나경원에게 빅엿을 선사했다. 안철수와 청년의 힘을 바탕으로 시장의 지위에 오른 박원순은 시립대학교의 반값등록금을 시행하고, 서울시의 비정규직 노동자를 무기계약으로 전환했으며, '맥쿼리-이상득-이명박' 커넥션과의 진검승부를 펼치는 등 무서운 속도로 정치적 성과를 제시하고 있다. 단순한 구호가 아닌 현실로서 '정치가 밥 먹여준다'는 것을 느낀 서울시의 청년층은, 19대 총선에서 '박원순 이펙트'로 불리는 높은 투표율을 달성한다. MB 심판이라는 주술만 외우던 민주통합당은 전국적으로 망했으나, 수도권에서의 승리를 통해 간신히 의석수를 만회한 셈이다. 솔직히 말하자면 청년층은 민주통합당이 아닌, 나꼼수와 박원순에게 표를 던졌다고 해

석해도 큰 무리가 없어 보인다.

안철수에게 바란다

　그는 삼성과 애플을 '수직적 효율화 모델'과 '수평적 네트워크 모델'의 대결로 묘사한 바 있다. 자본의 집중으로 기업 간 위계를 형성하여 끝판왕으로 군림하는 삼성과, 기업 간 협업과 생태계를 구축하여 새로운 시장을 열어내는 애플을 비교한 것이다. 삼성은 아이폰의 한국 상륙 시기를 저지하고, 갤럭시S로 응수하며 가까스로 격랑을 헤쳐 나갔다. 그럼에도 불구하고 애플의 아이폰이 삼성에 던진 충격과 공포의 무게는 실로 막중하다. 간접고용 비중을 높여 숙련노동자의 창조력을 억제하고, 비용절감이라는 이름으로 자행되는 후려치기로 기업 간 생태계를 파괴하는 작금의 경영기법으로는, 세계시장의 첨단 기술 경쟁에서 결코 승리할 수 없음이 증명된 것이다. 안철수는 바로 이 지점을 절묘하게 치고 들어왔고, 이는 노동·경제의 영역에서 새로운 룰과 생태계를 꿈꾸는 국민의 열망과 결합하여 '안철수 현상'으로 거듭난다.

　하지만 청년들의 열망과 전폭적인 지지 속에서도 그가 재벌개혁과 경제민주화에 얼마나 적극적인 행보를 할지 알 수 없다. 인터뷰를 통해 전해진 그의 몇 마디 말 외에 정확하게 판단을 내릴 수 있는 구체적인 그의 행보가 없기 때문이다. 그래서 그가 유일한 대안이라고 섣부른 결론을 내릴 수도, 의지가 없다고 비판만 할 수도 없다. 다만 청년들을 위한 재단을 만들기 위해 사업을 구상하고, 청년들의 아픔에 공감해 준 사람으로서 기대가 있는 것이다. 어떠한 행보로든 이 기대와 믿음을 실체화시키고, 배반하지 않았으면 하는 바람이 있다.

새누리당의
청년 정치

정책이 아닌 정치만 있을 뿐

　정책적 관점에서 새누리당을 평가하기는 정말로 난해하다. 사실 별 거 없지 않은가. 60대 이상의 고령층을 고정 지지기반으로 확보해 놓고, 토건 공약과 감세 기조를 통해 40~50대 중산층의 지지를 흡수 하는 수준으로 승리를 잡아 온 새누리당이 아니던가. 이런 새누리당 의 '청년 정책'을 분석하는 것은 상당히 난해하다.

　몇 가지만 예를 들어볼까? 박근혜 비대위 체제로 전환되며 그들이 처음으로 내 건 의제는 다름 아닌 '취업촉진수당'이다. 장기간 구직 상태에 놓여 있던 이들에게 월 40만 원 수준의 생계비를 지원한다는 내용의 정책이다. 진보개혁 진영에서 내놓은 정책을 복사 붙여넣기 한 수준에 불과하지만, 박근혜 비대위의 등장과 함께 언론지상을 장 악한 의제로 자리 잡았다. 그러나 4월 11일 총선이 끝난 지금, 새누리 당에게서 '취업촉진수당'의 이행을 기대할 이가 있을까. 실제로 취업 촉진수당은 박근혜 비대위가 구성 된 당일 이후, 단 한 번도 새누리당 의 지면에 등장하지 않았다.

　어디 이 뿐인가. 이들은 월 10만 원 수준인 사병의 월급을 40만 원 수준으로 높이겠다는 공약을 대서특필한 바 있다. 그러나 이 공약은 총선이 진행되어 감에 따라 '월 20만 원 수준'으로 소박하게 주저앉 았다. 청년을 대상으로 한 공약만이 용두사미로 정리 된 것이 아니다. 노년층을 대상으로 매월 8만원 수준으로 지급되던 기초노령연금을 20만 원 수준까지 올리겠다고 공언했으나, 이 공약 또한 무르기를 선 언했다.

'감세'가 기본 철칙인 이들에게 화끈한 정책 러시를 바라는 것은 무리이다. 세금의 지출은 기본적으로 정해져 있는데, 수입을 줄이자고 우기니 정책적 운신의 폭이 생길 리 없다. 청년의 관점에서 단언하건데, 그들에게 '청년 정책'은 없다. 다만 '청년 정치'가 있을 뿐이다.

손수조

그녀는 과연 새누리당의 치밀한 기획으로 탄생한 것일까, 그녀 스스로 강력한 상징으로 거듭난 것일까. 무의미한 고민인 것은 알겠으나, 그만큼 손수조는 너무도 높은 수준의 공격 포인트를 새누리당에게 안겨주었다.

손주조는 이준석과의 투톱으로 정치판 메인무대에 진출하며, 이렇다 할 대항마 없이 기권 표를 던진 야권을 제치고 청년의 상징을 차지했다. "서울에서 직장 생활 하다가 고향에 내려와 연봉 모은 걸로 선거를 치른다. 야권의 유력 대선 후보를 잡고, 새누리당의 정권을 재창출 하겠다." 선거가 진행됨에 따라 지리멸렬해지긴 했으나, 그녀가 남긴 출마의 변은 강력했다. 새파랗게 젊다는 한 밑천을 이토록 극적으로 활용한 인물이 근래에 정치권에서 존재했던가. 그녀가 스스로 만들어진 정치적 존재라면 새누리당은 '공돈'을 주운 셈이고, 새누리당의 치밀한 기획이라면 야권이 보고 좀 배워야 한다.

총선 당일, 개표 방송을 함께 시청하던 청년유니온의 조합원들은 손수조의 득표율을 놓고 내기를 진행했다. 과연 그녀가 35% 이상을 득표할 수 있을 것인가를 놓고 말이다. 고무적인 출구조사 결과와 함께 화기애애한 분위기 속에서 개표방송을 지켜보던 우리들의 얼굴에는 머지않아 그늘이 내려앉았다. 부산 사상구에서 손수조는 45% 득표라는 기염을 토하며 우리에게 당혹감을 안겨주었다. 부산의 벽은 생각보다 높았고, 박근혜의 힘은 생각보다 강했던 것이다. 손수조의 등장과 함께 이래저래 페이스가 말린 문재인은, 총선 결과와 함께 큰 내상을 입게 된다. 여러 가지 악재가 있었음은 분명하나 55% 득표율이라는 밋밋한 당선은, 완벽한 승리라고 평가하기에는 조금 민망하다. 야권의 유력한 대선 후보라는 상징을 업고 있는 그이기에 더욱 치명적인 결과라 할 수 있다.

이준석

얼마 전 보는 이의 가슴을 철렁하게 하는 웹툰이 제작되어 배포된다. 삼국지 만화를 패러디한 이 작품은 연일 회자되며 트위터를 뜨겁게 달구었다. 손수조가 문재인의 목을 베고(!) 돌아오자 이준석과 박근혜가 그녀를 환영하는 내용이다. 이를 제작한 이는 정확히 밝혀지지 않았으나 야권의 유력 후보의 목을 베고 돌아온다는 설정은 정도를 지나쳤다.

웹툰이 배포된 직후 새누리당의 비대위원 이준석은 김포공항으로 달려간다. 일정을 소화하기 위해 서울로 올라온 문재인을 만나기 위해서이다. 그는 수많은 기자들의 플래시 세례 속에서 문재인에게 정중히 사과한다. 비록 자신이 제작한 웹툰은 아니지만, 물의를 일으킨 것에 대한 사죄의 뜻을 전한 것이다. 인류의 평균치를 웃도는 책임감을 발휘한 그는, 이러한 정치적 행보를 통해 상당한 공격 포인트를 획득한다. 자신을 야권의 유력 대선후보와 동등한 지위로 세팅한 것이다.

이준석은 작년 박근혜 비대위로 전환된 새누리당의 강력한 히든카드였다. 하버드 출신임과 동시에, 사회적 모범을 다하는 인물로 세팅 된 그는 조중동을 위시한 보수언론들의 집중적인 플래시를 받으며 상징 자본을 획득한다. (새누리당은 이준석을 데뷔시키는 과정에서 안철수를 벤치마킹하였을 것이다.) '엘리트의 사회적 모범' 이라는 정치적 메커니즘으로 무장한 이준석은 이러한 새누리당의 정체성에 철저히 부합하는 인물이다. 새누리당은 자신들의 정체성에 온전히 부합하는 청년을 상징으로 내세움으로써 자신들의 지지기반을 더욱 확고히 굳히며, 초지일관의 자세로 '성공신화'를 설파할 수 있다. 그리고 그렇게 청년들과 국민들에 대한 최면을 성공적으로 이어갈 것이다. 이것이야말로 정책이라는 전투에서 패배를 거듭하는 새누리당이 정치라는 전쟁에서 승리를 거두는 방법이다.

　새누리당이 이준석을 내세우며 청년정치의 본전치기에 성공하는 동안, 진보개혁 진영은 딱히 한 일이 없다. 엘리트의 사회적 모범의 대척점에서 새누리당을 공격할 강력한 상징을 제시하지 못한 것이다. 4.11 총선 과정에서 가장 모범적인 정치적 역량을 선보인 집단은 다름 아닌 새누리당이었다. 새누리당의 조약한 정책, 저열한 도덕성을 공격하는 것은 정치적으로 '유효'하나, '헌판'에는 못 미친다. 다가올 대선에서 진보개혁 진영은 그들의 과거를 심판함과 동시에 우리의 미래를 보여줄 수 있을까.

청년이 꿈꾸는
대안

달팽이도 집이 있거늘

　새누리당의 조악한 정책의 맞은편에서, 청년들을 위한 미래를 설계해본다. 재벌개혁과 맞물린 노동 정책을 중심으로, 교육, 주거, 정치개혁 등 다양한 의제를 정리했다. 아래에 서술 된 정책들은 청년유니온의 4·11 총선 정책에서 발췌하였다.

　의무교육과 대학교육 과정에서부터 시작되는 사회적 차별을 억제하는 데에서 출발해야 한다. 학생들에게 삼각함수의 그래프 변화를 외우게 하면서, 근로기준법을 비롯한 노동기본권을 가르치지 않는 것은 상식적으로 말이 안 되는 상황이다. 초등교육 과정에서 노동조합과 단체교섭을 학습시키는 독일의 교육과 너무나도 대조되는 모습이다. 의무교육 과정에서 '노동인권 교육'을 포함시켜, 장차 사회에 나올 이들이 무권리 상태에 놓이지 않도록 해야 한다. 아울러 청춘들이 학자금 빚쟁이로 삶을 설계하는 상황을 막아야 한다. (이명박 대통령도 약속했던) 사립대학교가 포함된 반값등록금 이행과, 국공립대 무상교육 네트워크를 통해 대학의 공공성 강화와 학벌 구조 완화를 동시에 도모할 수 있다.

　다음으로 현재 만연해 있는 저급한 일자리의 수준을 개선하는 한편, 양질의 일자리를 창출하기 위한 정책 설계가 필요하다. 재벌 개혁과 가장 밀접하게 연관된 영역이다. 간접고용과 프랜차이즈라는 갑을 관계로 얽힌 기업 간 생태계를 개선하여 중소기업 청년 노동자의 근로조건을 향상시킬 수 있도록 해야 한다. 프랜차이즈 가맹 수수료를 인하하고, 대기업의 아웃소싱 종량제를 도입하는 등의 장치가 필요하다. 아울러 대기업들이 노동시간 단축과 연계하여 청년고용할당제를 추진하게끔 강제하고, 이를 이행하지 않을시 정부 조달 사업에서 배제하는 등 강력한 제재를 가해야 한다. 민간 기업에만 부담을 지을 수는 없다. 정부 또한 공공부문의 일자리 창출에 적극성을 보여야 한다. 이는 단순한 일자리 창출을 넘어 사회 공공성의 강화, 즉 복지의 확대라는 관점에서 시행되어야 하는 정책이다. 공공부문의 정규직 고용률을 높여 사회공공성을 강화하고, 이를 통해 안정적으로 늘어난 세수로 새로운 영역의 공공부문 채용을 늘리는 선순환 구조를 설계해야 한다.

광범위한 청년층에게 영향력을 미치는 최저임금 또한 대단히 중요하다. 최저임금을 OECD가 권고하는 노동자 평균임금의 50% 수준으로 책정될 수 있도록 법제화하고, 현재의 최저임금 위원회는 최저임금 준수 실태를 파악하기 위한 상시적 감시기구로 전환해야 한다. 이에 앞서 현재의 최저임금 위원회에 청년위원을 포함시켜, 당사자의 목소리가 적극적으로 반영될 수 있는 구조를 만들어야 한다. 최저임금과 함께 청년층의 사회안전망으로 강력하게 작동하는 장치는 고용보험이다. 고용보험의 수급요건을 완화하여 자발적 이직자에 대해서도 실업급여가 지급될 수 있도록 해야 하며, 장기간 구직상태에 놓인 이들에게는 취업 촉진수당을 지급해야 한다. 한편, 청년 비정규직 노동자 중 고용보험에 가입되어 있는 비율은 50% 수준으로 대단히 저조하다. 저임금 노동자에 대해서는 사회보험료를 지원할 수 있는 방안을 설계하여, 사회보험 가입률을 끌어 올려야 한다.

정부의 강력한 권위로 만들어낸 노동정책이 아무리 훌륭하더라도, 청년들이 스스로의 무기를 가지고 자본과 맞설 수 없다면 아무런 소용이 없다. 그리고 이러한 청년들의 무기는 단연 노동조합이다. 현

법상 보장된 구직자의 노동3권을 인정하고, 청년유니온과 같은 조직이 활동할 수 있는 틀을 제공해야 한다. 아울러 노동조합의 단체협약 적용률이 확대될 수 있는 모델을 적극적으로 설계해야 한다.

청년층이 가장 많은 문제의식을 느끼는 정책의제는 다름 아닌 주거권이다. 달팽이도 집이 있거늘, 청년들은 언제까지 독립을 하지 못한 채 캥거루로 지내야 한단 말인가. 공공임대 주택을 확대하고, 청년층의 할당률을 높여야 한다. 아울러 현재 만 35세 이상을 대상으로만 허용되는 전세자금 대출의 적용대상을 확대해야 한다.

위와 같은 다양한 정책을 실현하기 위해서는 정치적 힘이 필요하다. 청년의 열망이 정치적 결과로 산출될 수 있는 구조를 만들어야 하지만, 현재의 선거제도로는 이를 실현하기가 쉽지 않다. 독일식 정당명부 비례대표제 도입을 통해, 국민의 의지가 온전히 정치에 반영될 수 있도록 해야 한다. 아울러서 선거권과 피선거권을 조정하고, 코스타리카식 청소년 투표제도를 도입하여, 책임 있는 국가공무원들이 청소년들의 민의를 읽을 수 있도록 해야 한다.

대선에서 잊지 말아야 할 것

얼마 전 한 여론조사 기관에서 세대별 총선의 이슈에 대한 설문조사 결과 20대에서 '경제민주화'가 1위를 차지했다고 한다. 신자유주의의 살벌한 구조 속에서 사회 양극화를 온몸으로 겪고 있는 현재의 2030세대들은 경제민주화가 먼 나라 이야기가 아니라 자신의 생존과도 같은 문제이다. 하기에 이 결과는 그리 놀라운 일도 아니다.

세대라는 조금은 나이브하면서도 포괄적인 의미를 쓰게 된 연유에는, 1997년 체제라 불리는 IMF라는 경제적 상황과, 온라인이라는 문화적 계기, 그리고 청년들의 정체성을 한마디로 규정할 수 없는 '현 청년들의 복잡다양한 정체성'에 기인한다고 볼 수 있다. 이 세대의 의미는 '철없는 어린 것들'이라는 단순한 규정이 아닌 현 청년들이 사회, 경제, 정치, 문화적으로 기성세대와 구분되는 상황에 놓여있다는 의미이다. 청년을 규정함에 있어 대학생, 알바생, 취업준비생, 직장인, 파트타이머, 비정규직 등의 경계가 모호하여 하나의 온전한 정체성을 가지기 어려운 상황이다. 이러한 조건에서 청년들의 문제를 해결하고자 하는 이들이 '세대'라는 화두에 주목하는 것은, 어찌 보면 당연한 일이다.

'88만원 세대'론의 등장 이후 사회경제적 약자가 된 청년들에 대해 일각에서는 '청년동정론'도 등장하고 있고 기성세대의 사과가 이어지고 있기도 하다. 하지만 분명한 것은 청년들의 이러한 분노와 참여는 단순히 우리 자신에 대한 불쌍함과 절망을 어필하는 것을 넘어 정당하지 못한 사회 구조에 대한 정당한 분노의 표출이라는 것이다. 청년문제를 해결하고, 현재의 세대 갈등을 해결하길 원한다면 세대를 구분 짓지 말고 정당하지 못한 사회구조를 만들어 낸 것에 함께 분노하고 이 구조를 바꿔나가기 위해 함께 행동해야 할 것이다. 그리고 더 나아가 청년들의 지분인 미래의 자원을 과잉 점유하고 있는 기성세대들이 큰 양보를 통해 세대 간의 대타협을 이루어야 다음 세대의 미래가 있음을 인정해야 한다.

현재 청년들이 겪고 있는 문제는 1997년 IMF 이후 한국에 도입된 신자유주의 체제에 기인하고 있다. 1997년의 신자유주의는 사회 양극화를 극도로 심화시켰고, 그 이면에는 노동유연화라는 칼날이 존재했다. 이 노동유연화 정책에 의해 전체 저임금노동자의 비율이 증가했고, 이 저임금노동자 중에서도 청년층의 비율이 중장년층보다 더 높게 나타나고 있다. 따라서 현 시기에 대두된 청년세대의 문제는 IMF를 거쳐 나타난 사회경제적 변화에서 촉발 되었다 보는 것이 타당하다. 매 시기마다 반복되는 세대 갈등과는 그 본질을 달리하는 것이다. 청년들에게 '돈이 없어 연애 못한다, 결혼 못한다' 는 말이 어리광이 아닌 현실의 문제가 되어버린 작금의 상황에서 이런 행간의 의미를 읽어내지 못한다면 이 땅의 미래는 없다. 그 때는 광우병 쇠고기처럼 대한민국에 해외의 청년들을 수입해 와야 할지도 모른다.

얼마 전 2030세대의 어느 여론조사에서 기성세대에게 벽을 느끼는 게 무엇인지에 대해 '권위주의' 라고 절반 이상이 대답한 결과가 있었다. 태초에 어른과 아이가 존재하기 시작한 이래 아이가 어른을 권위주의적이라고 평가하는 건 늘 있어온 일일 것이다. 하지만 현재의 소통은 SNS라는 강력한 무기를 통해 청년 세대 전반의 생활양식과 문화가 되어가고 있다. 박원순, 안철수가 청년들의 대세가 되고 전 세계적인 청년시위의 확산에는 이러한 공통점이 나타난다. 이는 앞으로도 이 청년세대는 학습을 통해 소통을 하는 기성세대와는 분명이 다른 삶의 질을 향유해 나갈 것이고 이는 1987년 체제 이후의 한층 성숙한 민주주의를 요구하고 있다. 다만 1987년 체제의 환상에 젖은 386세대와 그 끝자락을 향유하고 있는 486 세대에 의해 새로운 민주주의가 완전히 성숙되는 길이 현재는 막혀 있거나 더디게 가고 있다.

현재 청년의 문제는 청년만의 문제가 아니다. 위에서 열거한 것처럼 현 청년 문제는 기성세대와의 공동행위 속에서 나타난 결과물이다. 사회경제적으로는 기성세대보다 열악하지만, 정치적으로는 더욱 성숙하고 지적 역량 또한 단군 이래 최고의 스펙을 가졌다는 현재의 청년들이 아니던가. 이제는 청년들이 자신들의 정당한 분노를 표출하고 이것을 넘어 정치의 영역에도 진출하여 사회구조를 온전히 바꾸어

내야 한다. 대한민국의 암울한 현실이 '청년'을 통해 보여진다면, 이 현실을 고쳐내고 새로운 미래를 설계할 힘 또한 '청년'에게서 나올 것이다.

2012년 대선이 청년들에게 또 한 번의 희망을 꿈꿀 수 있는 기회의 장이 될지, 2017년을 기다리며 투표장으로의 발걸음을 머뭇거리게 될지는 결국 새로운 리더십을 지닌 그 누군가에게서 일구어지게 될 것이다. 현 시대의 리더십은 청년 문제의 본질을 간파하고, 그 문제의 행간을 읽어내며 가슴 깊이 그 절망을 인식하는 속에서 가능할 것이다. 언제나 그러하듯 청년들이 꿈꿀 수 있는 사회가 행복한 사회이기 때문이다. 따라서 아랫세대를 보며, 윗세대와 아랫세대의 다리 역할을 하게 될 그 누군가에게 청년들은 과감하게 지지를 표명할 것이라는 걸 이번 대선에서 모두 잊지 말아야 한다.

:: 안철수는 대통령으로서는 아직 검증이 안 된 사람이에요

안철수가 대통령감은 아니라고 생각합니다. 과학기술 분야의 사람이 대통령이 되면 균형을 잃지 않을까, 하는 염려도 있구요. 지금도 한국사회는 지나친 기술지상주의에 빠져 있으니까요. 안철수의 말투나 눈빛하며, 저는 그가 여우라고 생각해요. 나쁜 의미에서의 여우라는 건 아니구요. 지나친 겸손은 오만보다 더 위험하다고 봐요. 과장된 겸손은 오만보다 못하죠. 대통령 선거에 출마하든 안 하든 왜 시원시원하게 밝히질 않는 걸까요.

난 그가 뒤에서 언론을 조정하는 방식이 마음에 안 들어요. 그런 방식을 취한 사람은 한편으론 정치적으로 뛰어나다고 할 수 있지만, 뭔가 석연치 않은 구석이 있을 거라는 느낌이 들어요. 제가 만약 안철수를 만난다면 질문하고 싶은 게 있어요. "당신은 언제부터 정치를 염두에 두었나요. 당신이 〈무릎팍 도사〉에 출연하기 전인가요 후인가요." 제 질문의 핵심을 아시겠죠? 안철수는 대통령이 안 될 거예요. 제 생각으론, 안철수가 미는 사람이 대통령이 될 겁니다.

박근혜는 정치력이 뛰어난 사람이죠. 지금 대한민국에 그녀만한 정치력을 가진 사람은 없다고 봐요. 개인적으론 그녀를 싫어 하지만, 우리 아버지가 박정희 시절 중앙정보부에 불려가서 고문당한 것만 아니면 저는 박근혜를 지지할 수도 있을 것 같아요. 그녀는 말을 바꾸진 않아요. 나름대로 원칙을 지켜요. 그런데 그녀의 한계가 너무 분명해요. 박정희의 딸이라는 이름을 버릴 수가 없고, 집권을 하면 독재를 휘두를 가능성이 너무 많다는 거죠.

그녀가 정치만 한다면 전 반대하지 않아요.

　그런데 저는 더 이상 차선의 선택을 하고 싶지 않아요. 기권도 선택의 하나예요. 기권이 나의 아주 적극적인 의사표현이라고 생각하는 이유가, 대한민국 정치가 변하려면 투표율이 30% 이하로 떨어져야 된다고 생각하거든요. 그래야 정신을 차려요. 그래서 저는 기권운동을 하고 싶을 정도예요. 그래야 양쪽 다 반성을 하지 않겠어요? 그렇지 않으면 대한민국 정치는 변하지 않을 거예요.

누가 대통령이 되어야 하는가 3

박근혜의 대항마는 누구?
시사평론가 고성국이 말한다

한국이 필요로 하는 지도자는 누구?
기부문화전문가 Bekay Ahn이 말한다

고 성 국

1958년에 태어났고 고려대학교에서 정치학 박사 학위를 받았다. 1985년부터 글쓰기, 대중강연, 방송활동을 시작해 CBS 라디오 〈시사자키〉, KBS 라디오 〈오늘〉, KBS TV 〈추적60분〉, SBS 라디오 〈한수진의 오늘〉 중 〈고성국의 방랑식객〉을 진행했다. 현재는 OBS 생방송 〈토론합시다〉, KBS 라디오 〈열린토론〉의 고정 패널이며, 여러 온-오프라인 신문에 고정 칼럼을 쓰고 있다. 저서로는 다음 세대들에게 건강한 정치관과 역사의식을 심어주기 위한 『10대와 만나는 정치와 민주주의』, 『10대와 통하는 한국사』(공제), 『덤벼라, 인생』(공제), 『시사평론가 고성국의 정치타파』와 2012년 대통령 선거를 전망한 『고성국의 정치in』이 있다.
요즘 가장 바쁜 시사평론가 고성국은, 통렬한 입담과 전방위적 감각으로 향후 대선의 행방을 진단한다.

새누리당엔 박근혜가 있다.
야권에는 누가 있나?

> 개인적으로 김두관이라는 인물이 거기에 딱 맞는 사람이라고 봅니다. 김두관이 6남매에요. 큰형은 독일 광부로 갔다 온 사람이고, 둘째는 택시기사, 셋째 누님인가는 시장에서 생선장사하고, 넷째 형은 회사의 경비원, 다섯째와 여섯째가 간신히 대학을 갔는데, 김두관이 다섯째죠. 그러니까 김두관의 가족사항을 쭉 설명하면 그 자체로 선명해지죠. 안철수와 문재인은 아무리 하고 싶어도 안 되는 겁니다.

박근혜의 대항마는 누구?
— 시사평론가 고성국이 말한다

민주통합당에는
박근혜가 없었다

지난 4·11총선에서 민주통합당은 새로운 비전을 제시하지 못했다는 면에서 지리멸렬했습니다. 이러한 결과는 어떻게 보면 문재인의 비전 없음이 아닌가로 생각되는데 박사님 어떻게 생각하십니까?

총선에서 문재인 후보의 역할을 보면 어정쩡했습니다. 불가피한 측면이 있었지만 총선의 지휘는 한명숙 대표가 했거든요. 그런데 실제로 고비마다 문제를 푸는 역할이나 국민의 관심은 문재인 후보가 더 많이 받았습니다. 실제로 문재인 후보가 주도권을 쥐고 선거를 치르지 못했다는 점에서 이번 선거를 문재인의 선거라고 하기에는 적절치 않고, 그렇다고 해서 문재인 후보를 야권의 여러 후보 중 하나로 치기에는 그 정책비중이 높기 때문에 평가 자체가 어정쩡할 수밖에 없죠.

야권은 총선에서 '정권 심판론'을 내세워 선거를 치렀는데, 그러다 보니까 상대적으로 미래선택과 관련된 비전을 제시하는 데 좀 소홀했다는 비판적 평가가 나오는데요. 뭐, 그것도 그렇다, 아니다, 논란이 있을 수 있습니다만 저는 정권 심판론도 내용을 잘 정리하기에 따라서는 미래비전을 함축한 정권 심판론이 될 수도 있다고 생각합니다. 예를 들어 747정책은 무엇이 잘못되어 실패한 것인지, 그 결과 4년 동안 747정책 집행결과 서민들은 얼마나 더 살기 어렵게 됐는지를 국민들한테 설득력 있게 설명했다면 야권의 정권 심판론은 성공했을 가능성이 있었습니다. 즉, 야당이 집권하면 747을 폐기하고 이러이러한 방향으로 경제정책을 전환을 하겠다, 대통령 권력을 잡기 전에 국회권력을 잡은 상태에서라도 우리가 할 수 있는 일은 이러이런 것들이 있다는 내용을 구체적으로 밝혔어야 하는 거죠. 이렇게 되었다면 그것은 정권 심판론이라는 프레임 속에서 비전을 제시하는 것이 된단 말이에요. 그런데 야당은 그 수준까지 발전시키지 못했습니다. 그러니까 당연히 선거에서 정권 심판론을 넘어서는 완전히 새로운 미래비전을 제시하기 어려웠던 것이죠.

그러면 그 책임이 문재인에게 있을까요? 저는 그 책임을 문재인에게 묻는 것은 가혹하다고 생각합니다. 왜냐하면 그는 주어진 권한을 넘어 자의적인 권력행사로도 보일 수 있는 행동을 자제하는 모습을 그동안 많이 보였거든요. 노무현 정권 때도 그랬고요. 그래서 이번 선거에서도 상황이 급박할 때마다 지역선거를 버려두고 밤에 서울로 올라와서 한명숙 대표와 긴급한 만남을 갖고 다시 부산으로 내려가는 모습을 보이긴 했지만, 그 밖에는 당 지도부의 권위를 존중하고 자신의 직분 범위를 벗어나지 않으려고 노력했던 것 같아요. 그건 의식적으로 노력했다기보다는 문재인이라는 사람 본래의 태도였다고 봅니다.

결과적으로 놓고 보면, '새누리당에는 박근혜가 있었고 민주통합당에는 박근혜가 없었다'는 게 됩니다. 문재인 후보가 기왕 대선 출마를 염두에 두고 지역구에 뛰어들었다면, 그리고 형식 논리를 넘어서서 문재인이 민주통합당 내에 최대 영향력을 가지고 있는 사람이라고 한다면, 그런 형식 논리에 발목을 잡히지 말고 자신의 정책비중과 영향력에 걸맞게 더 적극적으로 선거를 이끌었어야 했던 게 아닌가 하는 비판이 가능해지죠. 그렇게 되는 순간 자연스럽게 야권도 '사람'으로 미래선택에 대한 대안을 제시할 수 있죠.

이렇게 되면 야권은 두 개의 무기를 쓸 수 있었을 거예요. 새누리당이 미래선택으로서 박근혜라는 무기만 가지고 있었다면, 야권은 '정권 심판'과 '문재인 대안'이라고 하는 공격과 방어의 칼을 들고 훨씬 유리한 싸움을 했을 겁니다. 그런데 문재인 후보는 그러지 못했어요. 역시 그 점이 권력의지의 부재 또는 자신이 처해 있는 정치적 상황에 대한 책임의식이 부족했다는 평가를 만들고 만 것 같습니다.

정치적 리더로서의
문재인

문재인의 이번 결과는 노무현 정부의 실패와 관련되어 있다고 보시는지요? 노무현 정부는 경제 정책을 비롯하여 여러 가지가 정책의 실패를 드러냈는데, 그 원인은 무엇이며 문재인은 어떤 점에서 관련되어 있다고 볼 수 있을까요?

노무현 정부의 공과를 평가하는 건 너무 큰 주제이기 때문에 그 문제를 본격적으로 다루기는 어렵겠고요. 노무현 정부의 잘못 또는 실패라면 여러 가지가 있겠지만, 저는 우선 퇴임 후 결과적으로 대통령이 죽음을 맞을 수밖에 없었던 부패구조를 들 수 있습니다. 대통령의 형님이 감옥살이를 했고, 또 유력한 후원자들이 모두 사법처리를 받았던 상황. 이것이 국민들에게는 피부로 체감되는 실패일 겁니다.

사실 정책의 실패에 대해서는, 그것이 과연 실패인 것인가에 대한 논의가 되어야 할 것 같습니다. 설사 정책적 실패로 판명이 되더라도 국민들이 노무현 정부의 실패를 얘기할 때 구체적인 어떤 정책을 떠올리진 않을 거란 말이에요. 노무현 대통령이 결국은 죽음을 택했고, 대통령의 형이 감옥살이를 했고, 가장 가까운 후원자들이 다 감옥살이를 했고, 측근들이 다 감옥살이를 했다면 이건 실패한 정권이다, 국민들은 이렇게 보는 것 같아요.

그러나 문재인은 민주통합당의 인물 중에서 대통령 후보로서 상당한 지지를 얻고 있고 또 대통령 후보로서 박근혜와의 경쟁 구도를 형성할 인물로 보는 국민들이 많은 듯합니다. 국가의 중책을 수행할 수 있는 인물로 수용될 만한 인간적인 장점이나 흡입력 또는 지도력이 있을까요? 그건 어떤 모습일까요?

실제로 문재인 후보를 가까이서 손도 만져보고 말이라도 한두 마디 해본 국민은 그렇게 많지 않을 거예요. 또 이번 선거전에서 활동하기 전까지 문재인이란 사람에 대해서는 고고한 선비 같은 사람이라는 평가가 주종을 이루고 있었을 겁니다. 성품이 맑고 삿됨이 없이 담백한 사람, 정치적 야심이 없고 사적인 이해관계보다는 명분과 대의를 중시하는 사람, 노무현이라는 사람에 대해 대통령으로서나 친구로서나 충성과 배려를 아끼지 않았던 사람……

대체로 이런 평가를 받고 있었죠. 이것은 인간 문재인에게는 굉장히 긍정적인 평가이겠죠. 그러면 그런 문재인에게 정치 리더로서 대중을 끌어들이는 힘이 있느냐 할 때, 개인으로는 고고한 학자 같고 선비 같은 인물이지만, 대중을 휘어잡고 끌어들일 수 있는 스타성 또는 그런 의미에서의 '스킨십'은 부족하지 않은가 싶습니다.

정치인한테는 이런 게 있습니다. 모든 유권자를 다 만날 순 없지만

어쨌든 최선을 다해 여러 사람을 만나고자 할 때, 처음 만나는 유권자도 많고 자신과 정치적 견해가 다른 유권자도 많습니다. 정치인은 1분 또는 30초도 안 되는 그 짧은 시간 안에 상대가 호감을 갖게 만들거나 자신의 팬이 되도록 해야 합니다. 처음에는 눈으로 만들어내야 되고, 그다음에는 손으로 만들어내야 되고, 그다음에는 한두 마디의 말로 결정지어야 합니다. 눈으로 했는데도 안 되고, 손으로 했는데도 안 되고, 한두 마디의 말로도 안 된다면, 그건 안 되는 겁니다. 더 많은 사람들이 기다리고 있기 때문에 그 사람한테 더 이상 시간을 쓸 수가 없어요.

대중을 향한 흡입력이라는 건 그런 점인데요. 문재인이라는 인물은 그런 점에서 굉장히 드라이하다는 평가가 여전한 상황입니다. 이번 총선 유세과정이 TV화면에 여러 차례 보였으니까 이제 국민들한테 익숙한 풍경이 되었을 텐데요, 박근혜가 활동하는 현장에는 손이라도 한번 잡아보려는 대중들이 몰려있습니다. 박근혜는 손이 아파서 붕대를 메고 다닐 정도로 일일이 손을 잡아줍니다. 그런 박근혜의 제스처 하나하나가 국민들을 열광케 하는 겁니다.

그런데 문재인의 유세 현장에는 그런 열정과 열광이 보이지도 느껴지지도 않아요. 사람을 만나는 장면을 보면, 문재인이 다가가서 점잖게 뭐라고 얘기하고 유권자는 수줍게 듣고 있는 풍경들입니다. 대부분의 장면이 그렇거든요. 그러니까 뭔가 대중으로 하여금 미치게 만들고 끓어오르게 만드는 면에서는 문재인 후보가 아직 여러 가지로 부족하다고 말씀드릴 수 있어요.

박근혜와 문재인을 비교하면 뭔가 좀 억울해하는 사람이 있을 수 있으니까, 노무현 전 대통령과 문재인을 비교해볼까요? 마찬가집니다. 노무현도 인간적으로는 당신 스스로 '샤이'한 사람이라고 얘기할 만큼 개인적으로 만나면 부끄러움도 많고 숫기가 없어서 말도 잘 못하는 편입니다. 그러나 그런 노무현이 대중 앞에서 설 때는 전혀 다른 모습으로 변합니다. 대중을 열광케 하지요. 말 몇 마디로 대중은 노무현이라는 인물에게 빨려든단 말이에요. 그런 건 인생 전체를 통해서 만들어진 힘이라고 할 수도 있고, 또 대중들과 소통하는 노무현만의 독특한 방식이라고 할 수도 있는데, 어찌됐건 그런 게 있어야 된단 말이에요. 그래야 또다른 '노사모'가 만들어진단 말입니다.

안철수식
정치

이제 잠깐 또 화제를 넘겨서, 안철수식 정치라는 게 대통령 선거에 어울리는 정치인지요? 다른 것보다 제일 궁금했던 게 이겁니다. 최근 안철수라는 인물의 활동이며 행보가 과연 정치인지, 이런 방식을 대선에 출마할 수 있는 정치로 판단한 건지 의심스러운 부분이 있습니다.

사실 최근 안철수가 보여주고 있는 모습은 지금까지 우리가 보아왔던 익숙한 정치 풍경과는 전혀 다른 거죠. 그래서 이게 정치인지 아닌지 잘 모를 만큼 낯설기도 합니다. 언제 정치를 포기할지 알 수 없지만, 저는 그 분이 이미 정치를 시작했다고 봅니다. 그래서 지금 연출되고 있는 안철수의 언행은 모두 '안철수식 정치'라고 봐야 합니다.

그러면 안철수식 정치는 뭘까요? 두 가지로·정리해서 말씀드릴 수 있을 것 같아요. 앞으로 더 많은 걸 보여주겠지만, 지금까지 보여준 것만으로 놓고 보면 안철수의 정치는 메시지를 굉장히 중시하는 정치인 것 같아요. 그러니까 이런 거죠. 문재인은 선거에 직접 후보로 뛰었고, 아마 가장 많이 고생을 했을 거예요. 유세하다 말고 서울로 뛰어오기도 하고 그랬으니까. 언론에서도 문재인 후보와 박근혜 대표를 가장 많이 비춰줬죠. 근데 이번 선거에서 문재인이 던진 메시지 중 또렷하게 기억나는 게 있나요?

없는 것 같네요. 부산 지역에서 야당이 승리해야 한다는 메시지는 확실히 받은 것 같은데, 또 다른 건 기억에 남는 게 없는 것 같아요.

그렇다면 문재인이 메시지를 던지지 않아서 그럴까요? 아니면 없어서 그럴까요? 메시지가 없지도 않았고 또 던지려고 노력도 했을 텐데, 어쨌든 우리 기억에는 남아 있질 않아요. 반면 안철수는 총선기간 동안에 서너 번 정도 언론에 비춰졌을 뿐인데, 이번 총선에서 발표한 메시지를 기억하는 사람은 많습니다.

예를 들어, '진영 논리에 기대지 않겠다'라든지, '선거는 먹는 거다', '투표로 세상을 바꿀 수 있다' 등의 발언들이죠. 하물며 투표율이 몇 퍼센트면 '미니스커트 입고 춤추겠다' 하는 메시지도 있었죠. 개인적으로 그런 방식을 좋게 평가하지는 않지만 어쨌든 사람들의 뇌리에 남겨진 거예요. 이런 메시지에 어떤 비전이 있느냐 하는 것은 별개 문제입니다. 대중의 기억에 남도록 하는 재주가 있는가가 관건이죠. 안철수라는 인물에게는 그런 게 있는 거죠. 그는 그런 점을 중시하고 있고, 또 앞으로 그러한 방식으로 진행할 거라고 봐요.

그러다 보면 어떻게 되는가. 메시지 내용과 메시지 전달방식에 몰두하게 되겠죠. 그래서 보면 지난 시장선거 때 편지에 흑인 민권운동에 상징적인 파크스 사례를 끄집어내는 겁니다. 안철수가 꺼낸 로자 파크스 일화는 사실 일반화되어 있는 얘기가 아니잖아요? 링컨이 정직하다든지 조지 워싱턴의 벗나무 일화 같은 것과는 다른 거잖아요.

'앵그리버드'도 좀 생소했죠.

'앵그리버드'의 경우, 말하자면 깊이 생각해서 이번엔 어떤 메시지를 줄까 하고 자료도 찾고 해서 보여주는 겁니다. 메시지를 만들어내는 데 굉장히 몰두하는 거죠. 메시지를 선명한 기억으로 안겨줘야 하기 때문에 편지가 어떨까 트위터가 어떨까를 고민하기도 하고, 대구에 갈까 광주에 갈까 고민하는 겁니다.

이런 건 통상적으로 정치인들이 메시지를 전하는 방식과는 다릅니다. 대부분의 경우 정치인들은 현장에서 대중과 교감하면서 메시지를 던집니다. 물론 기본적인 것은 미리 준비해 가지만 대부분 미리 준비된 메시지를 던져서 성공하는 경우는 별로 없어요. 예를 들어서 노무현 대통령 후보 시절, 장인어른이 빨치산이라는 공격을 대비하여 미리 '그러면 나는 이혼해야 합니까'라고 대답하겠다고 작전을 짜놓았겠냐고요. 그게 아니거든요. 그 순간 끓어오르는 열정과 억울함과 한, 처가식구들이 평생 겪어온 고단함 같은 것들로 인해 항변하듯이 "그러면 나더러 이혼하라는 말이냐" 하고 터져 나온 말의 진정성 때문에 그 메시지가 사람들의 가슴을 파고든 것입니다. 준비된 메시지랑은 좀 다른 거예요.

그러니까 대중정치인은 현장에서 대중과 교감하면서 메시지를 만들어내고, 그렇게 해서 대중을 움직이는 거예요. 반면 안철수의 메시지는 골똘히 생각해서 끄집어낸, 잘 준비된 방식을 통해서 전달되는 방식입니다. 지식인들은 그것을 기억합니다. 하지만 사람은 그런 메시지로 움직이지 않아요. 좋은 메시지이긴 한데 내 피를 끓게 만들지 못하는 거예요. 그게 안철수 정치의 핵심이기도 하고 한계이기도 합니다.

안철수 정치의 두 번째 핵심은 어떤 진영논리에도 기대지 않겠다는 선언에 있습니다. 그는 아마 야권과 후보 단일화 경선을 한다면 이길 확률이 높지 않다고 판단한 듯합니다. 말하자면 문재인의 홈그라운드로 들어가서 승리하기란 쉽지 않다고 보는 거죠. 또 기존 정치권에 들어가서 뛴다 해도, 그래서 최종적으로 박근혜-안철수 구도가 된다 해도 그건 이미 박근혜 홈그라운드에서 뛰는 것이나 마찬가지인 셈이죠. 그렇다면 여야를 다 기존 정치권으로 상정하여 기존 정치권과 대립구도를 만드는 것이 유리하겠다 생각하는 것 같아요. 그 편이 경선에서 야권 단일후보가 되기에도 유리하고 본선에서 박근혜와 싸울 때도 유리하다 생각하는 거죠. 그래서 박근혜, 문재인을 다 올드(old)로 만들어버리고 본인은 뉴(new)가 되는 것이고, 지금 변화를 요구하는 국민적 열망과 맞아떨어지는 게 되는 거죠. 그것이 어느 진영 논리에도 기대지 않겠다고 하는 발언에 들어 있는 전략적 고려인 것 같아요.

그러면 그는 이것을 끝까지 관철시켜야 하거든요. 끝까지 관철시키려면 어떻게 해야 하는가. 박근혜라는 강력한 구심력을 가지고 있는 새누리당, 그리고 문재인, 김두관, 손학규 등의 인물을 보유하고 나름의 구심력을 행사하는 민주통합당에 끌려들지 않도록 자기 지지세력을 관리할 수 있어야 해요. 이 대중을 관리하기 위해서는 끊임없이 메시지를 생산해야 되고, 대중과 끊임없이 만나야 돼요. 그러면 지금보다 훨씬 분주해야죠. 박근혜보다도 두 배 이상 뛰어야만 이게 가능한 거예요. 문재인, 손학규 두 인물이 합친 것 이상으로 뛰어야 되는 거예요. 그래야 이 지지대중이 새누리당이나 민주통합당으로 끌려가지 않도록 자신의 주위에 잡아두고 새로운 '뉴'를 탄생시킬 수 있는 거죠. 근데 그건 누구도 할 수 없는 일입니다.

486세대의
정치적 한계

도대체 조직 없이 대통령 후보로 나선 사람들은 한 번도 성공한 적이 없지 않나요? 박찬종이나 문국현 같은 사람들도 그렇고, 더군다나 정주영은 '현대그룹'이라는 물리적 조직력을 갖추었고 국민당까지 만들었지만 현실상 실패했는데, 안철수가 과연 대통령 후보로서 성공할 수 있을지요?

제 생각에는 불가피하게 절충할 것 같아요. 자기는 제3의 후보라고 하는 콘셉트와 이미지는 계속 살려가면서 현실적으로는 야권과 손잡고 야권 단일후보가 되는 길을 모색할 것 같아요. 그러면 여기서 모순이 발생하죠. 야권과 손잡는 순간 제3세력은 이제 허구가 되잖아요. 이 사람이 그동안 애써서 던져온 메시지를 자기 스스로 부정해야 하는 거죠. 이 접점을 어느 정도의 선에서 절충할 것이냐, 즉 제3후보론의 강점과 야권 단일후보가 됐을 때의 현실적인 이득을 끌어내는 문제가 안철수의 핵심 고민이라고 생각합니다.

지금 정치권에서 활동하고 있는 486세대들을 보면 여러 생각을 하게 됩니다. 특히 운동권 출신의 친노 NL계열 인사들의 활동을 보면, 세대간의 통합은 물론이고 동세대간의 통합조차 실패했다고 봅니다. 이런 건 민주통합당의 큰 약점이라고 봅니다만, 우리 정치권의 486세대에 대한 진단을 부탁드립니다.

486세대 얘기를 하자면 이런 것 같아요. 우리 현대사의 역사와 그 정치세력간의 관계가 종합적으로 맞지 않는 대목들이 좀 있습니다. 예를 들어서 4·19세대는 정치적으로 좀 과잉 대표된 측면이 있구요. 민청련 세대들이 정치권에서 상당한 영향력을 지금까지도 발휘하고 있죠. 이해찬까지가 민청련 세대니까요. 그런데 수적으로는 사실 가장 많은 희생자를 낸 게 긴조 세대(긴급조치 세대)거든요. 근데 긴조 세대는 '낀 세대'라고 하는 자조적인 표현대로 위의 민청련 세대와 아래의 486세대에 끼어가지고 세대적 동질성이라든지 대표성 같은 걸 얘기할 상황이 못 됐습니다. 긴조 세대는 정치권에 많이 들어가도 긴조 세대적인 상징성을 발현하지 못한 거죠. 새누리당의 김성식, 민주통합당의 한명숙, 박성숙 같은 이들이 다 긴조 세대에 해당되는 사람들인데, 이러저러한 이유로 일선으로 물러나게 되기도 하고, 실제로 노회찬이다 심상정이다 다 긴조 세대지만 이 사람들을 긴조 세대라고 하는 세대적 프레임으로 봐주는 시각 틀 자체가 없는 거죠.

반면에 486세대들은 상당히 과잉 대표되어 있죠. 이들의 운동적 건강성에 대해서 논할 여지가 없지만, 어쨌든 이들이 정치권에 들어왔을 때 과잉 대표된 점이 있고, 그런 점에서 486세대의 전성시대가 10년째 계속 되고 있다고 봅니다. 그러다 보니까 결과적으로 486세대의 운동적 건강성은 점차 퇴조하고 기득권화되어 버린 거죠. 지금 여당이나 야당이나 486세대들이 있고, 특히 야당 쪽에 많이 남아있지만 지금 그들이 예전의 운동성 건강성을 가지고 정치를 한다고 보기는 어렵다고 봅니다. 내가 한때 운동했다, 민주화 운동에 청춘을 바쳤다, 감옥에 갔다 왔다, 라고 하는 점이 선거에 도움이 안 될 때는 굳이 드러내지 않지만 선거에 도움이 될 때는 당당히 드러내 놓잖아요. 이것은 일종의 선민의식 같은 거죠.

부분적입니다만, 자신은 어떤 경우에도 옳고 특별한 존재라는 식으로까지 가는 측면이 보입니다. 그래서 국민들 입장에서 이해할 수 없는 일들이 벌어지는 거죠. 국민들이 486세대를 특별히 미워할 이유가 없잖아요. 국민들은 이들에 대해 "정변 때 고생했는데……" 하고 얘기하는 입장이지, 특별히 "468은 싫다"고 얘기하지 않습니다. 이를테면 민주통합당의 사무총장 임종석이 (뇌물 수수) 무죄 추정으로 한 달 이상을 버티면 국민들 입장에서는 '일심에서 유죄 받은 사람인데……' '486 운동권 사람인데……' 뭐 이런 의구심을 갖게 되지 않겠어요? 설명하기 어려운 대목들이 생겨버리는 거예요. 결국 486이 권력화 되고 기득권화되면서 그 건강성을 잃어버린 결과가 여기까지 왔다고 봅니다. 이 상태가 계속되면 486세대라는 건 한때 운동을 했다는 추억으로만 남게 되고, 실제로는 정치권의 여러 권력 분파 중 하나로 치부될 것이고, 그렇게 취급되고 할 말이 별로 없을 거라고 생각합니다.

자, 그건 그렇고요. 이 486세대가 정치적으로 어떤 한계를 드러내게 되는가 하면…… 사실 총선이나 대선이나 승부는 중간층 공략이거든요. 어느 정당이든 후보든 자기 지지층만 모아서 선거에서 이길 수 있다면 정말 행복한 거죠. 선거 운동 따로 필요 없고 적과 싸울 일도 없으니까. 하지만 그런 정당은 이 세상에 존재하지 않아요. 그래서 아무리 지지 세력이 많다 해도 49%까지는 가능할지 몰라도 51%를 넘는 정당은 없는 거예요. 사실 어느 정당의 대중 지지층이 51%라고 한다면 그건 이미 전체주의 국가죠. 선거를 백 번 해도 이기니까. 그래서 모든 선거는 중간층을 어떻게 공략하느냐에 따라 승부가 결정이 나는 거고요. 그런데 486은 본인들이 지금 발 딛고 있는 현실이 어떤지와 상관없이 좌편향을 보일 가능성이 매우 높습니다. 그리고 정당에 들어온 관료 출신 정치인들에 비해서 자신들이 늘 개혁적이어야 한다고 생각해요.

이번에 관료 출신의 정치인들이 공천에서 무더기로 탈락했는데요, 최인기, 강동규, 신건, 이런 사람들 한번 보십시오. 이 사람들은 김대중 대통령이 대권 전략으로 공을 들여서 영입한 사람들입니다. 그들에게 역할을 줌으로써 '내가 그렇게 과격한 사람이 아니다' 하는 메시지를 중간층 대중한테 호소하고 설명한 겁니다. 이들은 김대중 비토 세력을 약화시키고 해체하고 중간층 유권자를 흡수함으로써 정권을 잡는 데 결정적인 역할을 했던 사람들입니다. 그러면 김대중 정권 때 필요했던 사람들이 지금은 필요 없느냐. 그렇지 않죠. 여전히 필요합니다. 이 관점이 486세대들한테 분명하지 않은 것 같아요. 말하자면 전략적 관점이 결여되어 있는 거죠.

저는 486세대가 처음부터 전략적 관점이 없었다고는 생각하지 않는데, 정치권에서 기득권 세력으로 변질되는 순간 건강한 전략적 관점을 유지하기 어렵게 된 것이라 생각합니다. 사실 전략적 관점을 건강하게 유지하는 것은 대선 승리를 위한 중간층 대중 공략이 꼭 필요하고, 중간층을 공략하기 위해서는 다소 결은 다르지만 관료 출신들을 적극 등용하고, 자기 자리를 스스로 양보하겠다는 식으로 가야 하는 거거든요. 그런데 자신의 기득권과 부딪치는 문제들이 집단적으로나 개개인적으로나 발생되는 것, 그것이 영원한 숙제죠.

'당'은 새누리당,
'사람'은 안철수

안철수 스타일의 정치에 과연 민주통합당의 약점과 결점을 상쇄하거나 넘어설 만한 어떤 비전이 있을까요? 그가 보수인지 진보인지, 혹은 새로운 형태의 지지기반을 만들어낼 수 있을지 궁금합니다.

안철수는 민주통합당에 있는 어떤 후보보다 중간층을 공략하기 좋은 여러 가지 요소를 갖추고 있는 사람인 것 같습니다. 우선 그는 진보가 아니에요. 이 사람이 진보일 이유가 별로 없어요. 지금껏 살아온 과정도 그렇고 공부한 것도 그렇고, 지금 이 사람이 처해 있는 처지도 그렇고, 이 사람이 진보여야 할 이유는 아무리 찾아봐도 없다고 봐요. 그리고 그가 쓰는 말도 진보가 아닙니다. 뭐 '새로움'을 진보라고 한다면 진보일지도 모르겠지만. 그래서 그는 중간층 공략을 잘 할 수 있는 아주 강력한 후보입니다. 그 점에서 민주통합당의 약점을 잘 보완할 수 있는, 그러니까 민주통합당과 안철수가 잘 만나기만 하면 중간층 공략을 통해서 대선 승리를 도모해볼 수 있을 거예요. 그런데 안철수의 중간층 공략은 결정적 약점이 하나 있어요. 뭐냐 하면 안철수 지지자들 중에는 '당'은 새누리당을 지지하는데 '사람'은 안철수를 지지하는 이들이 굉장히 많습니다. 안철수 지지자의 15%~20% 정도가 그런 사람들입니다.

그렇게 많은가요?

네, 많습니다. 문재인 지지자의 경우 '당'은 새누리당이지만 '사람'은 문재인을 지지한다는 사람, 없는 것 같지만 있어요. 그러나 6~8% 정도에 그칩니다. 그렇다면 박근혜 지지자들의 경우를 볼까요? '당'은 민주통합당이지만 대통령은 박근혜를 찍겠다고 생각하는 사람이 10% 전후입니다. 그러나 이 표심은 대선 막판까지 갔을 때 양쪽의 진영 논리가 지속적으로 관철된 경우, 이들은 조금씩 민주통합당으로 돌아갈 것입니다. 그러면 '돌아갈 표'가 제일 많은 쪽은 안철수에요. 민주통합당을 지지하지만 박근혜를 찍겠다고 하던 사람들이 막판에 돌아가면 10% 정도 빠지고, 새누리당을 지지하지만 안철수를 찍겠다고 하던 사람들이 막판에 진영논리에 의해서 돌아가면 20%가 빠져요. 이게 최대 약점이에요.

다른 말로 표현하면 안철수는 지지자들의 충성도가 높지 않습니다. 말하자면 안철수의 경우는 '새로운 현상'이라는 거죠. 민주통합당 지지자들의 다수 또 새누리당의 일부가 안철수를 주시하고 있지만 막상 현장에 뛰어들어 죽기 살기로 겨루게 되면 결국 지지자들은 진영 논리에 의해서 돌아가게 돼있거든요. 안철수는 그걸 막아낼 수 있어야 돼요. 어느 진영에도 기대지 말고 인물로 판단하자는 기조를 강고히 하면서 애초 자신이 제시한 프레임을 지켜낼 수 있는 힘이 있어야 되거든요. 이걸 지켜내지 못하면 자기 표가 두 배 이상 빠져나가는 거죠. 안철수 측도 이러한 약점을 알고 있기 때문에 어느 진영 논리에도 기대지 않겠단 얘기를 하는 거지만, 말씀드린 대로 현실적으로 이걸 버텨내기란 어렵다고 봅니다.

'북한이 잘못하면 문재인한테 혼날걸?' VS '안철수 저 사람 군대나 갔다 왔는지 모르겠네'

북한 문제를 살펴봐야 할 것 같습니다. 북한의 정권을 대하는 민주통합당의 태도에 문제가 많다고 봅니다. 정치란 상황에 따라 평화를 유지하기 위해 타협해야 한다고 봅니다. 북한에 뭔가를 내주더라도 북한의 인권이라든지 어떤 핵심적인 가치들에 대해서는 그들로 하여금 양보를 얻어낼 필요가 있다고 보는데, 사실 민주통합당에서 그런 시각을 가지고 있는지 의심스러운 상황입니다. 반면 최근 안철북한 문제는 원칙의 문제가 있고, 정책의 문제가 있어요. 그런데 국민들은 정책을 보기 이전에 원칙을 보거든요. 북한의 인권 문제의 심각성은 구체적으로는 몰라도 국민 누구나 다 느끼고 있는 문제입니다. 그러니까 이 문제를 지적하느냐 안 하느냐, 이것을 주요한 문제로 생각하느냐 안 하느냐는 것은 원칙의 문제인 거죠.

국민들은 우선 그 원칙의 문제를 보고 싶어 하죠. 그런데 민주통합당과 통합진보당은 이 원칙의 문제를 정책의 문제로 가리고 있어요. 대북정책이라는 것 속에 가려놓는 거죠. 마치 현실적이고 합리적인 것 같지만 실제로는 그렇지 않아요. 그래서 국민들에게 원칙적인 입장, 보편적 가치에 대한 정통 야당으로서 또는 진보정당으로서의 입장을 원칙적으로 규명한 다음, 그럼에도 불구하고 우리가 정책적으로 이리이리한 입장을 취해야 한다고 설명하면 국민들이 이해하지 못할 것 같아요? 전혀 안 그렇죠. 복잡해도 설명을 하면 국민들이 이해를 해요. 아, 그래도 당신들이 종북은 아니구만. 하여튼 알겠어. 아 그래 그런 뜻이구나 하죠. 그런데 원칙을 정책에 가려서 설명을 하면 국민들이 이해 못하죠. 그리고 동의하지 않죠. 그래서 종북주의자라는 비판까지 나오게 되는 겁니다. 이건 문제라고 봅니다.

그 다음, 지금 김정일에서 김정은으로 변화된 체제는 불안해진 북한의 체제를 드러낸 겁니다. 김정일의 경우 몇 십 년간 후계수업도 하고 당도 장악하고 군도 장악한 것같이 보이니까 웬만한 돌발 상황도 통제 가능하겠거니 하는 게 있었어요. 하지만 김정은은 통제 가능한 리더인지 아닌지를 알 수 없기 때문에 어떤 디스가 발생한다면, 예컨 대 북한의 군부 강경파 중의 누군가가 김정일 통치 때 디스했다면 별 거 아니었겠지만 김정은 체제에서는 별것이 될 수 있다는 말이에요.

이에 대해 저는 북한 변수의 민감도가 매우 높아졌다고 표현합니 다. 북한 변수는 민감도가 높아진 것만으로 새누리당에 유리하게 작 용합니다. 민감도가 높아지면 언제 무슨 일이 벌어질지 모른다는 막 연한 불안감이 국민들 사이에 형성되기가 쉬워요. 무의식중에 '북한 이 좀 불안한데?' 하는 생각으로 정치를 바라보면 새누리당이 좀 더 안정적으로 보이고 민주통합당 쪽이 왠지 불안해 보이게 마련이죠.

그런 시각이 대선 후보로 향해지면 양상이 조금 다른데, 박근혜 대 문재인 구도가 발생한다면 북한 변수의 민감도가 문재인한테 그다지 불리하게 작용하진 않을 것 같아요. 사람들이 문재인을 생각할 때 공 수부대를 떠올리니까 '북한이 잘못하면 문재인한테 혼날걸?' 하는 생각을 할 수 있다는 거죠. 그런데 박근혜 대 안철수 구도가 발생한다 면 북한 변수의 민감도는 안철수에게 불리하죠. '안철수 저 사람 군대 나 갔다 왔는지 모르겠네. 대처할 능력이나 있나' 하는 거죠. 북한 변 수는 이번에 그렇게 작용을 하는 것 같고요.

지난 선거 때도 보면, 북한이 두 가지 이유 때문에 미사일 발사를 12일에서 16일 사이에 한다고 했던 것 같아요. 첫째, 김일성 100주년 인 4월 15일이라고 하는 것은 자기들이 마음대로 변경할 수 있는 날짜 가 아니에요. 그들에게 이 행사는 올림픽을 두 번 치르는 것만큼이나 큰일이거든요.

둘째는 한국의 4·11총선은 그들에게는 절호의 기회입니다. 선거 때문에 북한 문제에 별로 신경을 쓰지 못할 것이라고 판단하고 이때 얼른 해치우자 했을 겁니다. 그래서 미사일을 발포해 버린 거예요. 실제로 여당은 잘못 대응했다가 부메랑 맞을까 봐 제대로 대응을 못했고, 야당은 괜히 건드렸다가 불리해질까 봐 대응을 못했으니 북한의 전략대로 된 거예요. 그런데 결과적으로 보면 선거 50일, 30일, 10일 그러면 D-50, D-30, D-10 이러잖아요? 북한 미사일 문제는 실제로 중요한 국가안보 뉴스기 때문에 9시뉴스에서 안 다룰 수는 없어요. 하지만 선거철이니까 선거를 먼저 다뤄요. 그러면 D-10 즈음에는 여야 문제를 쫙 다룬 그다음에 북한 미사일을 다뤄요. 그러니까 선거일로 다가가면 갈수록 북한 미사일 발사로 인한 국가안보의 위기도 계속 고조되고 있는 거죠.

민주통합당이 여기에 아무런 대처를 못했어요. 새누리당은 그냥 놔두면 자기한테 유리하니까 굳이 대처할 이유가 없었죠. 그들로서는 현명하게 대처한 거죠, 결과적으로. 하지만 민주통합당은 그렇게 가면 안 되는 거였어요. 모든 나라가 발사를 하면 안 된다는 입장이고 중국까지도 표명을 했는데, 왜 우리나라 야당이 북한에 대해 강력하게 규탄하지 않았는지 모르겠어요. 입장을 발표함으로써 북한 변수를 무력화시키거나 아무 내용도 안 하고 있는 새누리당을 향해 집권당으로서의 자격 없음을 비판하거나 했어야 했는데, 이걸 안 해버린 거예요. 그러면 이 변수는 당연히 새누리당한테 유리하게 작용할 수밖에 없는 거죠. 이게 몇 석으로 환산될지는 모르겠지만. 대선으로 가는 과정에서도 북한 변수는 그런 역할을 할 것이라고 봅니다.

정치인 박근혜와
근혜 공주

박근혜는 정치지도자로서 상당히 강점을 지닌 인물이라고 봅니다. 총선 과정에서 본인의 역할을 잘 수행했을 뿐만 아니라, 일단 인품이 훌륭하고 절제력이 있고 말을 함부로 하지 않아요. 그리고 태도를 쉽게 표변하지 않기 때문에 사람들에게 안정감을 준다고 보거든요. 그것만 해도 보수 지도자로서는 기본이 되기 때문에 현직 대통령이나 전임 대통령에 비하면 인간적인 강점을 가지고 있고 국민들에게 어필할 거라고 봅니다. 그런 박근혜를 상대로 안철수, 문재인이라는 두 인물이 도전하게 될 텐데 이 구도에서 강점을 지닌 사람은 누구인지, 또 야권이 승리하고 싶다면 어떤 전략이 필요할지요?

박근혜에 대한 평가는 대체로 동의합니다. 박근혜는 굉장히 경쟁력이 높은, 강한 후보예요. 대선 후보의 경쟁력은 두 가지 요소로 보는데요. 하나는 지지자들의 충성도가 얼마나 높으냐는 것이고요, 또 하나는 중간층을 공략할 능력을 얼마나 가지고 있느냐 입니다. 그런데 이 두 가지를 겸비하는 건 쉽지 않거든요. 예컨대 김대중 대통령의 경우 엄청난 충성도를 지닌 지지층이 있었지만 중간층의 경우 거의 바닥을 드러낸 정도의 한계를 지니고 있었습니다. 단독으로는 중간층을 공략할 수 없었기 때문에 김종필과 손잡고 간신히 넘어선 거거든요.

노무현도 그렇죠. 노사모에서 나타나는 높은 충성도가 있잖아요? 그러나 역시 중간층 공략의 한계 때문에 정몽준과 손을 잡고 넘었습니다. 그래서 두 가지 요소를 겸비하는 게 쉽지 않은 겁니다. 4년 전 박근혜 역시 지지자들의 높은 충성도가 있었는데, 중간층 공략에는 한계가 있었습니다. 그래서 중간층 공략에 조금 더 강한 이명박 후보에게 진 겁니다. 그럼 4년 동안 어떻게 변했을까. 박근혜는 중간층 공략의 한계를 극복하기 위해서 두 가지 싸움을 하죠.

첫째, 세종시 싸움. 박근혜가 이 정부 4년 동안 한 일도 없이 지켜만 보다가 마지막에 숟가락만 얹는 '한마디 정치'만 했다고들 비판하는데, 세종시 싸움을 잘 봐야 합니다. 한쪽에는 현직 대통령이 있고, 그것도 대국민들한테 내가 표 때문에 눈이 멀어서 잠깐 잘못했다, 사과한다, 그러나 정말 국가 백년대계를 위해서 이건 고쳐야 되겠다, 이 정도로 작심하고 나선 현직 대통령이 있습니다. 그 다음에 처음부터 정치 생명 걸고 뛰어든 총리가 있어요. 그 다음에 이재오가 이끄는 100명 넘는 주류 의원들이 있습니다. 그리고 대부분의 보수단체들이 다 여기 있습니다. 그리고 2500만 수도권의 민심이 있죠. 이게 세종시 수정의 한 편이에요.

그러면 다른 한쪽에는 어떠냐. 박근혜가 있고, 한 4~50명 정도 되는 친박 세력이 있죠. 그런데 사실 두려워서 적극적으로 뛰어들지 못하고 주저주저하는 의원들이었던 거죠. 그리고 야당이 있고, 충청권 사람들…… 박근혜 입장에서는 야당과 싸우면 자기 당내 싸움에서는 점점 더 불리해지는 겁니다. 굉장히 어려운 여건에서의 싸움이었어요. 이 싸움을 하루이틀 만에 끝난 게 아니라 일 년을 넘게 끌었잖아요. 박근혜는 본회의에서 직접 반대토론에 나설 만큼 올인하듯이 싸운 거예요. 만약 여기서 졌으면 지금 박근혜는 여기 없어요. 그렇게 해서 완승을 거뒀잖아요. 완벽하게 승리해 버렸잖아요.

그 결과가 어떻게 나오느냐 하면, 2~3년 전 세종시 싸움을 하기 전 박근혜 지지도는 대구경북에서 약 70%, 부산경남에서 약 60%, 충청

북도에서 약 55%정도, 충청남도 대전은 뭐 50% 전후 이랬는데, 지금
은 대구경북이 70% 정도인데 충청북도가 65%~70% 나와요. 그리고
충청권 전체가 한 60% 전후로 나옵니다. 그리고 부산경남에서 55%
정도가 나옵니다. 그러니까 자기 지지자들의 구도를 확 바꿔놓은 거
예요. 이번에 충청권에서 새누리당의 선전은 이 구도가 바뀌었기 때
문에 가능한 거예요. 4년 전에 한 석밖에 못 얻었던 정권에서 열두 석
을 했단 말이에요.

그러니까 말하자면 공간적으로 중원을 공략하기 위해서 목숨 걸
고 뛴 거죠. 그리고 중간층을 공략하기 위해서 박근혜는 생애주기별
맞춤 복지정책을 내걸었죠. 이건 사실 중도좌파적 정책이라고 저는
봅니다. 선별 복지가 아니라 보편 복지를 주장한 거예요. 사회보장기
본법을 전부 개정안의 형태로 냈기 때문에 국민의 몇 퍼센트는 해당
되고 안 되고 하는 게 아니란 말이에요. 대한민국 국민은 누구나 다
해당되는 보편복지의 기본 틀을 제시한 거거든요.

그런데 이걸 전문가 몇 사람이 써준 걸로 발표한 게 아니에요. 보
건복지부를 2년 하면서 작업한 걸 개정해서 발표하려다가, 예산 뒷받
침이 없으면 안 된다는 문제 제기를 수용해서 다시 기획재정위에 가
서 1년간 예산공부를 하고 나서 3년 만에 제출을 한 거거든요. 그리고
100명 넘는 국회의원들의 사인을 받아서 개정안 형태로 제출했단 말
이에요. 그리고 지금 새누리당의 세제 정강정책은 전부 세력을 갖춘
복지정책이라는 틀 속에서 다 재구성되고 있는 거예요. 이번 총선에
내건 공약도 다 생애주기별 맞춤복지정책의 틀 속에서 포지셔닝되면
서 제시되었거든요. 그래서 중간층 공략을 적극적으로 한 거예요. 그
결과 총선 승리, 그리고 이명박 정부와의 정책적 차별화로 나타난 거
죠. 그래서 굉장히 강력한 경쟁력을 갖췄다고 보는 겁니다.

말씀하신 대로 야권 후보는 이 강력한 경쟁자를 상대로 이겨야 돼요. 쉽지 않겠지만, 이기려면 어떻게 해야 하느냐. 세상에 길 없는 길은 없는 거니까요. 우선 기본전략으로 새누리당과 같이 가면서 경쟁하느냐, 아니면 완전히 상반된 구도를 짜느냐를 선택해야 합니다. 저는 박근혜의 경쟁력이 웬만하면 비슷한 전략으로 따라가다가 추월하는 것도 좋겠지만, 워낙 경쟁력이 강한 상대이기 때문에 따라가다가 추월하는 것은 불가능할 거라고 봅니다. 그래서 처음부터 길을 달리해서 가는 것, 선명한 대립구도를 만들어내는 것이 유일한 성공전략이 되지 않을까 생각합니다.

선명하게 간다는 건 뭐냐. 박근혜 하면 떠오르는 부정적 이미지가 있어요. 공주, 웰빙, 로열패밀리, 이런 거죠. 그러면 박근혜와 선명하게 대립되는 야권의 후보, 즉 가난하고 고생 많이 한 후보를 찾아내는 거죠. 개인적으로 김두관이라는 인물이 거기에 딱 맞는 사람이라고 봅니다. 김두관이 6남매예요. 큰형은 독일 광부로 갔다 온 사람이고, 둘째는 택시기사, 셋째 누님인가는 시장에서 생선장사하고, 넷째 형은 회사의 경비원, 나섯째와 여섯째가 간신히 대학을 갔는데, 김두관이 다섯째죠. 그러니까 김두관의 가족사항을 쭉 설명하면 그 자체로 선명해지죠. 안철수와 문재인은 아무리 하고 싶어도 안 되는 겁니다.

박근혜의 또 다른 약점은 서민적이지 않다는 거예요. 앞으로 민생안보, 서민안보를 열심히 할 거예요. 자기 약점을 커버하기 위해서. 그러면 야권에서는 가장 서민적인 사람, 가장 대중과 만날 수 있는 사람, 필드에 강한 사람, 이런 사람을 내야 돼요. 그렇다면 문재인, 안철수보다는 김두관이 훨씬 강점이 있어요. 실제로 김두관은 이장에서부터 시작한 사람이니까 현장에서 큰 사람이잖아요? 그래서 여러 가지 점에서 박근혜의 대척점에 김두관이 있는 거죠. 그리고 이 구도로 가면 그야말로 야권이 이번에 어떻게 해보려고 해도 안 된 1%와 99%와의 대결구도가 만들어지는 거죠. 김종인이 "야권에서 김두관이 가장 두려운 존재다"라고 하는 것은 이런 구도를 염두에 두고 있기 때문인 거죠.

다크호스
김두관

근데 김두관에 대한 대중의 인지도가 그렇게 높지는 않지 않나요?

제가 생각하기엔 김두관이 유일한 대안이다, 라고 한다면 하루 만에 김두관은 전폭적 인물이 될 거라고 봐요. 그렇잖아요. 박원순 서울시장이 5% 지지를 받다가 안철수가 엎어지는 바람에 그 다음날 일등 후보가 되잖아요. 지금 김두관의 지지도가 얼마냐, 인지도가 얼마냐는 아무 문제가 안 됩니다. 정말로 모든 걸 버리고 사직성의 각오로 이길 생각이 있다면, 박근혜의 최적의 경쟁자가 누군지를 생각하고 그 사람이 김두관이 아니라 그보다 더 못한, 더 알려지지 않은 누구라도 찾아서 만들면 되는 겁니다.

그러면 안철수와 문재인이 어떤 식으로든 합종연횡을 해서 새로운 국면을 창출할 수 있는 방법은 마땅치 않다고 보시는 건가요?

둘이서 뭔가를 하려고 하면 설사 둘이 후보단일화를 하더라도 박근혜와 차별화가 선명하게 만들어지기 어렵고, 그렇게 되면 박근혜의 강력한 경쟁력을 쫓아가다가 지쳐서 쓰러질 거라고 생각합니다.

말씀을 들어보니 이번 대선에서 야권은 거의 기회가 없겠네요.

저는 박근혜가 대통령이 될 확률이 90% 이상이다, 이렇게 공개적으로 이야기합니다. 그럼 10%의 야권이 이길 가능성이 있는 거잖아요. 나는 그게 김두관이 유일 대안이라고 보는 거예요.

안철수, 문재인에게 가장 큰 가능성이 있다고 봤지만 총선과정에서 보니 문재인은 대중에 대한 흡입력이 약했고, 안철수는 노무현이나 김대중 스타일이 보여주었던 사람들을 열광시키는 힘이 약했던 듯합니다. 청년들이나 지식층 또는 일부 중산층에게는 어필할지 몰라도 과연 그 많은 서민들과 지방의 중간층을 어떻게 끌어 모을지 불투명하군요.

안철수는 지금 티 한 점 없는 상태라고 봅니다. 하지만 대선에 뛰어드는 순간 상처가 생기게 돼 있거든요. 개인 이력이 뒤져서 생기는 게 아니고, 정치판에서 뒹굴다 보면 하다못해 지나가다 말이라도 한두 마디 실수하게 돼 있어요. 그렇게 준비가 철저한 박근혜도 말실수를 한단 말이에요. 안철수가 말실수를 안 한다는 그 자체가 불가능한 거예요. 여러 가지 실수들이 있을 텐데 이 사람은 지금 워낙 이미지 자체가 좋아서 상처가 나면 굉장히 크게 날 거예요. 작은 상처도 커지기 쉽고 깨지기도 쉬워요.

박근혜는 이미 독재자의 딸이라는 것부터 시작해서 정수장학회 문제, 최태민 목사 관련 등등 나올 수 있는 얘기가 다 나왔는데 버텨 냈어요. 더 새롭게 나올 게 뭐 있겠어요? 안철수는 다르죠. 그래서 사실은 박근혜 캠프에서는 안철수를 두려워하지 않는다고 생각해요. 가장 손쉬운 상대라고 볼 겁니다. 문재인이 그다음으로 손쉬운 상대라고 볼 거고요. 김두관이 가장 어려운 상대라는 얘기가 갑자기 불쑥 나온 얘기가 아닙니다.

:: 시골 이장에서 장관……이번엔 대통령?

"독재자의 딸과 빈농의 아들, 이처럼 선명하고 명확한 대립관계에 의한 전선이 형성된다면 승리하지 못할 이유가 없다." 김두관 경남도지사를 지지하는 이들이 내세우는 논리다. 1958년 경상남도 남해에서 태어난 김두관은 대학 등록금을 마련하지 못해 진학이 2년 늦춰질 정도로 넉넉지 못한 형편의 집에서 자랐다. 20대 청년 시절 고향을 떠나있을 땐 직선제개헌쟁취 집회 참여를 이유로 구속된 전력이 있다.

이후 남해로 돌아온 그는 농민운동을 시작했고 자신이 태어난 고현면 이어리 이장을 거쳐, 서른일곱에 전국 최연소 지방자치단체장이 된다. 남해군수로 일할 땐 "추진력 있고, 청렴하다"는 평가를 들었고, 어렵지 않게 재선됐다. 2003년 노무현 정권 초대 행정자치부 장관 발탁이라는 파격 인사의 배경이 된 것이 바로 남해군수 시절 보여준 행정력과 개혁적 마인드라는 건 잘 알려진 사실. 지방 분권과 지방 자치, 지역 균등개발을 정치적 슬로건으로 내세우는 김두관은 "중앙이 독점하고 있는 정치·경제적 권력을 지방으로 이양하는 것이 진정한 개혁의 시작"이라는 주장을 계속해온 사람이다.

얼마 전 도지사직을 사퇴하고 본격적인 대선 행로를 시작한 그는 여타 민주당 대선 후보군과 안철수 교수와는 구별되는 삶의 이력을 가진 인물이라, 2012년 대통령선거 과정에서 '태풍의 눈'으로 부상할 가능성을 점치는 이들도 있다. 아직 미미한 수준이지만, 최근 들어 실시되는 여론조사에서 가파르게 상승하고 있는 지지율도 이런 시각에 힘을 실어준다. 하지만 회의적인 목소리도 없지 않다. "행정경험은 풍부하나 정치력이 검증된 바 없다", 혹은 "지사직을 끝까지 수행하겠다는 경남도민과의 약속을 깨뜨리려 한다"는 비판 등이 그것이다. 스토리와 드라마가 있는 인생을 살아온 김두관. '감성소구'에 민감한 한국의 유권자들을 고려하면 이는 큰 장점이 아닐 수 없다.

시골 이장과 군수를 거쳐, 장관과 도지사에 이른 '촌놈' 김두관이 대통령이란 보다 큰 꿈에 다가서기 위해 이제는 어떤 강을 건너고, 얼마나 높은 산을 넘어야 할까. 성큼성큼 본격화된 그의 대권 행보가 주목된다.

김두관은 지난 6월 7일 국가비전연구소(이사장 박명광)의 주최로 열린 대선주자 초청 토론회에서, 신분사회를 질타하면서 기회 균등과 강도 높은 교육 개혁 등에 관한 정책을 발표하였다. 그 일부를 소개한다.

백성은 가난함을 걱정하기보다 불공평함에 분노한다

저 김두관이 생각하는 우리 시대의 화두는 공정과 공평입니다. 이명박 정부에 들어와서도 '공정사회'를 주창하였지만 불공정행위는 오히려 더 횡행하고 있습니다. 재벌기업들이 골목상권에 진출하고 납품업체의 단가를 후려치는 일들은 비일비재합니다. 서민들에게는 법을 엄격히 적용하면서 특권층에게는 느슨하게 적용하는 일들이 많습니다. 공정이란 누구나 평등한 조건 하에서 경쟁하는 것입니다. 단순히 경쟁과정에서 똑같은 룰을 가지

고 경쟁하는가 하는 형식상의 공정뿐만이 아니라, 같은 출발선에서 출발하는가 하는 실질적인 공정이 필요합니다. 불리한 조건을 가진 사람들에게는 유리한 조건을 가진 사람들보다 오히려 출발선을 앞쪽으로 옮겨주어야 공정한 경쟁이 됩니다.

공정이 근대 자유주의 혁명 즉 기회의 평등을 대표하는 개념이라면, 공평은 전후 복지국가 즉 경제적 차별의 완화를 대표하는 개념입니다. 공정한 것은 사실 당연한 것이고 공평이야말로 이제 우리가 추구해야 할 목표입니다. 공평의 핵심은 결과에 있어서 합리적인 불평등입니다. 노력과 상관없이 결과가 평등하다면 누구도 힘써 노력하지 않습니다. 사회주의의 실패가 그 것을 잘 말해줍니다. 얼마나 열심히 했는가에 따라서 결과는 각자 다를 수 있습니다. 그렇다면, 공정하게 출발해서 공정하게 경쟁하였다면 그 결과에 대해서는 자기 탓이니까 무엇이든 다 받아들여야 할까요? 그렇지 않습니다.

승리한 사람이 너무 많은 결과를 차지하는 경쟁은 그 과정에서 치른 다른 사람의 노력과 기여를 무시하는 공평하지 못한 제도입니다. 회사가 망하든 흥하든 대기업 CEO의 보너스는 천문학적입니다. 만약 1등에게 주어지는 상품이 그가 기여한 것보다 지나치게 과다하면 그 과정에 참여했던 다른 사람들을 분노하게 만듭니다.

공평한 사회가 되려면 패자에 대한 인식이 바뀌어야 합니다. 승자는 있어도 패자는 없어야 합니다. 노력을 했다면 덜 이룬 사람은 있어도 패자는 없는 사회가 되어야 합니다. 제가 '불환빈, 환불균(不患貧, 患不均)' 즉 '백성은 가난함을 걱정하기보다 불공평함에 분노한다' 는 논어의 구절을 좌우명으로 삼은 이유입니다.

이러한 불공정과 불공평을 개선하기 위해서 여러 가지 정책대안이 필요합니다. 수도권과 지방간의 불공평한 재정지출을 시정하기 위해서 지방재정을 강화하기 위한 정책도 필요하고, 공정거래위원회를 국세청보다 더 힘있는 기관으로 만들어야 합니다. 각종 복지정책을 통한 부의 재분배도 더욱 강화되어야 합니다.

공동체에서는 평등한 것보다 공평한 것이 더욱 중요합니다. 비록 처지는 달라도 자신이 일한 만큼의 정당한 대가를 받으며 살아간다고 느끼는 한, 잘 사는 사람과 그렇지 못한 사람이 모두 서로를 용인하며 살아갈 수 있습니다. 반대로, 아무리 노력해도 승자가 결과를 독식하는 구조에서는 공동체가 붕괴하게 됩니다.

국민들은 더 이상 이러한 불공정하고 불공평한 사회구조에서 살아가기를 원하지 않습니다. 국민들은 이번 연말 대선에서 민주통합당을 비롯한 야권이 합심 단결하여 정권교체를 이룩하여 공정하고 공평한 사회를 만들어 나가기를 원합니다. 그러나 아직 우리의 준비는 미흡합니다. 겸손한 자세도 부족합니다. 그래서 국민들은 지난 총선에서 민주통합당에게 회초리를 들었습니다.

지금은 정권교체가 굉장히 힘들어 보입니다. 야권은 철저한 자기쇄신을 통해 대동단결해 정권교체를 이루는 데 가장 알맞은 대통령 후보를 만들어 내야 합니다. 그래서 이 시대 서민들이 간절히 바라는 시대정신을 담대하게 추구해 나간다면 연말 대선에서 충분히 승리할 수 있을 것입니다. 그래서 꽉 막힌 우리 사회의 개천을 잘 뚫을 수 있게 되기를 바랍니다. 많은 용들이 생겨나는, 계층이동이 자유로운 공평한 대한민국을 여러분과 함께 만들 수 있기를 바랍니다.

'2012 대선후보 초청 국가비전포럼' 에서

Bekay Ahn

Bekay Ahn(비케이 안)은 한국기부문화연구소 소장, 국제비영리협의회(ICNPM) 대표, 건국대 초빙교수로 재직하고 있다. 또한 국제회의스피커, 컨설턴트, 교육자로서 한국기부문화 증진과 새로운 패러다임의 리더십 교육에 힘쓰고 있다. 텍사스주립대 석박사 과정에서 환경공학을 전공했으며 한국계로는 유일한 국제공인모금전문가(CFRE) 자격증 소지자로서, 비영리조직경영 및 모금분야에서 20여 년간 전문가로 활동하고 있다. 저서로는 『비영리단체의 모금전략』, 『달변의 푼돈, 큰돈의 경청』, 『The Secrete of Asking(착한 요청의 비밀)』 등이 있다.

Bekay Anh은 미국에서 오랜 시간 활동해온 기부문화전문가로서, 세계적 리더십의 흐름 에서 본 한국 리더십의 문제, 한국의 지도자가 갖춰야 할 자질과 덕목을 요구한다.

이번 지도자는
경청과 요청의 리더쉽을 가져야 한다

> 국제공인 전문모금가로서 활동하면서 미국의 수많은 지도급 인사들을 만나보았고, 그들의 능력이 어떤 상황에서 어떻게 발현되는지를 지켜보았다. 훌륭한 지도자는 커뮤니케이션 능력이 뛰어나다. 이 능력은 '듣는 능력'을 기초로 하는데, 이는 말없이 끈기 있게 듣기만 하는 능력이 결코 아니다. 들은 것을 정확히 기억하고, 그것을 토대로 진정성 있는 실천을 가능케 하는 것이어야 한다.

한국이 필요로 하는 지도자는 누구?
― 기부문화전문가 Bekay Ahn이 말한다

우리에겐
새로운 지도자가
필요하다

　　리더의 뒷모습이 우리의 미래라고 믿는 유권자들은 대개 이성과 논리에 의한 판단보다 감정에 의해 표를 던지기 마련이다. 감정으로 판단하고 이성으로 변명한다는 말이다. 그러나 이것은 유권자들의 잘못이 아니다. 오히려 수많은 매체를 통해 우리가 얻게 되는 수많은 정보와 이미지들은 스토리텔러들에 의해 의도적으로 포장되었거나 왜곡되었을 가능성이 있다. 따라서 필자는 미디어에 노출된 이미지와 정보로써 각 인물의 리더십 성향과 능력을 정확히 판단하기란 무척 어렵다고 본다. 개인적으로 정치에 특별한 관심과 열정을 지니고 있지 않다면 대개의 경우 합리적이고도 냉철한 의사 결정을 도울 만한 정보로부터는 멀다. 어찌됐든 우리는 직접 국가 지도자를 선출해야 하는 책임과 의무가 있고, 각자의 신념에 근거하여 최선의 한 표를 던져야 한다.

　　『탈무드』를 보면 사람을 평가하는 세 가지 기준이 제시되어 있다. 첫째, 돈을 어떻게 축적하고 지갑을 여는가(키소, ciso). 둘째, 술을 어떻게 마시는가(코소, coso). 셋째, 분이나 화를 어떻게 다스리는가(카소, caaso). 이런 기준에 따르자면 긴 시간 동안 옆에서 관찰한 사람들만이 그 대상의 인격과 품격을 말할 수 있을 것이다. 그러나 '리더'를 결정할 때 그의 과거와 현재를 보고 미래를 예측하는 것처럼 순진한 착각은 없다. 역사적으로 결과는 항상 우리를 실망시켜 왔으니 말이다.

　　다행인지 불행인지, 인간은 오래 기억하지 못하는 존재여서 역사는 되풀이된다. 더욱이 이 세계는 'perspective is everything', 즉 보고 느끼는 것으로 결정되기에 필자의 몇 마디가 결과에 대한 책임을 요구당할 일은 없을 듯하다. 그래서 다른 필자들이 제시하지 않은 새로운 시각을 전하고, 독자들이 선택의 가이드라인을 잡는 데 도움이 되는 프레임을 제시해 보기로 한다. 나의 경우, 인물에 대한 현미경적인 비교보다는 미국에서 오랫동안 모금 전문가로 활동하면서 탐구한 리더십에 관한 이야기를 들려줄 생각이다. 리더십에 관한 책은 시중에 수없이 많지만, 여기서 이야기하는 것은 이번 대선과 관련하여 유권자들에게 새로운 시선을 제공하는 계기가 될 것이다.

예전에 한국의 리더십은 주로 군(軍)에서 발휘되었다. 한국전쟁 이후, 국가의 안보가 가장 중요했던 시절에는 군부의 통솔력을 필요로 했던 것이다. 그러나 경제 발전에 따라 국제적으로 성공한 한국으로 우뚝 서자 리더십은 성공한 사업가들에게 기울었다. 삼성과 현대를 필두로 한 여러 대기업체들은 이제 해외에서도 인정하는 브랜드 가치를 얻었고, 그러한 맥락에서 볼 때 기업인 출신의 대통령이 당선된 것은 우연이 아니다. 침체된 경기 회복에 대한 국민의 기대가 가져온 결과인 것이다. 그러나 이제 지도자의 패러다임은 다시 변화되고 있다. 지도자가 시대를 이끌어 가는 것이 아니라 시대가 지도자를 요청하는 전환기를 맞은 것이다. 한국은 긴밀한 국제적 관계 속에서 문화·산업적으로 선도국의 위치에 서 있으며, 지도자 또한 국제적 능력을 갖춰야 한다. 그 핵심 요소는 '경청'과 '요청'의 능력이다.

지도자의 경청이란 남을 입장을 생각할 줄 아는 능력, 자신의 욕망을 멈출 줄 아는 능력, 남의 요청을 잘 입력하는 능력으로 요약될 수 있는데, 특히 약자의 요청을 새겨듣는 능력에 집중된다. 이러한 능력은 타고난다기보다 오랜 기간의 훈련을 거쳐 몸에 배어야 실현가능한 부분이다. 필요한 때 주머니에서 꺼내 쓸 수 있는 능력은 더더욱 아니다. 선거철만 되면 유권자를 찾아다니며 무대 위에서 연설하는 지도자의 시대는 지나갔다. 누가 훌륭한 지도자인지 알고 싶다면 이러한 '경청지수(LQ, Listening Quotient)'의 잣대를 적용해볼 필요가 있다.

지도자의 또 다른 핵심 능력은 '요청'의 능력이다. 이것은 '경청'과 긴밀히 연결된 능력으로, 많은 사람들의 요구를 해결할 수 있는 누군가에게 전달하는 것이라 할 수 있다. 전달에서 그쳐선 안 된다. 문제에 대한 종합적인 판단을 바탕으로 해결 과정이 뒤따르도록 해야 한다. 이것을 나는 '착한 요청(good-hearted asking)'이라고 말하는데, 안타깝게도 우리 사회에는 착한 요청지수(AQ, Asking Quotient)'가 높은 지도자가 많지 않은 듯하다. 그런 시점에서 지금 우리에게 가장 필요한 지도자는 가진 자와 못 가진 자 사이의 중개자 역할을 잘 해낼 수 있는 인물이 아닐까 싶다.

높은 곳에서 명령하고 권력을 휘두르는 지도자의 시대는 지나갔다. 세계는 지금 능통한 '중개자'를 요구하고 있다. 가진 자와 소통을 할 수 있고, 필요하다면 가진 자에게 고개를 숙여 요청할 줄 아는 지도자가 필요한 것이다. 이러한 인물은 자신이 지닌 재물이나 권력을 내세워 문제를 해결하는 방식이 아니라 내부의 요청 시스템을 만들고 외부에 요청을 제안하는 방식을 운영한다. 그리고 모든 분야의 문화적 차이를 정확히 이해함으로써 최적의 합일점을 찾아낸다. 이러한 문화지능(CQ, Cultural Intelligence Quotient)이 뛰어난 인물은 국가와 민족의 경계를 뛰어넘어 활동한다.

얼마 전 한국 문화지수의 현재를 알려준 일이 있었다. 세계적 컨설팅 회사 헤이그룹의 이스라엘 버먼 아태총괄 대표는 한국 기업인들의 글로벌 마인드 문제를 언급하며 '한국식으로 사고하면서 행동만 글로벌'이라고 일침을 놓았다. 유대인인 그는 전 세계를 돌아다니는 동안 "코셔(유대인 율법에 따라 만들어진 음식)를 원하느냐?"는 질문을 받지 못한 유일한 나라가 바로 한국이었다고 했다. 그만큼 한국은 다른 문화에 대한 관심도 배려도 부족한 나라인 것이다. 문화는 국가의 차이뿐만 아니라 세대, 성별, 지역의 차이도 존재한다. 이러한 문화의 차이를 인식하고 정확히 이해하고 어떻게 대처할 것인가 하는 요구가 대두되고 있다. 이제 새로운 능력을 발휘할 지도자가 요구되는 시대를 맞이했다. 그 경청지수(LQ)와 요청지수(AQ)와 문화지능(CQ)이 고루 갖춰진 인물이어야 할 것이다.

리더십의 정의가
바뀌고 있다

1990년대 중반, 스웨덴이 경제위기를 맞았을 때 예란 페르손 전 총리는 여론의 격렬한 반대를 무릅쓰고 재정복지 개혁을 단행하였다. 그는 한국에서 개최된 리더스 모임에서 연설을 하면서 "위기는 리더를 겸손하게 만든다. 총리가 돈을 구하려고 20대 뱅커(banker) 앞에 고개 숙여야 할 때도 있다"는 말을 했다. 그리고 "리더가 천재일 필요는 없다. 무엇을 해야 할지는 누구나 알 수 있다. 어려운 일은 실행에 옮기는 것"이며 "모든 개혁은 누군가에게는 고통이지만 개혁하지 않는다면 모두가 더 끔찍한 결과를 맞는다"고 했다. 그가 말하는 개혁에는 요청의 능력이 강조되어 있다.

얼마 전, G20 지도부에서 한국 정부에 대해 강력한 권고를 보냈다고 한다. 녹색성장 선도국으로서 기금 유치에 대한 활동을 촉구하는 내용으로 '리더십을 보여달라'는 것이다. G20에서 요구하는 리더십이란 한마디로 한국에서 기금을 책임지든가 다른 나라들을 독려해 기금을 모으라는 뜻인 것이다. 이제 국제적 모금능력이 현대 리더십의 핵심이 되고 있다.

문제에 직면했을 때 권위나 지위로 밀어붙이는 식은 이제 통하지 않는다. 지도자는 위기를 극복하기 위한 국민의 의지를 집결시킴으로써 현실적인 해결방도를 끌어내야 한다. 이 순간 지도자의 태도는 가장 겸손해야 하며, 최선을 다해 설득하고 요청해야 한다. 그만큼 공감의 커뮤니케이션은 중요한 기능을 한다. 예를 들어 공익을 위한 국책사업을 시행할 때 반드시 사회적 갈등이 발생한다. 최근 부안에 방사성 폐기물 처리장을 유치하는 문제나 경부고속전철을 위해 천성산에 터널을 뚫는 등의 국책을 수행하는 과정에서 몸살을 겪었고, 최근 제주도 강정마을에 해군기지 건설을 강행하는 문제로 또 얼마나 큰 갈등을 겪고 있는가. 쟁점이 되는 사안에 대해 지도자는 충분한 커뮤니케이션과 설득, 협상에 나서야 한다.

우리 사회는 아직 합리적이고 이성적인 커뮤니케이션 인프라가 부족하다. 대화 방식은 여전히 미숙하여 완강한 대결구도만을 구축할 뿐이다. 관계 전문가들은 사회적 숙의를 위한 제도적 장치가 필요하다는 데 인식을 모으고 있지만 근본 문제는 커뮤니케이션이 생각보다 쉽지 않다는 것이다. 어떤 사회심리학자는 대중은 무식할 정도로 고집스럽다고 판단한다. 자신의 생각과 다르면 일단 거부하고 나서는 그들을 설득하려는 노력이 과도한 경우 되레 역효과를 낳는다고 말한다. 이런 상황을 타개할 수 있는 가장 확실한 방법은 커뮤니케이션 능력을 갖춘 지도자를 찾는 것이고, 그 지도자를 선출하는 것이다.

지도자가 치러야 할
총성 없는 세 가지 전쟁

지금 세계는 국내외적으로 이전에 경험하지 못한 세 가지 전쟁의 와중에 있으며, IT 기술의 발달이 이 전쟁을 부추기고 있다. 지도자는 이 전쟁으로부터의 타격을 방어하기 위해 지도자는 지혜로운 대처방안을 모색해야 한다. 다음의 세 가지 전쟁을 치르기에 문재인이 적합한지 안철수가 적합한지는 섣불리 말할 수 없으나, 단지 지도자로서 전쟁의 속성을 제대로 파악하여 지혜를 마련하는 것이 중요하다.

문화 전쟁

현대는 대립되는 가치나 신념으로 인해 갈등을 겪고 있다. 세상은 점점 양극화되어 가고 상대를 인정하기보다는 적대시하는 현상이 빈번하다. 전에는 인정받았던 가치조차 배격되는 일도 적지 않다. 발달한 소통수단은 오히려 오해를 부추기고 문화의 갈등을 확산시키는 데 일조하기도 한다. 요즘 미국의 경우 낙태 반대와 의료비 지원의 갈등, 1% vs. 99% 기부자 부자세 문제, 환경보호자와 일거리 창출자 간의 대립각, 양성애자의 걸스카우트 가입으로 불거진 성 차별 문제 등을 확인할 수 있다. 그러면 한국의 경우는 어떤가. 북한 식량지원 문제를 둘러싼 갈등, 종교 간의 갈등, 지역 간의 갈등이 해소되지 않고 있다.

이에 대해 지도자가 취할 수 있는 최선의 전략은 아예 처음부터 개입하지 않는 것이지만, 불가능한 경우에는 어느 한쪽이 일방적으로 독주하지 않도록 중간에서 흐름을 조절하고 설득하는 섬세한 능력이 요구된다.

세대 전쟁

현대는 서로 다른 목소리를 지닌 여러 세대가 동시대에 공존하는 세상이다. 소비 패턴, 정치성향, 문화 코드 등 각 세대마다 관심과 성향은 확연히 다르다. 관련세대의 분석과 태도가 비영리단체에서는 마케팅 차원에서 아주 골치 거리이다. 각 나라마다 시대 배경에 따라 붙여진 이름이 다르거나, 이름은 같은데 시대가 다른 경우도 있다. '베이비부머(baby boomer)'라는 용어도 미국은 2차 대전 후 1945~1964년 사이에 태어난 세대를 말하고, 그 이후 1965~1980년에 태어난 세대는 'X세대'라 하는데, 한국은 한국전쟁 이후 1955-1963년 태생을 Y세대, 베이비부머, post war generation 등 서로 다른 이름으로 세대를 규정하고 있다. 물론 이후 세대는 말할 것도 없이 Y세대, N세대, G세대 등 등의 영역을 나누고 있다. 기술의 발달 속도는 점점 빨라져 세대간의 격차가 심화하고 새로운 세대가 더 빨리 등장하게 된다. 새로운 세대에 적응이 되기도 전에 다른 세대의 등장에 대한 대비를 세워야 한다.

섹터 전쟁(sector war)

세계는 점차 비영리와 영리의 구별이 불명확하고 서로의 경계가 사라지고 있다. 비영리는 영리의 개념으로 운영해야 살아남고 영리는 비영리라는 공익적 사회공헌을 곧 경영의 의미와 윤리로 받아들이고 있다. 서로의 장점이 필요할 때는 간판 바꾸어 달기를 주저하지 않는다. 또한 사회적 기업 형태가 출현하기도 하고 기존 영리회사가 공익성을 가미한 B기업(Benefit corporation)의 새로운 형태가 생기고 있다.

지금 한국의 정치가들 중 이러한 인식과 교육을 받은 사람이 거의 없다. 그들은 좋은 대학을 나와 높은 지위를 얻거나 선대의 유산으로 영리회사의 CEO가 되어 세상 어려운 줄 모르고 지내다가 나중에 입법기관의 중책을 맡는다. 또한 일부 비영리 단체는 공익이라는 이름을 내걸고 사익 추구에 매달리는 현상을 드러내고 있다. 따라서 비영리 단체의 지도자는 자아실현 단계에 있는 사람이 가장 적임자일 것이다. 하지만 정치적 지도자는 자신의 자아실현을 넘어서 국운을 책임지는 사람인 것이다.

한국의 시도자들은
남의 말에 귀 기울이지 않는다

한국에서 많은 정치적 리더들을 만나 이야기를 나눠보면 듣기능력이 거의 낙제점이다. 이들은 자신보다 사회적 지위나 연장자에게는 좀 더 귀를 기울이지만 그 외에는 자신의 이야기에 열중할 뿐이다. 어떤 이는 대화하는 상대의 눈을 바라보지 않고 아예 눈을 감고 있기도 하고, 본인이 주장하는 말만 늘어놓다가 대화가 끝나는 경우도 있다. 이들은 본능적으로 상대와 자신을 상하로 구분하여 본인이 높은 위치라고 판단할 때 상대는 무조건 들어야 한다는 잠재의식이 있다. 이것은 우리 사회의 뿌리 깊은 서열문화의 영향이다.

권위를 벗지 못한 이들은 자신보다 직급이 낮거나 나이가 아래인 사람으로부터 지혜를 얻는다는 것을 불편해한다. 이것은 자신의 취약한 면이나 부끄러운 면이 노출된다는 인식으로 연결된다. 더욱이 TV 시사토론에 등장한 소위 지성인들의 대화를 보면 이성적으로 토론하는 듯하지만 타인의 생각을 수렴할 뜻이 전혀 없이 자기 생각을 관철하려고만 할 뿐이다.

왜 그럴까? 아마도 경쟁을 중시해온 한국 사회의 분위기에서 답을 찾아야 할 것 같다. 이 경쟁을 부추기는 우리의 교육환경이 더 문제일 수도 있다. 그 결과, 똑똑하거나 많이 배운 사람에게 발언권이 돌아가며 못 배운 소시민은 그들의 말을 들어주어야 하는 대상이라는 사회적인 인식이 형성되어 왔다. 사회적으로 성공했거나 엘리트 출신들과 대화를 할 때면 이러한 문제가 확연해진다. 이들은 상대가 누구인지 관심도 없고 그들의 말을 귀기울여 듣지 않는다. 아니 못 한다. 심지어 어떤 경우는 리더의 덕목으로서 '경청'의 중요성을 이야기하는 내게 짜증을 내면서 "내가 한국 최고의 엘리트인데 남들이 내 말에 귀를 기울여야지 왜 내가 남의 말을 들어야 하는가"라고 말한 적이 있다.

그런 한편, 드물기는 하지만 유명인사 중에 남의 말에 귀를 기울일 줄 아는 사람도 만났다. 그를 만난 뒤 왜 그를 칭찬하는 사람이 그토록 많은지를 느낄 수 있었다. 나는 그가 커뮤니케이션에 얼마나 많은 노력을 기울였을지 짐작할 수 있었다. 어떤 유명인사는 직접 내게 고백을 털어놓은 적도 있다. 낙타가 바늘귀를 통과하는 것처럼 어려운 일이라고.

이것은 비단 유명인사나 사회 지도자의 문제만은 아니다. '듣기'는 개개인에게도 매우 중요한 가치다. 혹시 자신이 주로 많이 얘기하는 편인데 주변에 사람이 별로 없다면 그건 분명히 듣기 패턴에 문제가 있는 것이다. 그 어떤 매력을 지닌 사람이라 해도 자신의 말을 잘 들어주지 않으면 그 다음에는 더 이상 만나고 싶지 않은 게 인지상정이다.

한국의 지도자들은 만남을 소중히 여기지 않는다

얼마 전 신문지상에 꽤 알려진 사회지도자와 식사를 같이 할 기회가 있었다. 한국에서 그분을 세 번째 만나는 자리였다. 그런데 그분은 예전에 나와 만났을 때 나누었던 대화 내용을 제대로 기억하지 못하는 것 같았다. 그렇다고 해서 경청 스타일에 문제가 있는 것 같지는 않았지만, 확실한 건 자연스럽게 대화가 연결되지 않았고 때로는 처음 만났을 때 했던 이야기를 다시 시작해야 했다는 것이다. 그런가 하면 어떤 분은 3년 전에 지나가듯이 나누었던 이야기를 기억 속에서 잡아채어 확인해주는 경우도 있다.

상대가 자신과 나눈 대화를 기억해주지 못하는 것처럼 섭섭한 건 없다. 왜냐하면 대화가 귀 기울일 만한 내용이었거나 본인에게 꼭 필요한 부분이 있었다면 어떤 식으로든 저장했을 것이기 때문이다. 인간은 자신이 타인에게 특별한 사람이 되길 원하기 마련이고, 상대방이 아는 사람 중의 한 명이기보다는 개인적인 교감을 나눈 특별한 사람으로 기억되기를 원한다. 따라서 자신의 존재감을 인정받지 못했을 때는 당연히 기분이 상할 수밖에 없다. 사람마다 듣는 것을 기억하는 형태가 다르겠지만 확실한 것은 경청은 기억과 무관할 수 없다는 것이다. 기억력이 뛰어난 지도자라면 많은 사람들이 그를 좋아하고 따를 것이다.

지도자가 무조건 잘 듣고 무조건 다 기억해야 하는 것은 아니다. 단지 참고 들어줘야 할 때, 기억해야 할 때, 말을 해야 할 때를 잘 구분해야 한다. 미국의 클린턴 전 대통령은 경청을 잘 하는 것으로 유명하다. 그래서 지극한 눈빛으로 경청하는 태도는 클린턴의 트레이드 마크가 되었다. 물론 유명인의 경우 미디어의 홍보성 과장을 감안해야 하겠지만 그 결과를 간과해선 안 될 것이다. 유명인사들이 얼마나 진정성 있게 듣는지를 확인할 길은 없겠지만, 클린턴 전 대통령의 경우 본인이 대화한 사람의 이름이며 대화 내용도 꼼꼼히 기억하기로 유명한 것으로 볼 때 그는 정통적인 경청 방법을 익혔다고 봐야 한다.

오바마 대통령의 경우는 한꺼번에 수십 명과 대화를 하면서도 서로간의 주요한 내용들을 포착하는 능력이 뛰어나다고 한다. 나를 세 번 만났으나 나와의 대화를 기억하지 못했던 그분의 경우, 항상 수많은 사람을 만나겠지만 경청의 노력을 기울이지 않으면 머릿속에 입력되는 내용도 별로 없을 것이고 입력된 것이 있다 해도 관리가 안 될 것이다. 정치가로서 사람의 마음을 얻는 일은 매우 중요하다. 내가 생각하는 가장 현명한 방법은 관계의 질적 수용력, 말하자면 만남을 기억하기 위해 노력하는 것이다. 그것이 유권자의 표를 얻는 가장 빠른 길이다. 한국의 지도자들이 꼭 명심하기를 바라는 부분이다.

오바마로부터
배워야 할 것

한국에서 지내는 동안 필자는 감탄할 정도로 멋진 뜻을 가진 잠정적 리더들을 많이 만났다. 그러나 몇 가지 놀랍고도 안타까운 점을 발견했는데, 그 첫째는 그들은 하나같이 상대방의 마음에 관심을 보이지 않는다는 것이었다. 나와 대화를 할 때 그들은 자신의 뜻을 제안하거나 설득하는 데에만 관심을 기울일 뿐 내가 어떤 생각을 하고 무엇을 원하는지 어떻게 해주길 원하는지를 물어본 사람이 없다. 마치 세상이 자기 자신을 중심으로 작동한다는 착각 속에 빠진 것 같았다.

두 번째 안타까운 점은 정치가를 비롯한 지도자급 인사들이 자신이 고용한 사람들의 말에 귀를 기울이지 않는 모습이었다. 자신을 위해 일하는 사람들에 대해 부정적인 선입견을 갖고 있는 것 같았다. 아랫사람은 게으르고, 기회만 되면 자신의 이익에 따라 배신할 것이며, 본인만큼 열정적으로 노력하는 사람은 없다는 식의 생각

지도자가 비전을 갖되 그 비전을 타인과 공유할 줄 모르면 그것은 망상으로 끝나고 만다. 큰일을 도모하려는 사람에게는 그 일을 도울 사람이 필요하다. 요즘은 사람마저 돈을 주고 사는 세상이라지만, 돈으로 뜻을 세우려는 팀은 돈이 바닥나는 순간 흩어지고 만다. 돈이란 하나의 보상일 뿐이다. 보상 이외에 다른 무엇을 줄 수 있을 때 관계는 유지된다.

돈이 아닌 다른 보상이란 무엇일까. 지금까지는 작은 뜻을 품은 사람은 큰 뜻을 가진 사람에게 귀속되는 것이 세상 이치로 알려져 왔다. 그리하여 역사적으로 큰 뜻을 가진 사람은 "내 큰 뜻을 위해 일해주면 당신의 소망을 이루도록 도와주겠다"는 식으로 희생을 요구했다. 하

지만 지금은 그 순서가 바뀌고 있다. 작은 뜻을 가진 사람들을 도와줌으로써 큰 뜻을 이루는 방식으로 전환되고 있는 것이다. 개개인의 뜻을 이루고자 하는 그 에너지가 사실은 큰 뜻을 이루는 중요한 원동력이 될 수 있기 때문이다.

버락 오바마가 대통령이 된 것은 여러 가지 의미에서 획기적인 사건이라고 할 수 있다. 그의 선거가 성공한 이유 중 하나를 꼽으라면 여러 가지가 있겠지만 나는 젊은 자원봉사자에 대한 배려를 손꼽는다. 특히 25세 이하의 지원봉사자가 25만 명 정도에서 100만 명까지 늘어난 것은 놀라운 일이다. 예전에 민주당 선거 캠페인은 젊은 자원봉사자에 대해 그다지 신경 쓰지 않았으며, 보수를 주고 계약 고용을 하는 방식이었다. 하지만 오바마는 젊은 지원봉사자의 작은 뜻에 귀를 기울였고, 존중을 표현했다.

이러한 사실은 오바마의 두 핵심 보좌관을 통해 확인할 수 있다. 오바마 후보가 대통령에 당선되자 많은 기자들이 이 두 보좌관(그들의 이름은 둘 다 데이비드였다.)을 찾아가 성공의 비결을 물었다. 물론 그들은 개인 컨설팅 회사를 보유한 입장이었고 이미 다른 후보자를 당선시킨 경험도 가지고 있었다. 흥미로운 것은 이들이 자원봉사 아닌 자원봉사를 자처하였다는 사실이다. 처음에는 오바마 후보와 금전적으로 컨설팅 계약을 맺은 파트너였으나, 선거 활동이 진행되는 과정에서 오바마의 지지자가 되어 조건 없는 지원을 하게 된 것이다. 그리고 선거가 끝난 뒤에는 오바마의 세력권으로 행세하지 않고 본연의 자리로 돌아갈 뿐이다.한국은 미국의 선거 관계자들이 현실적인 계약관계로 시작하여 열성 지원자로 전환되는 현상을 주목할 필요가 있다. 그들은 자원봉사 한국은 자원봉사로 참여한 이들이 비교되는 무엇이 그들이 이토록 열정적으로 만든 것일까? 그들은 이렇게 말했다.

"오바마 후보처럼 경청을 잘 하는 정치인을 본 적이 없다. 아마 그 덕목이 그를 대통령으로 만든 것 같다."

물론 많은 정치인 중에 경청을 잘 하는 사람들은 많지만 전문가들의 분석에 따르면 오바마는 타인의 말을 듣고 난 뒤 반드시 팔로우업(follow-up)을 하고, 그 증거로 말하는 이에게 권한을 주었다는 점이다. 기자들이 오바마 후보를 높게 평가하는 부분 역시 마찬가지였다. 오바마는 평소에 과묵하며 남을 배려하여 들어줄 줄 아는 리더십을 지녔다는 것이다.

실제 선거운동 중 여러 차례 고비를 만날 때마다 그는 그의 내부조직에 속해 있는 구성원뿐만 아니라 그 밖에 낮은 레벨의 선거 운동원의 의견까지 경청한 사례는 매우 유명하다. 회의 때 전체적인 논의 방향을 미리 최고위원회에서 결정하고 시작하는 것이 아니라 모두의 생각을 듣는 것이 오바마의 회의 참석의 이유와 목적이라고 한다.

오바마의 지지율이 오르지 않고 침체되었을 때, 회의에 참석한 대학생 선거운동원이 이런 제안을 했다. 20~30달러짜리 소액 후원을 하는 청소년 5명을 추첨해 매주 오바마 후보와 같이 햄버거를 먹을 기회를 주자는 아이디어를 낸 것이다. 오바마 후보는 이 아이디어를 채택하였고, 그 후 바쁜 와중에도 그 약속을 지킨 것이 선거의 반전을 가져오게 하였다. 나의 딸 역시 20달러를 후원하고 오바마 후보와 햄버거를 함께 먹기를 기대하였으며, 이것이 하나의 열풍처럼 학교 전체에 번졌던 기억이 지금도 생생하다.

그의 경청은 값진 정보와 아이디어를 얻어낼 수 있었을 뿐 아니라 값으로 환산할 수 없는 선거운동원의 마음을 우선적으로 사로잡았으며 21개월의 선거운동 중에 단 한 명도 선거운동 이탈자가 없었다고 한다. 경청의 습관으로 시민들의 요구를 정확히 알아내고 메시지 전달을 효과적으로 하여 그것을 소액모금으로 이루어지게 하면 그것으로 인해 자연스럽게 고액 모금이 형성이 되고 그것이 또한 표로 연결된 것이다.

김용 총장과
오바마 대통령의 비밀

최근 오바마 대통령은 김용이라는 대학 총장을 세계은행의 수장으로 천거한 바 있다. 지금까지 금융 전문가가 세계은행의 수장을 맡아온 관행을 깨고 오바마가 대학 총장을 내세운 것을 어떻게 이해해야 할까? 이 사실은 세계의 리더십 코드가 어떻게 변화되고 있는가에 대해 시사하는 바가 있다. 말하자면 리더십의 새로운 패러다임이 형성되고 있다는 것이다.

김용에 관한 흥미로운 일화가 있다. 하버드 의과대학 교수로 재직하던 1990년대 초반, 김용은 보스턴의 한 병원의 원장을 찾아가 전염병에 시달리는 페루의 빈민촌에 약을 지원해줄 것을 요청했다. 병원장이 허락해주지 않자 그는 병원의 약국으로 달려가 무작정 10만 달러에 달하는 약을 주문했더란다. 하버드 의과대 교수라는 신분을 밝히고 병원장과의 친분관계를 내세운 화술에 약국 직원은 별 의심 없이 엄청난 양의 약을 내주게 되었고, 다음날 이 사실을 안 병원장은 김용에게 전화를 걸었지만 이미 그는 약을 가지고 페루로 떠나버린

뒤였다. 졸지에 후원을 하게 된 병원장은 이를 문제삼지 않기로 하고 김용을 '로빈후드'라고 했다는데, 이 소문이 하버드대학에 퍼진 뒤부터 김용이라는 이름 앞에는 '로빈후드'라는 별명이 따라붙게 되었다. 그 후로 일부 부자들에게 김용은 부자들의 돈을 뺏어 가난한 자들을 돕는 사회주의자로 몰리기도 했으나, 그를 지지하는 자들이 더 많아진 것 역시 사실이다.

다트모스대학에 취임했을 때 김용 총장은 개발 전문가로서 유감 없이 능력을 펼쳤다. 그는 다트모스대학 졸업생 중 사회적으로 성공한 인사들을 모금파티에 초대하여 그들이 대학 발전을 위해 어떤 기여를 할 수 있는지를 구체적으로 알리고, 그들로 하여금 마음의 문을 열 수 있도록 한 것이다. 결국 김용 총장의 명쾌한 설득력으로 인해 재정난을 겪고 있던 대학은 도움을 받을 수 있게 되었다. 김용의 이러한 'sways and woos(흔들고 구애하기)' 능력은 어느 날 갑자기 생겨난 것이 아니다. 그는 이미 비영리단체인 PIH(Partners in Health)의 공동 설립자로서 국제적인 모금활동기 활동을 한 전적을 지니고 있다. 그를 천거하면서 오바마는 "개발 전문가가 세계 최대의 발전 기구를 이끌어야 한다.(It's time for a development professional to lead the world's largest development agency)"고 말한 바 있다.

오바마의 이 발언에 담긴 의미는 무엇일까. 오바마와 김용 사이에는 어떤 공통분모가 있을까. 더욱이 오바마가 말한 개발 전문가(DP, Development professional)란 무엇인가. 우선 개발 전문가란 정부, 조직, 개인을 찾아가 필요한 재원을 모금하는 활동가로서 정부, 조직, 개인에게 필요 재원을 충당하는 능력을 갖춘 전문가이다. 한국에서는 아직 불모의 영역이지만, 외국은 현재 가장 열정적인 활동의 장이 펼쳐지고 있다.

오바마 역시 시카고의 개발 비영리단체에 있다가 정치에 입문한 DP 출신으로, 김용과 오바마 사이에는 박애주의 정신을 토대로 한 개발 전문가라는 공통분모가 있다. 탁월한 개발 전문가는 이미 국가의 리더로서 길을 가게 마련이다. 그것이 새롭게 변화되는 리더십의 패러다임이다.

나는 최근 한국에서도 이러한 리더십의 가능성을 엿보았다. 서울 시민들이 박원순 시장을 선택한 순간이 그 기점이었다.

주목할 만한 인물은 안철수다

지도자는 자신의 요청능력을 정확히 알고 있어야 한다. 요청은 본능적으로 누구나 가능하지만 책임 있는 지위를 가진 이는 반드시 끈기 있는 경청의 노력이 수반되어야 한다. 경청하지 않는 요청은 힘을 가질 수 없으며 각각의 문화에 대한 이해를 토대로 하지 않으면 성공하기 어렵다.

몇 해 전, 기업체를 대상으로 기부 모금활동을 했던 박원순 시장에게 '협찬 인생' 이라는 빈정거림이 따라붙는 건 안타까운 일이다. 박원순 시장은 자신이 사회를 위해 무슨 일을 해야 하는지 정확히 알고 있었고, 공공의 목적에 따른 기획을 세워 그 성과를 일궈낸 사람이다. 미국 사회에서는 시민운동가에게 이러한 부정적인 단어를 사용하지 않는다. 이미 미국에서는 창조적 아이디어를 뒷받침하기 위해 기업체를 비롯하여 일반 시민들도 기금을 모아주는 활동이 일반화되어 있다. 아직 한국 사회에는 개인의 이익을 넘어 공공의 이익을 위한 모금 활동(fundraising)에 대한 사회적 인식이 낮은 편이다. '협찬 인생' 이라는 빈정거림은 발전기금을 형성하는 공적 과정에 대한 몰이해에서 비롯된다. 이 말에는 갹출(醵出)의 뉘앙스가 담겨 있다. 나는 종종 갹출이라는 말을 사용하는 사람들을 만나곤 하는데, '갹출' 은 자발적이라기보다는 강제성이 내포된 일본식 용어가 아닌가.

필자는 한국에서 지내는 동안 다양한 계층의 다양한 인물들을 살펴볼 기회가 있었고, 이로써 한국 사회와 문화의 흐름을 짚어볼 수 있었다. 요즘 한국 사회를 뜨겁게 달구는 이슈메이커 중에서 필자가 주목하는 인물은 안철수다. 인물을 압축해서 대선 후보로 떠오른 사람들의 발언 방식이나 행동 패턴을 주의 깊게 보았을 때, 박근혜나 문재인보다는 안철수라는 인물이 주목된다.

사실 세 인물 모두 지도자로서 '착한 요청' 을 실현하기에는 어딘가 어색하다는 인상을 지울 수가 없다. 그 어색함은 몸에 배어 있지 않기에 표출되는 것이다. 착한 요청의 습관은 어릴 때부터 부모에게 교육을 받거나 자아실현을 통해 완성되는 것으로, 유력한 대선후보들을 보면 익숙한 행동 패턴이 아니다. 그들의 진정성을 의심하는 것은 물론 아니지만, 이와 관계없이 다층적인 커뮤니케이션 능력이 부족하다는 아쉬움이 느껴진다.

그렇다 해도 안철수는 내가 말하는 관점에 좀 더 접근해 있지 않은가 싶다. 나눔에 대한 철학을 지니고 있고, 성공한 벤처기업가로서 기부 재단을 만들었다는 면에서 '박애'의 정신을 엿볼 수 있었다. '기부' 린 돈을 내놓는 것으로 끝나는 것이 아니라 혜택을 최대화하기 위해 그 돈을 어디에 어떤 방식으로 쓸 것인지를 구체적으로 관리하는 것이다. 그가 워렌 버핏을 만나고 빌 게이츠를 만나 자문을 구했다는 것은 돈을 좀 더 현명하게 쓰겠다는 의지의 표현이다. 나는 이 점을 주목하는 것이다.

문재인의 경우, 노무현 대통령의 비서실장으로 활동했던 '참모'의 위치에서 갑자기 변화되기는 쉽지 않을 것 같다. 그의 성품이나 정치적 능력을 떠나 공공의 이익을 위해 강자에게 요청할 줄 아는 의식이나 습관에 대한 의구심은 여전히 해소되지 않고 있다.

국제공인 전문모금가로서 활동하면서 미국의 수많은 지도급 인사들을 만나보았고, 그들의 능력이 어떤 상황에서 어떻게 발현되는지를 지켜보았다. 훌륭한 지도자는 커뮤니케이션 능력이 뛰어나다. 이 능력은 '듣는 능력'을 기초로 하는데, 이는 말없이 끈기 있게 듣기만 하는 능력이 결코 아니다. 들은 것을 정확히 기억하고, 그것을 토대로 진정성 있는 실천을 가능케 하는 것이어야 한다.

그런 면에서 한국의 지도자들은 경청지수가 낮은 편이다. 이 판단은 오랜 기간 한국 정치인들의 커뮤니케이션 능력을 데이터화한 자료를 분석한 결과다. 한국의 지도자들은 남의 말을 들을 때 자기 마음을 비우지 못한다. 열심히 경청한다 할 때는 다음 대응을 준비하기 위해서이다. 이것은 자신의 지위를 '권한'으로 인식하는 권위주의적 발상에서 헤어나지 못했기 때문이다. 어떤 기관이나 단체를 막론하고 책임을 지고 있는 입장에서는 언제 어디서든 협조를 부탁할 준비가 되어 있어야 하는데 우선 경청 자체가 불충분하기 때문에 요청도 못하게 되는 것이다. 사실 못한다기보다는 요청 자체를 싫어한다.

지위 계층은 더 이상 특권을 행사하는 '위치(position)'가 아니라 구성원의 이익을 대변하여 '기능(function)'하는 인물이다. 지금까지 한국사회에서 지도자는 '기능'을 필요로 하지 않았다. 그들은 자신의 위치에 수반된 권위로써 '명령'을 내리면 그만이기 때문이다. 약자의 요청을 받으면 자신보다 낮은 강자에게 해결할 것을 명령하는 방식에 길들여진 지도자는 결코 미래의 권력자가 될 수 없다.

:: 안철수 교수는 신뢰할 수 있는 분

안철수 교수가 실제로 대선에 출마를 하면 응원을 할 것인가. 비정치권 사람들의 정계 진출에 대해서 어떤 생각을 갖고 있는지?

안철수 교수가 저를 확고히 지원하셨으니 저도 확고히 지원해야죠. 저의 지원을 바라는 또 다른 분들이 많으셔서. 제가 서울시장의 입장에서 할 수 있는 지원 방법은 굉장히 제약되어 있기 때문에, 이런 말씀 드리면 조금 서운하실지 모르겠는데요. 당연히 고민해야 되고, 또 사람이 의리는 중요하잖아요.

안철수 교수님은 정치를 하시진 않지만, 기술이나 기능은 많은 사람들에게 도움을 얻을 수가 있습니다. 그런데 사람이 기본적으로 가진 비전과 원칙과 철학이 저는 중요하다고 생각하거든요. 그런 면에서 안철수 교수님은 신뢰할 수 있는 분이다, 이렇게 저는 생각합니다.

그럼에도 불구하고 정치력이라는 것은 있을 수 있죠. 시민운동이라는 것이 사실은 어찌 보면 또 다른 정치의 영역이잖아요. 공공의 이슈를 통찰하고 그 이슈를 사회적 쟁점으로 만들어내고, 다양한 홍보나 캠페인을 통해서 그것을 현실로 만들어가는 이 과정이 시민운동이거든요. 그런 것들이 상대적으로 유사한데, 안철수 교수님은 기업활동을 통해서 어떻게 조직을 만들고 장악하고 또 효율적인 시스템을 만들어가야 하는지를 체험했기 때문에 활동의 경로나 영역은 다르지만 본인이 얼마든지 정치를 할 수 있다고

생각이 들고요. 그런 면에서 보면 국민들이 기존의 정치권만이 정치를 잘할
수 있다는 생각에 얽매이실 필요는 없지 않은가, 그런 생각을 해봅니다.

박원순 서울시장 서울대 강연 〈대학생이 묻고, 원순씨가 답하다〉에서

세계 정치의 흐름으로 4
짚는 한국의 정치

진짜 대권은 우리가 쥐고 있다
'다중지성의 정원' 조정환이 말한다

세계 정치의 진보와 보수는
어떻게 변해왔나
미국 · 일본 · 영국 · 독일 · 프랑스의 정치를 보다 / 홍성식

조
정
환

1956년에 태어났다. 서울대학교 대학원 국문과 박사과정에서 일제하 프롤레타리아 문학을 연구했고, 1989년에 월간 『노동해방
문학』 창간에 참여하였으며, 국가보안법에 의한 전국지명수배령이 내려져 1990년대 말부터 9여 년에 걸친 기나긴 수배생활에 들
어갔다. 1999년 12월 수배 해제 이후 그는 월간 『말』에 1년간 문화시평을 연재하면서 자율주의적 관점을 현실에 적용시키는 작업
을 진행하는 한편, 〈다중문화공간 왑 WAB〉(지금의 다중네트워크센터)을 통해 다중지성과의 접속을 이어 갔다. 현재 〈다중지성
의 정원〉 대표 겸 상임강사, 도서출판 갈무리 공동대표로 활동하고 있다. 『민주주의 민족문학론과 자기비판』, 『노동해방문학의 논
리』, 『지구 제국』, 『아우또노미아』, 『제국기계 비판』, 『미네르바의 촛불』, 『공통도시』를 포함하여 30여 권이 넘는 저서와 편역서를
냈다.

〈다중지성의 정원〉을 이끄는 수장이자 이 시대를 대표하는 진보지성 조정환은,
세계적이고 다각적인 시선으로 두 인물은 물론 한국사회를 분석해내면서, 한국의 진보가 가야 할 길을 제언한다.

실패한 신자유주의, 거꾸로 가는 현정부,
누가 진짜 진보인가?

> 진보가 처한 딜레마를 살펴보려면 진보의 다중성, 복잡다단함,
> 진보가 낳은 효과의 다원성에 대한 고찰부터 해야 합니다. 1930
> 년대에 철학을 했던 벤야민은 혁명을 이야기하면서 "우리 시대에
> 혁명이 가능하다면 달려가는 기관차에 올라타 브레이크를 당겨
> 야 한다."라고 말했습니다. 이것은 그 이전에 '계급투쟁은 역사
> 의 기관차다'라고 했던 마르크스의 말에 트집을 잡는 말입니다.
> 이 인용에 빗댄다면, 자본주의의 사회경제적 성장은 폭주기관차
> 라고 할 수 있습니다.

진짜 대권은 우리가 쥐고 있다
— '다중지성의 정원' 조정환이 말한다

지구라는 제국과 미국

이미 '세계화'는 균열되었다

한국은 국민국가❖를 중심으로 정치가 제기되었습니다. 그런데 국민국가라는 문제는 세계화라는 역사적 변화를 무려 20, 30년 이상 겪어왔기 때문에 세계라는 평면 위에서 국민국가를 보지 않는다면 일정한 시야의 제한이 생길 수밖에 없다고 봅니다. 따라서 먼저 한국의 문제를 세계적 스펙트럼에서 이야기해 보려 합니다.

68년 혁명❖ 이후에 전 세계의 자본주의는 아래로부터의 혁명에 대응하면서 자본주의를 무난하게 재구성해 왔는데, 이러한 정치적인 패러다임에 대해 저는 네그리·하트와 유사하게 '제국'이라는 명칭을 사용했습니다. 그리고 2003년에 출간한 『지구제국』이라는 책에서 '글로벌 엠파이어(global empire)'라는 용어로 정식화했습니다.

68혁명 이전에 세계정치를 바라보는 패러다임은 국민국가간의 관계에서 이해되고 있었습니다. 그것이 협력관계이든 갈등관계이든, 또는 폭력적 관계든지 간에 국민국가간의 관계에 기초되었던 거죠. 그런 맥락에서 좌파에서는 제국주의 대 식민주의 구도로 세계 정치를 이해해왔습니다. 그런데 '지구제국(global empire)'이란 주권체제의 변화가 국민국가의 상층에서 생성되고 있다는 아이디어에서 비롯되었

❖ 역사적 관점에서 볼 때, 근대 유럽에서 시민혁명을 거쳐 형성된 근대국가를 지칭하는 의미로 많이 사용되며, 민족국가(民族國家)와 유사한 의미로 사용되기도 한다. 일정한 영토와 그곳에 사는 국민으로 구성된 독립된 정치조직으로서의 국민국가는 단일 국가의 형태를 가지며 통일된 법과 정부 체계를 갖춘다.

❖ 1968년 5월 프랑스에서 학생과 근로자들이 일으킨 사회변혁운동으로 5월혁명이라고도 한다. 1968년 3월 미국의 베트남 침공에 항의한 대학생 8명이 체포되자 그 해 5월 이들의 석방을 요구하는 학생들의 대규모 항의, 여기에 노동자들의 총파업이 겹치면서 권위주의와 보수체제 등 기존의 사회질서에 강력하게 항거하는 운동이 일어났고, 남녀평등과 여성해방, 학교와 직장에서의 평등, 미국의 반전, 히피운동 등 사회 전반의 문제로 확산됐다. 68혁명은 프랑스뿐만 아니라 미국, 일본, 독일 등 국제적으로 번져나갔다.

습니다.

예를 들어 지역화로서의 EU, NAFTA(북미자유협정), 아세안(ASEAN) 등의 지역간 경제협력체 등이 생기고 있었고, 그 위에 UN이라는 세계정치기구가 있고, 또 NATO(북대서양조약기구)처럼 북유럽기구지만 전 세계에 영형을 미치는 군사적 협력체, 우루과이라운드 이후에 생겨난 WTO(세계무역기구) 등이 생성되고, 이 모든 경제·정치·군사적 지역간 협력체의 최상층에 '미국'이라고 하는 국민국가가 새로운 주권체로 행사되는 구조가 형성되고 있었던 거죠. 마치 피라미드처럼 생긴 이 구조는 맨 하층의 국민국가들과 NGO들과 매스미디어들이 재현한 것들, 그리고 지역의 경제 블록들이 지역적 차원에서 마디 결합시킨 것들을 맨 위에서 통일된 주권 방향으로 통합하는 형식으로, 이 상층의 주권체를 글로벌 엠파이어이라고 할 수 있습니다.

그러한 상황에서 한국정치라는 것은 글로벌 엠파이어 구조의 하위의 한 마디로서, 피라미드 구조의 맨 하위의 '국민'이라고 호명된 계층을 글로벌 엠파이어의 신민으로 끌어올려주는 재현기구로 자리했다고 보는 것이죠.

이 개념은 제가 2003년에 제시했는데, 시간이 흐르면서 이것이 '미네르바의 부엉이'였음을 깨달았습니다. 왜냐하면 2003년에 정식화된 이 개념을 균열시키는 역사적 사건이 이미 2001년에 발생했던 것입니다. 바로 미국의 9·11테러사건이었죠. 이 사건은 분명히 어떤 현상의 원인이라기보다는 결과로써 나타난 것으로, 매우 중요한 상징적 현상이었습니다.

사실 글로벌 엠파이어는 1991년 사회주의 붕괴 이후 출현한 '신세계질서(New World Order)', 즉 전체주의와의 냉전관계가 종식되고 민주주의가 승리함으로써 새로운 세계질서가 도래했다고 부시가 선언한 것을 정식화한 것이었습니다. 그런데 2001년의 9·11 테러가 아랍권 게릴라 부대가 저지른 행위라면, 이것은 1941년 진주만 공습 이후 미국이라고 하는 세계 최강대국이 대륙 내에서 받은 최초의 공격인 것입니다. 획기적인 사건이죠. 냉전체제에서 적대국이었던 소련도 아니고, 특정한 국가도 아닌 '알카에다'라고 하는 게릴라 부대에 의해 공격을 당한다는 것은 상상도 할 수 없는 일이었습니다. 글로벌 엠파이어가 전 세계를 자기의 신민(臣民)으로 만드는 새로운 패권이라고 한다면 그 우두머리 국가가 어떻게 그토록 첨예한 공격을 당할 수 있는가 하는 의문을 품을 수밖에 없습니다. 이것이 실체라고 한다면 충격적인 것입니다. 실제로는 글로벌 엠파이어 내부의 꼭대기에 균열이 있지 않았는가 볼 수 있습니다. 그리고 그 후에 벌어진 일련의 사태를 보면 더욱 9·11 테러가 전환점이 되었음을 알 수 있죠. 아프가니스탄 침공, 이라크 전쟁, 뒤이어 '테러와의 전쟁'이라는 이름을 내걸고 전 지구적인 전쟁이 자행되었으니까요.

9·11 테러가 의미하는 것

이 전쟁을 수행하는 방식을 들여다볼 필요가 있습니다. 클린턴 대통령 당시의 1차 걸프전 때에는 미국이 여러 나라와 연합하여 공격하는 다방주의를 펼쳤습니다. 당시 한국도 참가했지만 미·일·유럽이 합동하여 이라크 공격에 협조했습니다. 말하자면 미국이 헤게모니를 잡고 자기 영향력 하에 다른 나라들을 끌어들이는 방식이었죠. 반면 아프가니스탄 전쟁은 일방적인 복수전이었습니다. 그러자 2차 이라크전을 치를 때 유럽과 일본은 미국의 요청을 거부했고, 미국은 여러 군소국가들을 유혹하여 전쟁 지지선언을 하게 함으로써 연합군 아닌

연합군을 만들어서 이라크를 침공했습니다. 다시 말해 클린턴 당시의 전쟁에 비해 부시 정권에서의 전쟁은 일방적인 성향으로 전환되고, 이것은 엠파이어 모델을 균열시키는 것이었습니다.

글로벌 엠파이어 이론이 나타난 것은 2000년대 초반이었는데, 미국은 2001년부터 글로벌 엠파이어를 '아메리카 엠파이어'로 일방적으로 전환시키지 않으면 안 되는 압박을 받고 있었다고 봅니다. 이러한 전환의 시도가 2001년 직후에 전개되기 시작했기 때문에 9·11테러가 과연 누구의 소행일까 하는 의구심을 끌어내고 있습니다. 그래서 음모론자들이 9·11 테러는 미국 정부가 꾸며낸 짓이라고 공격할 때 맥락적 설득력을 갖게 되는 것이죠. 어찌됐든 그 이후에 벌어진 사건들을 볼 때 미국은 헤게모니 형식보다는 그람시 이전의 폭압적 지배로 전환되지 않았나 싶습니다. 이러한 흐름은 2008년 이후의 세계 금융위기, 2011년의 재정 위기, 그리고 현재 EU의 해체 위기로 이어지고 있습니다.

결과적으로, 12년 전의 상황을 돌아볼 때 글로벌 엠파이어에서 아메리카 엠파이어로의 전환은 실패였다고 봅니다. 글로벌 엠파이어 내부에 헤게모니 국가가 없어짐으로써 중국, 미국, 유럽, 러시아가 그 위치를 쟁탈하기 위한 갈등적 상황에 진입된 것이고요. 이 헤게모니의 부재는 자본의 '세계화'가 사실상 중단되었음을 의미하는 것입니다.

FTA는 '세계화'의 실패를 보여준다

한미간의 무역 자유협정도 그러한 맥락에서 이해할 수 있죠. 한미 FTA는 2005년 노무현 정권에서 진행된 것으로, 이것은 WTO와는 내우 다른 성격을 지닙니다. 문제는 다자간 협정이 아니라 양국간의 쌍무협정 방식이라는 점인데, 이것은 강자-약자의 구도로 진행되거든요. 많은 사람들이 이 협정을 종속적 협정이라고 비판하는 것도 쌍무협정이 갖는 역관계의 비대칭성 때문입니다. 물론 WTO라 해서 불평등한 내용이 없는 것은 아니지만 전 세계를 상대로 하는 것이기 때문에 스펙트럼에서 차원이 다르다고 봅니다.

국가간 무역 협정이 일대일 방식으로 진행되기 시작한 것은 2001년 9·11 테러 이후부터입니다. 그 무렵부터 미국이 WTO에서 FTA 체제로 정책을 바꿨거든요. 그러면 미국이 왜 FTA로 바꾸었느냐. WTO 체제가 먹혀들지 않았기 때문입니다. 예를 들어 2003년 멕시코 칸쿤에서 WTO 회의가 열렸을 때 이경해 씨가 시위 현장에서 할복자살하는 사건이 발생하자 한국의 농민들이 들고일어나 저항했죠? 이런 아래로부터의 저항은 1999년 시애틀에서 회의가 개최되었을 때부터 있었고, 그 후 세계의 노동자 농민들은 WTO 차원에서 일을 벌이려는 정상회담들을 차곡차곡 격파시켜 나갔습니다.

이런 저항에 부딪히자 미국은 WTO로는 안 되겠다는 판단 아래 FTA로 전환하여 한국에 제안을 한 것이고, 이것을 노무현 정부가 받아들인 거죠. 그 후 국민의 저항에도 불구하고 이명박 정권에서 체결되었구요. 그렇게 볼 때 세계화라는 게 얼마나 제한적인 것인지, 즉 '글로벌'이라는 말 자체에 보편성이 내포되어 있는데, FTA라는 건 보편적이지 못함에 대한 자기고백임을 알 수 있죠.

김대중·노무현·이명박의
시대를 말하다

신자유주의화를 향했던 김대중 정부

김대중 정부와 노무현 정부를 합한 10년이라는 기간은 민주화, 자유화가 혼란스럽게 뒤얽힌 시기였다고 봅니다. 정리를 해보면, 1987년의 혁명(6·29 민주화 선언)은 1991년까지 4년간 지속되었습니다. 먼저 전두환 정권 당시 여러 조치들로 이어지는 위로부터의 대탄압 시도가 1986년 박종철 고문치사 사건으로 인해 역전되고, 1987년 시민과 노동자들의 연쇄항거로 이어지고, 이것이 또 산업노동자들을 격발시켜 현대중공업 노동자들의 128일 파업을 야기했고, 그것을 매개로 하여 연대에서 대대적인 학생운동에 이르기까지 4~5년에 걸친 장기적인 항쟁이 벌어졌습니다. 그걸 이용하여 김영삼 씨가 집권하였고, 김대중 정부로 넘어가는 과정에서 대중들의 열망은 1987년 이후의 항쟁으로 형성된 민주주의에 대한 욕구를 현실에서 충족시켜주기를 바랐죠. 그러나 김대중 씨는 이러한 민주화의 열망을 자유화로 살짝 틀어버림으로써 그것이 민주화인지 아닌지 판단하기 어려워지는 상황으로 전개되었습니다. 결과적으로 보면 이것은 신자유주의화 과정이었습니다.

'세계화'라는 말은 1993년 김영삼 씨가 처음 사용한 말입니다. 삼성이나 LG보다는 대우의 김우중과 손발을 맞추었고, 서로 합창을 하듯이 "세계는 넓고 할 일은 많다"면서 학생과 노동자들이 투쟁으로 쌓아올린 성과들을 무화시키는 수순을 밟았죠. 예를 들어 기업을 해외로 이전시키는 식의 위로부터의 신자유주의화를 추진했지만, 노동자들이 그걸 받아들이지는 않았습니다. 그러다 노동자와 친화성이 강했던 김대중 정부에 들어 신자유주의를 받아들이게 되었죠. 김대중 씨는 노사정위원회를 통해 노동자들이 정리해고를 받아들이도록 설득시킨 겁니다. 이후 신자유주의는 대중에게 설득력을 얻게 되었고, 노동자도 신자유주의 앞에 별다른 저항을 하지 못하게 되었습니다. 이러한 전환점을 김대중이 구축하였다면, 노무현 정부는 이것을 몇 가지 사회 부문에서 구체화했다고 봅니다.

현대 한국사회의 발전사를 짚어볼 때, 박정희 정권이 산업자본주의의 기초를 깔았다면 전두환 정권에서는 첨단산업화 시대를 열었고, 1990년대 들어서는 인터넷 보급으로 인해 정보화 사회로 전환되기 시작했습니다. 결과적으로 산업·노동·자본의 인지화는 1990년대 중반부터 본격화되었다고 보는데, 그렇다 해도 당시는 이러한 인지화가 맹아적인 수준이었습니다. 그런 상황에서 김대중 씨의 과제는 산업노동 내부의 계급 역관계를 화해적인 양상으로 끌어내면서 계급 혁명의 힘을 신자유주의의 성장 동력으로 끌어내는 것이었죠. 물론 김대중 씨 자신은 이것을 신자유주의라고 표현하지 않았어요. 그는 독일식 사회자유주의라고 보았죠.

국토 균형개발을 추구한 노무현 정부

노무현 씨의 지지 기반은 좀 달랐습니다. 산업노동자들보다는 '시민'이라고 불리는 인지화된 계층에게 적극적인 지지를 받았던 것이죠. 저는 이 기반이 안철수에게까지 이어지고 있다고 봅니다.

노무현 정부에서는 산업자본주의에서 인지자본주의로의 전환이 또렷해지면서 몇 가지 특징적인 칼라를 드러냈습니다. 그 중의 하나는 국토의 균형개발이라고 할 수 있죠. 저는 이 구상에 주목하고 있는

데, 남한이라는 국토를 정방형으로 개발하는 내용입니다. 지금까지는 호남고속도로와 경부고속도로라고 하는, 남북을 축으로 하여 길을 뚫어놓음으로써 동서간의 대립이 재현되어 왔죠. 그러한 남북의 축을 끊음으로써 동서간의 대립을 찢어버리겠다는, 즉 영남과 호남의 지역 간 경쟁과 차별을 없애겠다는 겁니다. 이처럼 바둑판 국토개혁을 하는 동시에 행정수도를 충청권으로 옮김으로써 서울 집중화 현상을 희석시키는 것, 국토발전의 균형화를 달성하겠다는 점은 주목할 만한 내용입니다.

이것은 남한의 균형뿐만 아니라 북한의 균형까지 염두에 둔 포석이었습니다. 예전에 제가 어떤 글을 쓰느라고 노무현 측근 정책가들의 자료를 본 적이 있는데, 한반도 전체를 대상으로 한 균형발전이 설계되어 있더라구요. 사실 그 아이디어는 아시아까지 확대된 것이었습니다. 지금은 쑥 들어갔지만 '동북아공동체론'이 당시 많이 회자되고 있었고, 여러 대학들도 동북아 담론의 연구 지원금을 받을 수 있었습니다. 이것은 EU적인 발상을 아시아에서 재현하려는 방식이라고 할 수 있는데, 사회적 자유주의라는 김대중 씨의 아이디어를 '남한-남북한-아시아'라는 지역 차원으로 실현하려는 웅대한 플랜은 시간이 지날수록 계속 뒤로 밀려버렸지요.

이러한 균형발전은 사회적 자유주의에서 벗어나는 것이 아님에도 불구하고, 2001년 9·11 이후 미국이 직면한 어려움을 극복하기 위해 글로벌 엠파이어로부터 아메리카 엠파이어로 전환하는 과정에서 노무현 정부와 순조롭게 맞물려 돌아가지 못했습니다. 당시 미국은 FTA를 통해 자국의 위기를 만회하려는 과정이었습니다. 이제 우리는 알 수 있죠. 미국이 왜 그토록 FTA에 혈안이 되어 비대칭적이고도 불균형적인 쌍무간 협정을 여러 나라에 강요하기 시작했는지를. 서브프라임모기지론 사태를 보면서 확인할 수 있었죠. 이미 엄청난 무역적자와 재정적자에 시달려온 미국으로서는 무리를 해서라도 달러 패권 안에서 만회해야 한다는 강박관념에 시달렸던 것입니다.

노무현 정부는 이러한 미국의 압박에 처음에는 대항했지만 결국은 문을 열어줄 수밖에 없게끔 내몰리게 되었습니다. 그러면서 삼성을 비롯한 재벌들의 압력을 받아들일 수밖에 없었다. 노무현 정부 말기를 '삼성공화국'이라고 말하는 것도 이러한 결과였죠.

미국과 한국의 희미해진 동맹관계가 FTA를 통해 재구성되는 과정에서 노무현 정부의 대중적 인기는 완전히 실추됐습니다. 우리가 원했던 것은 이게 아니었다 하는 실망감이 팽배했던 건데, 임기 말기에는 지지도가 8퍼센트까지 하락했고 농민들을 비롯한 FTA의 피해계층은 불안감에 휩싸여 뭔가 다른 대안을 찾아야 하는 입장에 놓이게 되죠. 이명박 정부는 그러한 상황에서 탄생한 정권이었습니다.

부동산 개발로 양극화를 부추긴 이명박 정부

이명박 집권 초기에 발생한 촛불집회는 사실상 노무현 이슈로 발생한 것입니다. 수입 쇠고기 문제는 이미 노무현 정부 때 4대 선결조건으로 양해된 내용이거든요. 따라서 큰 테두리로 보면, 노무현 이슈가 이명박 정부에 터져 나온 것이었다고 봐야 합니다.

한편 촛불시위에 직면한 이명박의 태도를 보면, 중도 실용주의라는 정책을 걸고 나섰기 때문에 뚜렷한 제1원칙을 갖고 있지는 않았습니다. 이것은 그때그때 유용성에 입각하여 대응한다는 것인데, 아래로부터의 저항이 강하니까 서민 위주의 정책 몇 가지를 급하게 내놓아 달래주고, 그러다가 관심이 희석되면 기업 프레임으로 전환하는 식으로 정책이 좌충우돌하는 양상이었습니다.

이명박 정부의 전체적인 행적을 볼 때 개발주의 또는 신자유주의적인 재개발 논리가 대두한 시기라고 할 수 있습니다. 이것을 대표하는 것이 4대강 개발입니다. 한국의 이러한 흐름을 살피기에 앞서 미국의 경우를 봐야 합니다. 1990년부터 2000년까지 10년 동안 신경제라 불리며 미국의 경제를 주도해온 것은 IT산업이었습니다. 부동산 개발은 이 IT 거품이 폭발하면서 하향세를 타게 된 이후의 대응방식으로 나타난 것입니다. 그리고 부동산을 개발시키기 위해 집 살 능력이 없는 사람에게까지 강제로 돈을 빌려주어 집을 사게 만드는 서브프라임 모기지 방식이 횡행하게 된 거죠.

이러한 미국의 경제 위기로 인해 정보산업에서 부동산 개발로 전환된 상황이 한국 이명박 정권에서 재현된 것입니다. 원래 노무현의 핵심기반은 인지화된 노동자들, 예를 들어 강남 좌파, 대도시권 시민이라 할 수 있습니다. 그리고 변화의 열망을 품고 있는 이 지지계층들은 IT와 밀접한 연관을 지닙니다. 노무현은 국토 균형개발로써 대구나 광주 등 각 지역에 클러스트(혁신 산업단지)를 유치하여 IT산업을 육성시킬 계획을 세웠죠. 즉 국토 전체를 놓고 정보적 헤게모니 안에서 산업의 재구축을 시도한 것이나, 이러한 대안은 서서히 실종되고 말았죠. 이후 이명박 정부에서 내놓은 것이 미국의 서브프라임모기지론과 비슷한 것이었습니다. 4대강을 개발하여 주변에 관광시설을 유치한다거나 카지노 같은 시설을 세우는 등의 부동산을 통한 경제 견인의 방법을 선택한 거죠.

지금 보면, 그것이 얼마나 모진 결과를 가져왔는지……. 집을 소유한 사람들은 한 사람이당 몇 채씩이나 되고, 가난한 사람들은 송곳 하나 꽂을 데 없을 정도의 양극화……. 이러한 젠트리피케이션* 정책의 처음은 한국이 아닙니다. 1970년대 뉴욕에서 시작된 도심지 재개발 논리를 스페인이나 독일 등이 수입하여 커다란 붐을 일으켰죠. 한국에서는 이명박과 오세훈 콤비로 뉴타운을 개발하고, 한강과 4대강 개발을 밀어붙였습니다.

큰 시각으로 볼 때 이런 현상은 산업자본주의에서 인지자본주의로 넘어온 이후 인지자본주의의 전세계적인 모순을 대안을 찾아나가는 과정에서 발생한 것입니다. 사실 젠트리피케이션은 산업자본주의와 인지자본주의라는 두 개의 모습을 다 가지고 있습니다. '젠트리파이(gentrify)'라는 단어는 신사처럼 만든다는 뜻이거든요. 허름해져가는 지역을 멋진 공간으로 탈바꿈시킨다는 것, 감각적으로 인지할 때 호감을 주는 것이 땅 위에서 이뤄지니까 마치 산업처럼 보이는 것이죠. 산업자본주의적 특성에 디자인적인 것, 미학적인 것, 창의적인 것이 결합된 것이 젠트리피케이션입니다. 이것이 한국사회를 5년 동안 지배했던 기본 마인드입니다.

그 결과는 폭발적인 것과 잠복적인 것으로 나타나는데, 폭발적으로 나타난 결과는 주택 소유의 양극화라 할 수 있고, 잠복적인 결과는 주택 가격의 하향으로 인해 강남에 거주하는 다가구 소유자들이 불안에 시달리고 있다는 것입니다. 이미 일본의 경우는 거의 20년 동안 주택값이 하락하고 있습니다.

❖ Gentrification. 도시에서 비교적 빈곤 계층이 많이 사는 정체 지역(도심 부근의 주거 지역)에 비교적 풍부한 사람들이 유입되는 인구 이동 현상이다. 따라서 빈곤 지역의 임대료 시세가 올라 지금까지 살고 있던 사람들이 살 수 없게 되거나, 지금까지의 지역 특성이 손실되는 경우가 있다

우리는 어떤 삶을
살아가고 있는가

실업과 경제 위기에 사회주의적 대응방식을 취한 세계 각국

최근 그리스나 스페인의 실업률은 30% 후반에 이르는 극단적 상황에 내몰렸습니다. 실제로는 공식 집계보다 항상 높기 때문에 누군가는 38%까지 판단하고 있습니다. 굉장히 심각한 수치인데, 한국은 아직 그러한 상황을 맞았다고 말할 수는 없겠죠. 그러나 한국의 경우 비정규직층이 매우 두터워져서 통계에 의하면 50% 이상 넘어섰다는 건 확실합니다. 그리고 노동으로부터 강제로 축출되어 실업, 노숙과 같이 아주 극단적인 불안정의 생활로 빠져드는 인구가 늘고 있는 현실입니다.

스페인, 그리스 같은 경우 시위가 벌어지면 바로 투석전이 벌어지는데 한국은 촛불시위 같은 걸 보면 아직은 완충장치가 가동되는 상태에 있다고 볼 수 있습니다. 그러나 한국은 상대적으로 이명박 정부와 같은 특수한 케이스를 통해서 실업의 문제가 지연되고 있고 나아가 심화되고 있다고 봅니다.

이 문제를 살펴보기 위해서는 좀 더 설명이 필요한데, 세계는 2008년 리먼브라더스 파산 이후 경제 위기에 대응하는 방식이 변화되었습니다. 각국은 세계적 대응보다는 일국적 대응을 하게 되었고 각 나라마다 대응하는 방식이 달랐습니다. 미국은 7천억 달러의 돈을 발행하여 각 은행에 뿌리는 대응을 펼쳤는데, 이것은 은행들에게 국가의 손실을 국민의 뜻으로 되돌리는 것으로, 경제학적 용어로 '손실의 사회화'를 펼쳤습니다. 그리고 이 과정에서 상당한 은행이 국유화되었습니다. 이처럼 사회주의적 방책이라고 해도 좋을 이런 정책이 레

닌이 아니라 부시에 의해 선택되어 수순화되었습니다.

미국의 이런 방식은 유럽 여러 나라에 연결되어 '복제화' 되었습니다. 복제화란 글로벌라이제이션과 다른 것입니다. 즉 국가별로 유사한 대응을 취하는 것이지 지구적 대응을 취하는 것이 아닙니다. 오히려 지구적 대응을 위한 그레이트 23개국 모임 등은 다 결렬돼 버렸고, 각국은 자국의 은행, 자국의 기업을 살리고 보자는 정책으로 나아감으로써 손실의 사회화를 시행하게 됩니다. 즉 국유화에 기반한 사회주의 정책, 즉 세금을 장래에 거둬들인다는 전제 하에 돈을 찍어서 위기를 모면하는 재정정책이 북미 여러 나라에서 시행되었고, 신자유주의의 정책에 제동을 거는 방식이 진행되었던 것입니다.

그런데 이명박 정부는 2008년 이후 신자유주의의 위기에 신자유주의적으로 대응했습니다. 더 철저히 신자유주의 정책을 몰고나감으로써 신자유주의의 선도국가로 발돋움한 케이스라고 할 수 있는데, 그리고 보면 이명박 씨는 모험주의를 좋아하는 것 같기도 해요. 예를 들어 일본의 후쿠시마 핵발전소가 폭발한 직후, 그는 한국을 원전 강국으로 전환하겠다는 발언을 하지 않았나요?

세계 추세와 반대로 신자유추의를 고집하는 한국

이에 따라 해외 자금이 2008년 이후 해외 자금이 한국으로 쇄도했습니다. 달러 가치는 떨어졌지만 국내 외환 보유고가 폭증하게 되었죠. 다른 나라에서는 외환 보유고가 고갈되고 있는데 한국은 늘어났기 때문에 위기가 지연될 수 있었겠지만 이것이 오히려 더 큰 위기를 불러올 수 있다고 봅니다.

지금 우리 주변에서 살아가는 모습을 계층별로 살펴볼 때, 50대는 회사에서 명예퇴직의 절차를 밟고 있어요. 최근 도심지 주변에 카페들이 우후죽순 생기고 있는데, 왜 그런가 했더니 특별한 기술이 없는 명퇴자들이 도전할 만한 사업이었던 거죠. 문제는 출혈경쟁입니다. 이처럼 소자본을 토대로 한 자영업자들의 대대적인 파산이 오지 않을까 싶습니다.

한편 40대, 30대의 경우, 교육비가 급증하고 집값이 너무 올라서 내집 마련은 엄두도 낼 수 없는 처지 아닙니까. 집을 구매한 사람 역시 나름대로 고통이 큽니다. 구입할 때는 비싼 돈을 치렀는데 갈수록 집값이 떨어지니까 팔기가 어려워지고 있거든요. 이것은 말하자면 한국판 모기지론입니다. 한국은 대체로 중산층의 고통으로 경험되고 있기 때문에 미국처럼 위기가 폭발적으로 나타나지는 않았지만 무시할 수 있는 정도는 아닙니다. 중산층은 그렇다 치고, 집을 살 능력이 없는 서브프라이머들은 주택마련이라는 희망이 없기 때문에 삶 자체가 우울합니다. 그러한 우울증은 보편적 질병으로 이어질 수 있습니다. 쌍용자동차 사건이 말해주듯, 해고 노동자들이 복직이 안 되니까 돈벌이를 위해 리어카를 끌지만, 이것도 쉽지 않고 하니까 순차적으로 20여 명이 자살하지 않았습니까. 이런 문제는 앞으로 계속 반복될 것 같습니다.

학생층의 경우, 등록금 반값 요구는 등록금 때문에 못 살겠다는 항의였던 거죠. 졸업한다 해도 고생이 끝나고 행복이 열리는 것이 아니라 새로운 취업경쟁 속에서 새로운 전쟁에 내몰리는 형국입니다.

여성층의 경우, 경제가 좋을 때는 취직자리가 있었으나 요즘 경제가 악화되면서 해고대상 1순위가 되어 다시금 사회적 경제적 약자로 내몰리고 있습니다. 이것이 우리 사회의 현실입니다. 그런데 반대로, 요즘 웃음을 참기 힘든 상황을 맞은 사람들도 있기는 하죠. 그러나 그들의 숫자라는 것은 전체 인구로 볼 때 한줌밖에 안 되는 수준이고, 대부분은 경제적 불안감 속에서 프레카리아트❖의 시간이 본격적으로 열려 있다고 봅니다.

진보란 무엇인가
또는 진보는
어디에 있는가

복잡한 난맥상으로 뒤얽힌 진보의 개념

진보에 뒤얽힌 가닥을 잘 설명할 수 있는 사람이 있다면 노벨상을 받아야 하겠죠. 진보라는 개념은 난맥상으로 뒤얽혀 있어요. 90년대 후반 『말』지에서 '진보란 무엇인가'라는 주제를 다루었던 기사가 기억나기도 하는데, 지금은 그때보다 더 파악하기 어려워진 상태입니다.

이 복잡한 내용을 가지치기하여 단순화시켜 볼 때 먼저 '진보'라는 용어의 탄생을 들여다볼 필요가 있습니다. 진보란 생산력의 향상을 통해서 사회가 더 나아져가는 것, 정치경제학 측면에서 볼 때 자연을 가공하여 인간에게 적합한 것으로 만들 수 있는 능력의 향상을 진

❖ precariat. 불안정한(precarious)과 프롤레타리아트(proletariat)를 합성한 조어. 불안정한 고용·노동 상황에 놓인 비정규직·파견직·실업자·노숙자들을 총칭한다. 불안정한 프롤레타리아트(무산계급(無産階級))라는 뜻으로, 신자유주의 경제체제에서 등장한 신노동자 계층을 말한다. 이탈리아에서 2003년 최초로 사용하기 시작해, 2005년 프랑스 최고고용계약법 관련 시위에서 쓰인 바 있다. 전 세계적으로 우리나라의 '88만 원 세대', 일본의 '잃어버린 세대', 유럽의 '700유로 세대' 등 불안정 계층은 점차 젊은층으로 확산되고 있어 사회적으로 문제가 되고 있다.

보라고 정의해왔습니다. 마르크스주의자들조차도 진보의 개념을 이야기할 때 생산력 향상이라는 부분에 방점을 찍었죠. 사회주의란 자본주의가 질곡에 빠뜨린 생산력을 해방시키는 것이라 보았고요. 당시만 해도 진보라는 개념은 간명해서 이해하기 쉬운 것이었죠. 경제적으로는 생산력이 자본주의보다 더 나은 세상을 만드는 것이고, 정치적으로 볼 때는 그러한 수단으로써 생산방식을 저해하는 대상을 찾아내서 청소하면 되는 것이었습니다.

지금 한국의 현대정치를 볼 때 진보-보수의 논리를 생각하면 이와는 거리가 너무 멀어져서 오히려 거꾸로 되었다고 할 수 있습니다. 삼성 같은 기업에서 출시하는 휴대폰을 보세요. 갤럭시라는 스마트폰이 계속 진화하고 있고 동시에 태블릿도 발전을 거듭하고 있지 않습니까? 진보의 최선봉에서 애플이나 마이크로소프트 등의 일급 라이벌들과 어깨를 겨루고 있는 삼성은 고전적인 의미에서, 즉 생산력이라는 기술적 차원에서 본다면 진보라고 해야 합니다.

실제로 우리 실생활에서 삼성이 뭘 생산할까 하는 기대가 삶의 여러 기대 안에 있지 않습니까. 새로 업그레이드된 제품을 구입하면서 기쁨을 느끼잖아요. 사람들은 한자리에 모이면 삼성을 욕하면서도 개인의 심성으로 들어가면 삼성 지지자가 되어 있습니다. 집안을 둘러보면 곳곳에 삼성이라는 글자를 확인할 수 있습니다. 결국 우리는 삼성 가족으로서 삼성과 싸워야 하는 딜레마에 빠지게 되는 거죠.

반면 진보를 자처하는 이들, 정당 형태로 본다면 민주통합당이나 통합진보당이겠지만, 야권 연대=진보라고 가정할 때 경제적 의미의 진보와는 다른 의미를 지닙니다. 정치적 차원에서의 진보는 개혁을 뜻하지만, 이것은 완전히 판을 바꾼다는 뜻의 레볼루션의 개념은 아닙니다. 이때의 진보란 외형을 바꾼다는 리폼(reform)의 의미를 지니는 것으로서 정치적인 형태 바꾸기라고 할 수 있습니다. 한편 반대 개념으로서의 '보수'란 경제적인 진보는 꽤 나가는데 정치적인 차원에서 기존의 방식을 답습하는 것을 보수, 나아가 수구라고 하고, 이것이 언론에서 통용되는 개념입니다.

그밖에 노동의 시각으로 볼 때 진보란 무엇이냐. 오늘날 해고 노동자들은 정리해고 반대와 현업 복귀를 요구조건으로 내세우고 있습니다. 즉 총고용, 완전고용이 진보파의 노동정책이라 할 수 있습니다. 그런데 1960년대의 유럽의 노동운동을 보면, 요구조건을 들어주지 않으면 노동하지 않겠다는 것을 진보의 이름으로 내걸었습니다. 이러한 노동 거부운동을 잘 들여다보면, 사실 노동 거부와 완전고용은 반대되는 개념입니다. 고용된다는 것은 자본가의 노예가 되어 착취당하겠다는 것인데, 그렇다면 나를 고용해 달라는 게 진보인가 하는 모순에 빠지는 거죠.

진보란 달리는 폭주기관차에 브레이크를 밟는 것

이렇게 진보의 문법이 어지러워진 것은 진보라는 용어가 탄생한 자본주의 초기에 '근대화'가 하나의 정의로서 사유되던 때로부터 엄청 멀리 와버렸기 때문입니다. 아까 제가 자연을 인간에 맞게 가공하는 것을 진보라고 하지 않았습니까. 그런데 지금은 '자연'이라는 게 문제가 됩니다. 이상기후는 심해지고 물은 오염되고 땅은 중금속에 신음하고 공기는 독가스로 변질되어 가는 이것이 두 세기에 걸친 자본주의의 유산이었습니다. 지구라는 공통근거가 깊은 상처를 받아 신음하는 지경에 처하자, 이제 자연을 인간에게 적합한 것으로 가공하는 것은 자연을 죽이는 것과 같다는 인식을 갖기 시작했습니다.

결국 생산력 향상의 진보란 일종의 살생, 혹은 지구파괴로 다가오게 된 거죠. 이러한 자각은 생태주의, 여성주의로 전환되었고, 진보라는 말을 너무 순진하게 믿어서는 안 되겠다는 반성이 시작되었습니다.

그런데 사회경제적인 측면에서 보자면 진보는 필요할지도 모르겠어요. 인구는 증가하는데 인간의 자연 가공력이 그대로 멈춰 있다면 증가된 인간을 먹여 살릴 수 없을 테니까요. 그러다 보니 진보에 대한 앞의 개념과 충돌이 생기게 되었습니다. 20세기부터 세계는 이러한 것을 지각하게 되었고, 이 모순을 어떻게 풀어나갈 것인가를 생각하게 되었습니다. 말하자면 우리가 진보 담론을 말할 때 진보가 무엇이냐를 묻기보다는 진보의 위치, 또는 진보가 어떤 결과를 가져왔는지, 진보라는 말을 그대로 써도 되는지, 어떤 의미로 써야 하는지를 숙고해야 하는 상황이라 할 수 있습니다.

진보가 처한 딜레마를 살펴보려면 진보의 다중성, 복잡다단함, 진보가 '낳은 효과의' 다원성에 대한 고찰부터 해야 합니다. 1930년대에 철학을 했던 벤야민은 혁명을 이야기하면서 "우리 시대에 혁명이 가능하다면 달려가는 기관차에 올라타 브레이크를 당겨야 한다."라고 말했습니다. 이것은 그 이전에 '계급투쟁은 역사의 기관차다'라고 했던 마르크스의 말에 트집을 잡는 말입니다. 이 인용에 빗댄다면, 자본주의의 사회경제적 성장은 폭주기관차라고 할 수 있습니다.

전세계적으로 5% 성장을 못시키면 자본주의는 퇴행하는 것이잖아요? 앞으로 가지 않으면 전복되고 맙니다. 선진국에서는 3% 성장할 때에 중국은 10% 성장하고 있잖아요. 한국도 이명박, 박근혜 같은 인물들은 파이를 키운 뒤에 나누자는 성장 우선의 논리를 주장하는데, 이러한 성장의 폭주기관차 앞에서 무수히 많은 것들이 짓밟혀왔습니다.

지금까지의 정치란 기관차 핸들을 쥐고 가속시키는 형태였고, 시대적으로 그 가속을 위한 연료를 어디서 끌어올까만 달라졌을 뿐입니다. 예전에는 블루칼라를 장시간 노동시켰다면 지금은 이주노동자들을 투입하여 가속시키고 있죠. '보수'의 입장에서는 이렇게 가속페달을 밟는 정치에 대해 어떤 논리적인 위험을 갖고 있다고 봅니다. 그런데 진보 쪽에서는 이건 아니지 않느냐, 뭔가 달라져야 하지 않겠느냐 하는 입장인 거죠. 복지라든가, 정의라든가……. 최근 불균등한 경쟁은 정의롭지 않다고 안철수 씨가 말하기도 했는데요, 이처럼 진보는 지금의 폭주기관차에 제동을 걸려는 요소가 있는 거죠.

이러한 진보의 입장은 사람들에게 설득력을 안겨줍니다. 비록 브레이크를 걸고 있지는 않지만 가속페달에서 발을 떼면 가속이 떨어지듯이 가속의 중지를 진보 측 정당에서 내세우고 있다고 봅니다. 이것은 사회경제적 측면에서 보면 퇴보이지만, 생태적 공동체의 관점에서 보면 치유가 가능하다는 면에서 진보라고 볼 수 있습니다. 저는 그 지점은 살려나가야 할 부분이라고 생각합니다. 우리 시대의 진보에 이름을 붙인다면 '반진보적 진보'여야 한다고 생각합니다. 한편에서는 성장주의적인 진보에 대해서는 안티를 걸고, 한편에서는 큰 상처를 받고 죽어가는 생태와 사람을 포함한 생명체들에게는 가속성을 부여해야 하는 구성이 필요하다고 봅니다.

대의제의 유형으로
본 대선 후보

가부장적 대의제, 자유민주주의 대의제, 구속적 대의제

정당정치는 근대정치의 기본 포맷인데, 대의제(代議制) 구조에 토대를 두고 있잖아요. 이 대의제는 단일하지 않아서 크게 세 가지 유형으로 구분할 수 있으며, 기나긴 역사를 통해 발전해온 유형이라 할 수 있습니다.

첫째 유형은 선거 없는 대의제입니다. 이것은 가부장적 대의제라고 할 수 있는데, 대의제의 최초의 형태라고 볼 수 있습니다. 이 대의제는 가족 중에서 아버지라는 존재가 대표성을 갖고 대내외적으로 영향력을 행사하는 것과 같은 이치입니다. 이 경우에는 선거라는 게 필요 없겠죠. 북한의 세습제를 보면 가족적 차원의 가부장적 대의제와 유사합니다. 추인(追認) 비슷한 과정은 있지만 경쟁을 하지 않기 때문이죠. 권위가 권력으로 직접 계승되는 이런 형태는 반봉건적 대의 형태가 가족으로부터 사회주의의 쇠퇴형태로서 나타나는 형태라고 할 수 있습니다.

이번 5월 통합진보당 중앙회에서 발생한 폭력사태가 떠오르는데요. 그날 밤 조준호 대표가 당권파 당원들에게 폭행을 당한 사건을 보면 자식이 아버지를 때린 것이나 마찬가지이므로 가부장적 대의제가 아닌 것 같죠? 그런데 이 정당의 역사를 보면 그렇지 않은 것이, 조준호나 심상정, 유시민은 구당권파의 아버지가 아닙니다. 게다가 이정희 씨를 제외한 나머지 대표들은 합당 과정에서 선출 과정을 거치지 않고 대표 자리에 앉은 이들입니다. 그런데 아버지로 인정할 수 있는 유일한 이정희 대표가 회의가 열리기 전에 공식 사퇴를 선언해버리자, 당권파 당원들로서는 아버지를 잃은 상태나 마찬가지였던 거죠.

말하자면 통합진보당 역시 가부장적 대의제가 있다는 거죠. 이게 한국 민주주의의 단면입니다. 예전에 김영삼, 김대중 정권도 마찬가지 가부장적 형태였고, 새누리당의 친이계 또는 친박계 등의 계파 정치 속의 우두머리들도 다 이런 형태입니다. 이때 보수계와 진보계의 차이가 있다면 선출 없는 대의제를 구성하는 요소가 다르다는 것입니다. 부르주아 정치에서는 돈의 영향력을 행사할 수 있는 사람이 권력을 쥐는 반면 진보는 꼭 그렇지만은 않죠. 진보 정당의 가부장성은 정치적 영향력, 이념의 선도성에 좌우됩니다. 그런데 최근의 흐름을 볼 때는 과도기적 상태라고 봅니다.

두 번째 유형은 자유민주주의라고 불리는 대의제로, 선출을 하는 방식이죠. 선출자는 이후 몇 년 동안 제멋대로 할 수 있는 특권을 지닙니다. 이 말은 그를 선출한 사람을 대의해야 하는데 다른 사람을 대의하는 경우가 발생할 수 있다는 말입니다. 이들은 선거 때면 고개를 숙이다가 선거가 끝나면 고개를 젖힌다는 말이 있듯이 피당선자들은 자신이 자유로워진 동안 자신의 이익을 도모할 수 있는 거죠. 그래서 가부장적 대의제와 자유민주주의 대의제 사이에 어떤 게 낫다고 말할 수 없기도 합니다. 때로는 선출되지 않은 쪽이 더 나은 사회를 끌어가기도 하니까요.

즉 선출 과정을 거친 자는 이해관계에 따라 움직일 수 있지만 선출되지 않은 자는 아버지와 같은 입장에서 정성을 다해 피대의자들을 보살펴야 하는 책무를 갖는 거죠. 스피노자는 정치 형태를 군주제, 귀족제, 민주제로 나누면서 군주제가 다른 것보다 못하지 않다고 보았습니다. 그는 각각 다른 유형으로 간주한 겁니다.

세 번째 유형은 자유대의제의 대안 형태로 나타난 구속 대의제입니다. 코민, 평의회, 소비에트가 견지했던 민주주의 대의방식으로, 선출된 사람이 선출한 이들의 의도를 위반하면 안 되며 그러한 행동을 했을 때는 소환되는 방식입니다. 칼자루를 다중이 쥐고 있는 형태라고 할 수 있죠.

대의제는 이런 식으로 진화해왔고 이 세 가지 대의제는 역사 속에서 공존하고 있다. 한국 정치 형태를 볼 때 계파 내에서의 가부장적 대의제와 계파를 넘어섰을 때의 자유대의제가 섞여 있음을 파악할 수 있습니다. 그리고 이번 국회에서 사실상 처음으로 구속 대의제 전통이 의회 속으로 들어오게 되었다고 봅니다. 이것은 원래 코뮌이나 소비에트 민주 평의회에서 유지되었던 것인데, 한국의 경우는 민주노총이 구속 대의제를 형성하고 있었습니다. 1987년의 노민추(노동조합민주화추진위원회)와 같이 현장의 영향력을 지닌 사람들이 견제하는 것인데, 중앙위원회의 결정을 대의원회가 기각하고 대의원회를 총회에서 기각시켜버릴 수 있는 시스템을 갖추고 있었죠. 이처럼 강한 구속 대의제는 1997-88년부터 약화되어 자유민주주의 대의제 쪽으로 진화해 오고 있습니다만, 통합진보당은 세파 내에서는 가부장적 대의제이지만 계파간으로 볼 때는 구속 대의제가 움직이고 있는 현상을 보이고 있습니다.

사회복지를 통해 소비자를 생산하려는 박근혜 씨의 복지론

박근혜, 안철수, 문재인 등의 인물로 경합구도가 짜이고 있는데, 박근혜 씨는 계파 내부의 가부장적 대의제 모델을 사회 전체로 확산시키겠다는 생각을 갖고 있는 것 같습니다. 이건 파시즘으로 직접 연결되는 길이죠. 히틀러는 자유대의제로 처음으로 당선되었다가 점점 가부장적 대의제로 대표적인 케이스라 할 수 있습니다.

얼마 전 박근혜 씨는 통진당의 이석기, 김재연에 대해 국가관이 의심스럽다는 발언을 했는데, 이러한 국수적인 국가관을 드러냈다는 것은 국가를 개인의 소유물로 생각하는 가부장적 대의제를 그대로 노출한 것입니다. 이처럼 정치적으로는 가부장적 대의제를 꿈꾸면서 경제적으로는 복지라는 이슈를 내걸고 있는데 그 내용을 보면 선별적인 노동복지로, 가난한 사람들에게 호소력을 갖는 것 같습니다. 안철수, 민주당과 새누리당을 비교하면 중간층은 민주당을 지지하고 오히려 서민층이 새누리당을 지지하는 것을 볼 수 있죠. 박근혜 씨의 선별적 노동복지에는 본인의 아버지가 했던 것처럼 고용을 늘려서 임금소득을 올릴 수 있지 않을까 하는 기대가 담긴 것 같습니다. 이번 총선에서 강원도, 충청도의 표심을 얻은 것도 이러한 복지론의 수확이라고 봅니다.

문제는 여기서의 복지가 지닌 정치경제학적 의미는 무엇인가 하는 것이죠. 복지란 오늘날 '소비자의 생산'이라는 의미가 있습니다. 복지국가의 탄생을 볼 때 공황기에 과잉생산의 문제를 해결하기 위한 방법으로 소비자를 만들어내는 데 필사적이었고, 그것을 복지라는 시혜적 방식으로 풀어나갔죠. 그런데 한국은 극단적인 양극화로 인해 소비자가 사라졌고, 한동안은 미국 시민을 소비자로 삼아왔습니다. 그런데 미국 시민들 주머니가 가벼워지면서 저축을 하기 시작하자 물건을 안 사게 되었죠. 때마침 중국도 자체 생산품이 증가하게 되자 한국은 판로가 막히게 된 겁니다. 결국 내국인들을 소비자로 만들어내야 하는 과제가 생긴 거죠. 이렇게 복지란 도덕적인 것이 아니라 양극화 속에서 판로를 만들어내는 방법이라 할 수 있습니다.

SNS를 지지기반으로 하는 안철수

반면 안철수는 상대적으로 안전지대에 있다고 봅니다. 이 안전지대의 서포터는 SNS라고 할 수 있죠. 한국의 인지노동자라고 부를 수 있는 이 지지계층은 지적으로 계발되어 있고 창의성이 강합니다. 또한 과거 노무현을 지지했던 지지층과 겹친다고 봅니다. 노무현의 법통을 계승한 이는 문재인 씨이지만 사회적 지지를 보면 노무현을 지지했던 이들과 유사한 계층이 안철수를 지지하고 있음을 알 수 있습니다. 왜냐하면 안철수 씨는 벤처기업인으로서 전형적인 인지자본주의 분야에서 사업을 했고, 그 분야에서 성공을 거뒀다는 점에서 지지기반을 형성하고 있는 것이죠.

미국에서는 IT 위기 이후 서브프라임모기지론으로 나아갔는데, 한국의 IT 업계 사람들은 이명박 정부가 재벌 위주로 정책을 전환하면서 혜택도 없어지고 푸대접을 받는 입장이 되었죠. 이런 불만이 누적되어 있습니다. 결국 자연스럽게 인지적 산업 분야의 출구를 만들어달라는 요망이 안철수에게 쏟아지게 되었습니다. 이런 기업적 요구도 있지만 대중적 차원에서의 요구가 있습니다. 낡은 정당정치의 위계질서에서 벗어난 새로운 정치포맷을 보여 달라는 요구일 터인데, 촛불집회에서도 보였지만 아래로부터의 사회운동의 성격이 탈위계적인 경향을 드러내고 있는데 정당구조 방식으로는 이러한 사회적 요구를 떠안을 힘이 없습니다. 결국 비가시적인 지지층에는 안철수라는 인물이 이러한 요구를 수렴해 주기를 바라고 있다고 볼 수 있죠.

일단 세대적으로도 안철수 씨는 젊은데다가, 청년실업자나 비정규직노동자들의 기대를 가장 많이 받고 있습니다. 젊은 층에는 사회적 기업을 비롯한 창의적 분야에 진출하고 싶어 하는 사람들이 많은데, 이런 분야는 기본적으로 창의성이나 모험성을 토대로 하죠. 또 이것은 재벌과 중소기업과의 자본 역관계에서 볼 때 중소기업의 편에 서는 사람들이 안철수 씨의 지지기반이 됩니다.

하지만 여기에는 약점이 있습니다. 비유하자면 통진당의 확고한 지지기반이기도 한 민노총은 노동자층이라는 조직기반이 있어 지휘부에서 결정하면 상당 정도는 조직된 투표가 가능합니다. 한편 민주당은 그러한 조직성은 없으나 지역적, 계층적 기반이 있죠. 호남을 비롯한 지역기반과 수도권을 비롯한 서민층이 바로 민주당의 기반이라는 겁니다.

그런데 안철수 씨를 지지하는 이들은 개인적 작업을 하는 사람들이 많습니다. 뿔뿔이 흩어진 상태에서 네트워크로 연결된 부류라 할 수 있죠. 소위 '떼' 또는 '섬'의 성향이 강하므로 돌풍도 있지만 한순간에 사라지는 특성을 갖고 있기 때문에 '바람'이 불어주지 않으면 영향력을 행사하지 못할 가능성이 큽니다. 더욱이 조선일보 등의 언론은 인터넷상에 교류되는 이 지지계층의 발언들을 무력화하려는 시도가 끊임없이 진행되어 왔고, 사실상 큰 압박감으로 작용하고 있습니다.

더욱이 통진당 온라인 부정투표가 논란에 휩싸이면서 이들에 대한 네거티브가 형성되고, SNS를 비롯한 정보통신 네트워크를 기반으로 한 정치력은 위기를 겪고 있다고 볼 수 있습니다. 이것은 내적 본질의 문제라기보다는 싸움에 밀리고 있는 형편이기 때문에 안철수 측은 명확한 대안을 세우지 못한다면 곤란에 처하게 될 겁니다.

안철수 씨의 기부가 의미하는 것

'기부'라는 것은 한국에 거의 찾아볼 수 없었던 자본가적 문화로,

안철수 씨가 선도적으로 도입했다고 봅니다. 400~500년의 역사를 지닌 유럽의 자본가들은 오랜 기부의 전통을 가지고 있기 때문에, 그쪽에 비할 때 한국 자본가는 윤리성에서도 많은 차이가 있고 자본주의를 인식하는 시각의 차이가 있습니다. 자본을 대하는 한국의 자본가들은 눈앞의 이익에 집중하기 때문에 일종의 클래스로 성장하기에는 연륜이 짧습니다. 그런데 유럽은 오래전부터 세계적 경영을 해왔기 때문에 돈이 자본주의의 전부는 아니라는 깨달음의 과정을 거쳤고, 그로써 노블리스 오블리제가 형성되었습니다. 미국에도 큰손이라 할 수 있는 조지 소로스, 빌 게이츠 등은 기부를 굉장히 많이 합니다. 소로스의 경우는 금융 자본가이지만 정신적으로는 사회주의자에 가깝다고 봐야 할 정도입니다. 사실 저는 자본주의와 사회주의의 질적 차이가 있는가 하는 생각을 할 때가 있습니다.

서구는 이미 기부문화가 정착되었고, 기업의 상속문제도 마찬가지입니다. 한국 기업은 족벌 상속 시스템이 가동되고 있지만 유럽은 그렇지 않은 것으로 알고 있습니다. 노동자로부터 형성된 이윤은 1대 기업인에서 종결되어 사회로 귀환되는 시스템을 갖추고 있지 않습니까? 도네이션과 상속의 사회성이 형성되어 있다는 거죠.

안철수 씨의 기부는 재산의 사회화를 어떻게 볼 것인가 하는 생각을 하게 만듭니다. 우선 안철수 씨의 기부는 도덕적으로 본인에게 큰 우위를 안겨주는 것이지만, 사회 전체적으로는 자본주의적 메커니즘의 원활한 가동을 위한 것이므로 그다지 혁명적이진 않은 것 같습니다. 다만 자본주의 메커니즘 속에서 안철수 씨의 기부는 새로운 의미를 갖습니다. 자본주의는 끊임없이 가난과 부의 양극화를 촉진시키는 것으로, 양극화는 자본주의의 기본법칙과 같습니다. 결국 양극화는 자본주의의 파생물이면서 동시에 소비자의 부재라는 상황을 일으키기 때문에 암적인 것이 되죠. 이것을 해소시킬 수 있는 것이 복지 또는 재산의 사회 환원, 도네이션 등인데, 자본주의는 이러한 사회주의적 완충장치를 통해 발전해 왔고 진화해 왔습니다.

진보가 가야 할 길

진짜 대권은 우리가 쥐고 있다

매스미디어는 의회라는 단위 내에서 누가 집권하면 나에게 유리할 것인가 하는 방식의 프레임을 짜고 있습니다. 누가 대권을 장악하느냐에 따라 우리 운명이 달라진다는 식의 협박적인 방식으로 우리의 정신구조를 조작하느라 여념이 없습니다. 이런 현실에서 저는 개혁이라는 차원에서 이해관계를 도모하는 것은 필요하다고 생각합니다. 우리 삶은 근본적인 문제만 있는 것이 아니라 나날이 달라지기 때문에 어느 정도의 차이를 받아들이는 것은 중요한 것입니다.

그러나 우리 삶의 생태적 공통성인 지구를 살려낼 수 있는 방향으로 나아가기 위해 현재 주어진 대의를 잘 살려내야 한다고 봅니다. 민중의 벗은 없다고 하지만, 그들로 하여금 친구처럼이라도 행세하게끔 하도록 해야 하고, 그들을 대의자로 세울 수도 있어야 한다고 봅니다. 여기에 또 다른 공통성, 즉 사회 경제적 차원에서 경제적 성장이라는 것을 일정 정도 통제하는 노력이 필요합니다. 즉 벤야민이 말한 브레이크를 밟는 것, 가속 페달에서 발을 떼도록 할 수 있는 이들을 대의선상에 세우되, 그들이 더욱 근본적인 차원으로 나아가도록 견인하는 작업이 필요합니다.

그러기 위해서는 우리 자신의 변화가 중요합니다. 누구를 대의시킬 것인가는 중요한 문제이지만 우리 삶이 구성되고 있는 전체 스펙트럼에서 본다면 누가 대의할 것인가는 극히 미미한 기능밖에 할 수 없다고 봅니다. 개혁의 차원에서 보자면 우리 자신의 변화가 근본적인 역할을 할 수 있다는 것이죠. 진짜 대권은 그들에게 있지 않고 우리가 쥐고 있다는 자각, 그러한 감성의 방식이 중요하다고 봅니다.

그러나 지금의 움직임은 그렇지 않죠. 누군가의 피지배자가 되어야 더 나은 삶을 살 것이라는 강요를 받아들이기보다는 압도적 다수인 우리들이 삶의 대부분에서 영향력을 행사할 수 있고 심지어 대의 체제마저 우리에게 의존하고 있다는 사실을 새기는 것이 핵심입니다. 우리가 대권이라는 인식 위에서 우리 삶을 어떻게 공통적인 것으로 만들 것인가. 어떤 관계, 어떤 조직, 어떤 감각방식을 통해서 우리의 찢겨 있는 이 상황을 극복할 것인가를 진지하고 숙고해야 하고, 이것이 성공할 때만 양적 차이를 넘어서는 질적 차이를 끌어낼 수 있다고 봅니다.

캐머런

올랑드

메르켈

자본주의의 '공황'이 변화시킨 세계정치의 판도, 한국은 어떻게 대응할 것인가?

"국제정치의 변화는 우리의 현재는 물론, 미래를 예측하는 중요한 바로미터로 작동하고 있다. 이는 국가라는 거대집단이 아닌 개인에게도 마찬가지다. 인간에게 온전히 '비정치적 삶'이란 존재할 수 없기에. 이런 이유로 많은 국가가 2012년 한국의 대선을 주의 깊게 지켜보고 있는 것이다. 여기의 연장선에서 한국보다 앞서 민주적 정치-선거 시스템

을 정립한 미국과 일본, 영국과 독일, 프랑스의 정권 교체 상황과 전·현직 국가수반의 이력을 살피는 일은 향후 치러질 한국 대선을 예측케 하는 정보의 하나로 작용할 수도 있다는 게 필자의 생각이다.
이들 국가의 정치적 환경과 지도자는 어떻게 바뀌어왔을까."

홍성식

세계 정치의 진보와 보수는 어떻게 변해왔나
— 미국 · 일본 · 영국 · 독일 · 프랑스의 정치를 보다

하루가 다르게 발달하는 네트워크는 지구를 하나의 공동체로 묶어내고 있다. 불과 몇 시간 전 치러진 유럽 국가의 대통령 선거결과를 인터넷을 통해 즉각적으로 확인하는 건 이제 누구에게도 어려운 일이 아니다. 극도의 보안이 유지되는 사안이 아니라면 미국의 국가정책도 네트워크를 통해 많은 이들에게 공유된다. 안방에 앉아 일본 총리의 기자회견을 실시간 생중계로 볼 수 있는 게 바로 오늘이다.

오늘날 지구 위 대부분의 국가는 개별로 존재하지 않는다. 상당수의 국가가 '위성시스템-인터넷'으로 대표되는 네트워크로 연결돼 하나의 유기체처럼 존재하게 된 것이다. 이런 시대의 도래는 비단 해박한 정치관련 지식과 화려한 경제적 인맥을 갖추지 못한 사람들에게도 해외에서 주목받는 정치 · 경제 관련 사안에 대한 관심을 가지게 만들었다.

2012년 한국은 새로운 대통령을 선출하게 된다. 앞서 말한 것처럼 이는 비단 한국인들의 주요 관심사만은 아니다. 크건 작건 우리와 이해관계의 그물망으로 얽힌 많은 나라들이 올 겨울 실시될 대통령선거에 주목하고 있다. 1987년 6월 전국민적 항쟁의 성과로 한국은 '정변에 의한 정권 탈취'라는 어두운 그림자에서 벗어나 '선거'라는 민주적 방식을 통해 때마다 새로운 정권을 탄생시켜 왔다. 경천동지할 변화가 없는 한 이는 앞으로도 지속될 것이 분명하다.

군인에서 민간인으로, 영남 출신에서 호남 출신으로, 보수에서 진보 다시, 보수로 변화를 거듭해온 1987년 이후 한국의 정권. 그 안에선 적지 않은 드라마가 진행됐고, 갖은 우여곡절이 있었다. 이에 분노하고, 환호하고, 박수치거나, 한숨을 내뱉은 건 비단 한국의 유권자만은 아니었다. 수많은 나라가 이 과정을 관심 깊게 지켜봤다. 앞서 말했듯 오늘날 지구 위 어떤 나라도 하나의 개별개체만으로 존재할 수 없으며, 복잡한 이해관계의 그물망으로 묶여 있는 탓이다.

기실 수천 Km에서 멀리는 수만 Km 떨어진 외국의 대통령이나 수상 혹은, 총리가 바뀐다는 게 우리의 삶에 어떤 영향을 미칠 수 있을까란 회의적인 시각도 있을 수 있다. 그러나, 실상은 그렇지 않다. 한국은 이미 세계와의 관계 맺기를 통해 유지되고 있으며, 국제정치의 변화는 우리의 현재는 물론, 미래를 예측하는 중요한 바로미터로 작동하고 있다. 이는 국가라는 거대집단이 아닌 개인에게도 마찬가지다. 인간에게 온전히 '비정치적 삶'이란 존재할 수 없기에. 이런 이유로 많은 국가가 2012년 한국의 대선을 주의 깊게 지켜보고 있는 것이다.

여기의 연장선에서 한국보다 앞서 민주적 정치-선거 시스템을 정립한 미국과 일본, 영국과 독일, 프랑스의 정권 교체 상황과 전·현직 국가수반의 이력을 살피는 일은 향후 치러질 한국 대선을 예측케 하는 정보의 하나로 작용할 수도 있다는 게 필자의 생각이다. 이들 국가의 정치적 환경과 지도자는 어떻게 바뀌어왔을까.

네오콘의 몰락 부른 '문제적 인간' 부시
— 민주당에서 공화당, 다시 권력은 오바마에게로 왔지만

1992년 미국 대통령선거. 중앙정보국(CIA) 국장 출신의 보수 정객 조지 허버트 워커 부시는 재선에 실패한다. 그를 누르고 마흔여섯 젊은 나이에 미국 대통령에 오른 이는 빌 클린턴. 이후 8년의 재임기간 동안 그는 신자유주의와 사회주의를 동시에 비판하며 새로운 방향을 모색한다. 이른바 '제3의 길'이다.

베이비붐 시대에 태어난 클린턴은 현실 사회주의의 몰락을 직접 목도했고, 권력에 의한 시장질서 재편에는 한계가 있다는 것을 체험으로 알게 된 사람이었다. 아칸소 주지사를 거치며 행정경험과 정치력을 키운 그는 '제3의 길'에 입각해 북미자유무역협정과 복지 부문 개혁을 추진했다. 중도 좌파의 진보적 성향을 보인 그가 추진한 이 정책은 국민들로부터 비판과 찬사를 동시에 받았다.

재선 대통령이 드문 미국 민주당 전통에서 그가 순조롭게 재선에 성공할 수 있었던 가장 큰 이유는 당시(1993~2000)가 미국 역사상 손꼽을만한 호황기였다는 것과 무관하지 않다. 사적인 자리에서는 색소폰 연주도 마다하지 않던 매력적인 이 사내의 진보적 성향은 외할아버지의 영향을 받은 것으로 추정된다. 어린 시절을 어머니와 함께 뉴

올리언스에서 보낸 클린턴(아버지는 그가 태어나기 전 사망했다). 당시 미국 남부에서는 공공연한 흑백차별이 일상이었다. 잡화점을 운영하던 클린턴의 외조부는 이 부분에서 일찍 개화한 사람이었다. 손님의 피부 색깔을 구분해 차별하는 행동을 하지 않았던 것. 클린턴의 외조부는 흑인이나 남미계 이민자들에게도 흔쾌히 외상거래를 하는 보기 드문 가게의 주인이었다. 이런 기억과 더불어 고향인 아칸소 주에서 벌어지던 흑백갈등을 일상적으로 봐야했던 소년 클린턴이 미국 내 흑인과 남미·아시아인들의 인권문제에 관심을 가지게 된 것은 어찌 보면 당연한 수순.

옥스퍼드 대학과 예일 대학에서 수학한 그가 처음으로 맡은 공직은 아칸소 주 법무장관(1976년). 서른두 살에 미국 최연소 주지사가 된 클린턴은 앞서 언급한대로 1992년 공화당의 경제정책을 신랄하게 비판하며 '아버지' 부시와 무소속의 로스 페로를 누르고 12년간 이어진 공화당 독주를 제지했다. 그가 대선 공약으로 내세우며 의욕적으로 추진했던 정책은 피고용인의 보호 장치를 확대한 가족의료법안, 연방공무원의 대폭적인 감축, 선사정부의 구현 등. 큰 기에 선량해 보이는 인상을 가진 그는 운도 좋았다. 재임 기간 내내 위축되지 않았던 미국의 경제상황은 그를 향해 있는 비판을 칼날을 막아주는 방패가 돼줬다.

클린턴의 가장 큰 적은 의외의 곳에서 출현했다. 백악관 인턴직원 모니카 르윈스키와의 섹스 스캔들이 바로 그것. 이로 인해 그는 탄핵 직전까지 몰리는 정치적 위기를 맞기도 했다. 정권 말기에는 언필칭 '화이트워터게이트 사건'으로 불리는 부정대출 의혹으로 휘청거리기도 한 그의 뒤를 이은 '미국호'의 선장은 '문제적 인간' 조지 워커 부시다.

2000년 11월 열린 대통령선거에서 민주당의 앨 고어 후보와 맞붙은 부시는 각종 선거부정 의혹에도 불구하고 우여곡절 끝에 제43대 미국 대통령에 취임했다. 국제관계에서 타협과 협상보다는 힘의 논리를 중시하고, 신자유주의를 신봉하는 '네오콘'으로 분류되는 부시는 '미국에게 이익이 된다면 다른 나라의 자유와 인권을 제약할 수도 있다'는 정책으로 일관한 로널드 레이건의 적자인 동시에 미국 역사상 두 번째로 아버지에 이어 대통령이 된 인물이다.

텍사스 석유재벌 집안에서 태어난 그는 예일대학에서 역사를 전공했고, 하버드대학에서 수학했다. 젊은 시절 음주운전으로 입건되고, 알코올 중독 치료를 받기도 한 그는 출생배경이 그대로 몸에 배인 보수주의자. 2000년 대선 예비후보로 거론될 당시엔 과거 마약 사용 경력이 문제가 됐으나 어떤 이유에선지 이는 유야무야 되고 공화당 대선 후보로 선출된다. 선거운동 기간과 재임 기간 내내 말실수와 신중하지 못한 행동으로 사람들의 입길에 오르내린 그를 구한 것은 아이러니컬하게도 많은 수의 미국인이 '역사상 가장 큰 비극'으로 기억하는 '9·11 사태'였다.

납치된 민간항공기가 미국 경제발전의 상징이라 할 뉴욕 무역센터빌딩과 정치적 심장인 펜타곤을 들이받은 이 사건은 부시로 하여금 이른바 '테러와의 전쟁'을 선포하게 한다. 2000년대 초반 미국 사회 전체가 강경-보수로 치달았다. 이어진 아프가니스탄 침공과 이라크 공격은 평화를 지향하는 많은 세계인들의 비난을 불렀다. 그럼에도 부시와 딕 체니, 도널드 럼즈펠드를 위시한 네오콘은 공세를 멈추지 않았다. 수많은 아프가니스탄, 이라크인들이 사망했고, 이에 비할 바는 아니지만 미군 피해자도 적지 않았다. 혹자들은 이 전쟁의 본질을 '지속적이고 안정적인 석유 수급을 위해 미국이 획책한 더러운 전쟁'으로 파악하기도 했다. 9·11 사태 이후 테러용의자들을 감금한 관타

나모 수용소에서 발생한 고문과 폭력도 많은 이들의 공분을 불렀다.

경제 분야에 있어서도 부시는 비판을 면치 못했다. 2008년부터 불거진 '미국발 세계 금융위기'가 부시 정권의 신자유주의 정책에서 기인했다는 지적을 피해갈 수 없었던 것. 같은 시기. 부시는 남북한 모두에게 호의적으로 평가되지 못했다. 김대중 정권과는 MD문제로 불협화음을 보였고, 대북 유화책에는 보조를 맞춰주지 않았다. 부시 정권 내내 지속된 초강경 대북정책은 북한을 "악의 축"으로 규정했고, 파국 일보직전까지 치달았다.

2008년 말. 공화당과 네오콘들의 강경-보수정책에 실망한 미국인들은 '변화'를 슬로건으로 내건 민주당의 버락 후세인 오바마 2세를 대통령으로 선출했다. 그는 미국 역사상 최초의 아프리카계 미국인 대통령. 민주당 대선 후보 경선에서 빌 클린턴의 아내인 힐러리 클린턴을 눌렀고, 본선에선 공화당의 존 매케인 후보를 따돌렸다. 지속된 전쟁에 피로감이 누적된 미국인들에게 오바마는 이라크전의 조기 종결을 공약으로 내걸었고, 형편없는 미국의 의료보험제도 개혁과 하층민을 위한 조세개혁을 약속했다.

그는 특히 진보 성향의 젊은이들과 이민자 등 사회적 소외계층에게 인기가 높았다. 여성 유권자들의 지지 역시 높게 나타났다. 취임 직전엔 지지율이 80%를 넘어서는 기염을 토하기도 했다. 하지만, 기득권층은 그를 달가워하지 않았다. 몇몇 공화당 의원들은 민간의료보험의 국영화로 의료 소외계층을 줄이려 한 오바마의 정책을 두고 "사회주의적 발상"이라 비난했고, 보수 성향이 짙은 지역에선 학부모들이 오바마가 학교에 찾아와 연설하는 것을 대놓고 반대하기도 했다.

사실 오바마의 공약 중 지켜지지 않은 것도 많다. 그 대표적인 것이 이라크에 주둔한 미군의 조기 철군이 실행되지 않았다는 사실. 여기에 의료보험제도 개혁과 대학교육비 절감책 등도 소요될 예산을 고려하지 않은 실현 가능성 낮은 공약이라는 비판도 없지 않았다. 노예해방을 위해 진력한 링컨 대통령을 존경한다는 변호사 출신의 오바마가 대통령직을 수행한지도 3년이 훌쩍 지났다. 부시에 비해 진보적 색채가 강한 이 젊은 대통령이 대북관계에도 변화를 가져오리라 예측하는 한국인들이 적지 않았다.

하지만, 현재까지 가시적인 성과는 보여주지 못하고 있는 게 사실. 올 11월에는 "오늘의 미국을 있게 한 자유시장경제로 돌아가자"고 주장하는 신자유주의자 공화당 미트 롬니가 오바마의 재선을 저지하기 위해 나선다. 4년마다 열리는 '빅 이벤트'를 싫든 좋든 세계가 주목하고 있다.

반성 없는 극우정권에서의 탈출은 가능한가?

— 일본 총리들이 단명하는 이유는

독특한 헤어스타일과 호쾌한 어법, 거기에 서양의 오페라와 일본 전통 연희극 가부키에 동시에 조예가 깊었던 고이즈미 준이치로(87~89대 일본 총리대신)는 연예인과 유사한 인기를 누렸다. 일본에서 내각책임제가 시행된 1885년 이후 총리의 평균 재임기간이 1년3개월 님짓한 것에 비해 고이즈미는 5년 5개월을 국가수반의 자리에서 국정을 수행했다.

그러나, 국내에서의 높은 지지와는 별개로 주변국에게 그는 하나의 '악몽' 과도 같았다. 제2차 세계대전 전범들이 안치된 야스쿠니 신사를 수시로 참배해 한국과 중국의 비난을 샀고, 왜곡된 역사교과서 문제와 독도 영유권 다툼 등으로 한·일, 중·일간 외교적인 마찰도 잦았다. 일본 제국주의의 욕망이 초래한 비극적인 전쟁을 정당화시키려한 그의 태도가 국민 단합을 이뤄 침몰하는 일본 경제를 살리려는 궁여지책에서 출발한 것이라 할지라도 비판의 여지는 여전히 남는다. 1955년 설립된 일본의 대표적 보수정당인 자유민주당의 집권은 공명당과의 연립 형태로 고이즈미 이후로도 3년가량 지속된다.

고이즈미의 바통을 이어받은 차기 총리는 보다 강경한 보수파로 분류되는 아베 신조. 증조부와 조부, 외조부와 부친이 모두 정치인 출신인 그는 가풍에 따라 세이케이 대학에서 정치학을 전공했다. 이후 미국 유학에서 돌아와 아버지의 비서관으로 정치에 입문한 아베는 중의원과 관방장관을 거쳐 2006년 9월 자유민주당 총재로 선출된다.

취임 초기 냉각된 주변국과의 관계 개선을 위해 중국과 한국을 방문, 후진타오 주석과 노무현 대통령을 만났으나 실질적인 성과는 적었다. 그는 대북 강경주의자로도 유명하다. 북한의 핵실험 이후 UN이 취한 제재조치보다 훨씬 강력한 일본 단독의 대북 경제제재를 시행해 북-일 관계 역시 얼음장처럼 차가워졌다. 하지만, 강경일변도의 대외정책은 일본 내에서도 지지를 얻어내지 못했고, 국정수행 지지율이 20% 아래로 떨어진 채 취임 후 1년을 채우지 못하고 총리에서 물러난다.

아베의 뒤를 이른 제91대 일본 내각총리대신은 후쿠다 야스오. 그역시 67대 총리를 지낸 부친 후쿠다 다케오의 후광 아래 정치를 시작했다. 아버지의 비서관으로 일하기 전에는 와세다 대학에서 정치경제학을 공부했고, 석유 회사에서 근무하기도 했다. 그는 일본 역대 관방장관 중 최장의 재임기간을 기록하기도 했는데 4년 가까이 수행하던 업무에서 물러난 이유는 국민연금 보험료를 미납했다는 것이었다.

2007년 9월 25일 총리에 올랐으나 재임기간 내내 바닥을 치는 지지율 탓에 고전했다. 당시 일본은 국제 유가 상승으로 인한 물가 불안과 노인 의료제도의 개혁 요구가 거세게 제기됐던 시기. 후쿠다는 이를 극복할 능력 이전에 카리스마조차도 부족하다는 평가를 내·외부에서 동시에 받았다. 결국 그 역시 1년을 채우지 못하고 기자회견을 열어 총리직 사퇴를 선언했다.

이어 일본 총리가 된 사람은 만화광이자 클레이 사격 국가대표로

1976년 몬트리올 올림픽에 참가한 독특한 이력의 소유자 아소 다로. 스탠퍼드와 런던 대학에서 공부할 때도 만화를 손에서 놓지 않았다는 그는 다소 희극적인 인상과는 달리 한국인들에게는 비극적으로 받아들여질 수밖에 없는 발언을 숱하게 내뱉어, 젊은 네티즌과 일본 식민지 시대를 기억하는 노인들 모두에게 비난을 받았다. 2003년 동경 대학 연설에선 "창씨개명은 조선인들이 일본 성씨를 달라고 해서 시작된 것이며, 의무교육 제도 역시 일본이 시작한 것이다. 이런 역사적 사실은 인정해야 한다"고 했고, 2005년 영국 옥스퍼드 대학에 가선 "2차대전 후 일본에겐 경제 재건이 시급했는데 운 좋게도 한국에서 전쟁이 일어나 경제 부흥을 가속화시킬 수 있었다"란 발언으로 한국인들을 실소케 했다.

어쩔 수 없는 보수군국주의자인 아소와 한국의 불편한 관계는 그 역사가 길다. 아소의 증조부인 아소 다키치는 일본의 조선강점 시절 후쿠오카에서 탄광을 운영했고, 수많은 조선인들이 그의 탄광으로 강제징용 돼 지옥 같은 노동을 경험해야 했던 것. 대대로 보수적인 정치인과 기업인이 많았던 집안의 자제로 태어나 그 역시 완고한 보수의 길을 걸었던 아소의 재임기간 역시 1년에서 8일이 모자랐다.

내수와 수출 양면에서 끝이 보이지 않는 불황의 늪에 빠진 경제에 대한 두려움과 50년이 넘는 사실상의 자민당 독주에 염증을 느낀 일본 국민은 그 대안으로 일본 민주당을 선택한다. 민주당은 1996년 9월 진보주의적 성향의 사회민주당 탈당파 의원들이 주도가 돼 만들었다. 2009년 치러진 총선에서 압도적인 승리를 거둬 54년 자민당 장기집권을 마감시키고 총리에 오른 하토야마 유키오는 민주당 창당 당시 공동대표를 맡았던 인물. 일본 국민은 '공정한 사회' '시장중심주의와 복지의 양립', '사회개혁과 분권사회'를 모토로 하는 민주당에 적지 않은 기대를 걸었다. 지나치게 우편향된 일본사회의 분위기가 합리적 진보의 방향으로 흘러갈 것이라는 관측도 있었다.

그러나, 기대는 기대만으로 끝나고 말았다. 공약으로 내걸었던 고속도로 통행료 무료화, 오키나와 후텐마 미군기지 이전, 증세를 통한 복지의 증진 등은 말 그대로 구두선에 그치고 말았다. 이를 두고 자민당 정권의 첫 번째 총리대신이었던 그의 조부 하토야마 이치로를 언급하는 이도 있었고, 정치 입문 자체를 자민당 공천으로 시작한 이력이 거론되며 하토야마 총리의 계급적 한계를 지적하는 진보진영 인사도 있었다. 93대 일본 총리대신이었던 그의 재임기간은 고작 9개월. 겨우 하나 한국인들이 기억하는 하토야마와 관련된 일화는 "더 이상의 갈등을 없애기 위해 야스쿠니 신사를 참배하지 않겠다"고 한 발언 정도다.

하토야마의 뒤를 이어 민주당 대표로 선출돼 총리에 오른 간 나오토. 보수 성향의 자민당에 적을 둔 적이 없는 그는 아시아 국가들과의 새로운 관계 정립, 외교를 통한 경제 활성화 등의 정책을 내놓았고, 40대 소장파 의원들을 내각에 대폭 기용하는 파격을 보이기도 했다. 하지만, 간 총리도 전임 하토야마처럼 오키나와 후텐마 미군기지에 발목을 잡혔다. 기지 이전 문제에 소극적으로 대처했다는 비난의 목소리를 들었던 그는 2011년 8월 사임했다.

이후 제95대 일본 총리가 된 노다 요시히코는 와세다 대학 정치학과 출신. 민주당 출신 총리임에도 보수적인 정치 행보에선 자민당과 별반 다를 게 없다는 평가를 받고 있다. 그는 야스쿠니 신사 참배에 긍정적이고, 외국인의 참정권을 제한하자는 주장을 펼치기도 했다. 친자민당 성향이 뚜렷한 까닭에 민주당이 의욕적으로 추진 중인 대연

립에 적합한 인물이라는 평가는 받고 있으나, 향후 일본 정국의 방향타가 어느 쪽으로 향할지는 아직 알 수 없어 그의 정치적 미래도 마냥 낙관할 수만은 없는 상황이다.

'철의 여인'은 왜 히피 기타리스트에게 밀렸을까
— 대처와 블레어, 결국 큰 차이 보이지 않은 두 총리

　　보수당과 노동당으로 이야기되는 영국의 양당 체제. 1980년대 이후 보수당을 이야기할 때 빼놓을 수 없는 이가 구 소련연방으로부터 '철의 여인'이라는 조소와 증오 섞인 별명을 얻은 마거릿 대처다. 1979년 집권 이후 11년간 총리로 재직한 그녀는 영국 최초의 보수당 여성 당수, 영국 역사상 최다 임기 총리라는 기록을 세운 입지전적 인물.

　　런던 외곽에서 식료품 가게를 하던 집안의 딸로 태어난 대처는 대학에서의 전공인 화학과는 무관한 법학을 스승도 없이 혼자 공부해 서른 살이 되기 전 변호사가 됐고, 45세엔 교육장관의 자리에 앉았다. 사실 이름에서 풍기는 느낌과는 달리 영국 보수당은 분배를 배제한 성장에만 주력하고, 그 성장에서 얻어진 이익을 지배 권력과 그 주위의 몇몇 자본가만이 나눠가지는 형태를 지향한 한국의 수구보수 정당과는 본질에 있어 다르다.

　　물론, 보수당은 자본주의의 유지·강화를 내세우고, 사회의 주류 계층을 대변하고 있으나 약자를 위한 사회보장정책의 수립에는 게으름을 피우지 않았고, 심지어 영국 진보 정당인 노동당처럼 '중요 산업

은 국유화가 바람직하다'는 입장을 피력한 적도 있다. 하지만, 대처는 이렇듯 유화적이기도 한 보수당의 기조와는 달리 엄정하고 냉혹한 보수주의의 입장을 시종 견지했다. 신자유주의에 기반을 둔 그 녀의 경제정책은 철저하게 시장중심주의를 지향했다.

생존권 차원에서 진행돼 온 석탄 노동자들의 파업을 무자비하게 진압하고, 국영기업의 민영화를 밀어붙였으며, 서민들이 받아오던 사회보장 혜택은 대폭 축소시켰다. 당시를 배경으로 한 영화 〈빌리 엘리어트〉와 〈풀 몬티〉 등은 대처 집권시절 광산노동자와 철강노동자의 피폐해진 삶이 풍자적이지만 여과 없이 담겨 있다. 정치적으로도 철저한 반공산주의 노선을 걸었던 대처. '철의 여인'이라는 닉네임에는 우측으로만 질주하는 그녀에게 혀를 내두르던 소련 공산당의 한숨이 섞여 있었다.

대처가 그의 이름에서 연유한 '대처리즘'을 기반으로 제52대 영국 총리로 재임한 기간은 호오의 평가가 극명하게 엇갈린다. 지지자들은 "향후 지속된 경제호황의 기틀을 닦고, 고질적인 영국병을 치료했다"고 칭찬을 말을 쏟아내지만, 비난의 목소리 또한 높았다. "본질에 가닿지 못한 경제개혁으로 영국의 2차산업을 붕괴 직전까지 몰아간 것도 모자라, 빈부와 지역간 격차를 돌이킬 수 없이 심화시켰다"는 게 그 비판의 요지.

어쨌건 영국 정치·경제·사회 전반에 깔린 대처의 영향력은 그녀가 퇴임한 이후로도 7년간 지속된다. 대처 퇴임 이후 총리에 오른 존 메이저는 대처의 그늘 아래서 외무장관과 재무장관을 지냈던 사람. 총리에 선출되는 과정에서도 그녀의 보이지 않는 지원을 받았다. 전임 총리의 정책을 대부분 계승하면서도 차별화된 유화적 태도를 보이기도 했고, 고질적인 문제인 북아일랜드와의 평화협상에도 노력을 기울였으나 실질적인 성과는 적었고, '대처를 답습하는 후계자'라는 세간의 인식도 불식시키지 못했다. 1997년 5월 영국 총선. 보수당이 노동당에 대패하면서 메이저는 자리에서 물러났다.

최연소 영국 노동당 당수를 거쳐 마흔네 살이라는 젊은 나이에 제54대 영국 총리가 된 토니 블레어. 스코틀랜드 에든버러 출신의 이 훤칠한 미남자는 고교와 대학시절 보헤미안 기질을 가진 반항아였다. 정통을 고수하는 기숙학교의 딱딱한 교칙을 못 견뎌 학교와 잦은 마찰을 일으켰고, 옥스퍼드 대학 법학과에 다닐 때는 긴 머리칼을 휘날리며 '추문'(Ugly Rumours)이라는 이름을 가진 록밴드에서 기타를 연주했다.

마거릿 대처에서 존 메이저로 이어진 18년간의 보수당 장기집권을 마감시킨 그는 이전의 노동당 노선과는 다른 길을 걷는다. 1900년 창당된 영국 노동당은 기간산업의 국유화와 사회보장제도의 확대 등 좌파적 정책을 지향했던 정당. 지지기반 역시 노동자와 노동조합, 도시 서민대중이 주를 이뤘다. 하지만, 블레어는 당수이던 시절 이미 노동당 주요강령 중 하나였던 주요산업 국유화를 폐기했고, 좌측으로 쏠려있던 노동당의 힘을 우측으로 밀어내는 노력을 지속했다.

총리 취임 이후에도 이런 기조는 이어진다. '새로운 노동당'을 표방했던 그는 소득의 공정분배라는 정통적 의미에서의 노동당 강령을 버리고, 이른바 '제3의 길'로 불리는 노선을 채택한다. 사회적 정의의 확립과 시장경제 중심주의를 동시에 추진했던 블레어 내각의 주요인물은 '68혁명 세대'의 학생운동 지도자였던 고든 브라운 재무장관과 잭 스트로 내무장관, 로빈 쿡 외무장관 등이었다. 블레어는 노동당 내 정통 좌파들에겐 "대처와 다를 바 없는 보수주의자"라는 혹평을 들었지만, 국민적 인기는 높았다. 10년에 걸쳐 3번의 총선을 승리로 이끌었다는 것이 이를 증명한다.

그의 재임기간 동안 경제성장률은 지속적 상승곡선을 그렸고, 전쟁과 테러의 위험이 상존했던 북아일랜드 문제도 평화적인 해결의 실마리를 찾아갔다. 급작스런 증세 없이 의료와 교육 분야의 재정 지출을 확대한 것도 박수 받은 정책의 하나였다. 블레어가 국내외에서 가장 큰 비판에 직면한 때는 미국 조지 부시 정권이 주도한 '테러와의 전쟁'에 무비판적으로 지지를 보내며 참여했던 시기다.

이때 그는 오랜 정치적 동지이던 로빈 쿡과도 결별했다. 2001년 아프가니스탄 공습, 2003년 이라크 침공에 대규모 영국군을 파병한 블레어에게도 나름의 변명은 있었다. '중동 지역의 인권문제를 해결하고, 향후 그 지역에서 영국의 영향력을 강화시킨다'는 명분이 바로 그것. 그러나, 그 논리와 명분은 반전기류로 가득했던 당시의 세계적 분위기와는 판이한 것이라 설득력이 약했다. 그런 까닭에 진보적 색채가 뚜렷한 반전 운동가늘은 물론, 보수 성향의 영국 국민들조차 미국과 조지 부시의 뜻이라면 무조건 따른다는 뜻에서 블레어를 "부시의 애완견"이라고 조롱했다.

이후 2007년 6월 총리직에 오른 고든 브라운은 오랜 시간 블레어의 핵심 브레인 역할을 해왔던 인물이다. 블레어 집권 내내 재무장관을 맡았던 브라운은 스코틀랜드 글래스고 출신으로 20대 초반부터 진보적 잡지를 창간해 편집장을 맡는 등 영국 좌파 학생운동의 중심으로 활동했다. 이라크전 파병 등 몇몇 문제에서 블레어와 이견을 보인 적은 있으나, 너무나 오랫동안 한 몸처럼 일해 온 탓에 전임 총리와 크게 구분되는 정책적 변화를 보여주지 못했다는 평가를 받았다. 그리고, 2010년 영국 총선에서 노동당이 보수당에게 승리를 빼앗기자

브라운은 총리직을 떠났다.

2010년 5월 제56대 영국 총리로 선출된 데이비드 캐머런은 전형적인 정치 엘리트 코스를 밟아온 청년정치가. 영국 왕 윌리엄 4세의 혈족인 그는 다수의 명문가 자제들이 거치는 이튼칼리지와 옥스퍼드 대학을 나왔고, 사교클럽 모임을 통해 찰스 왕세자, 해리 왕자 등과 교류했다. 학업을 마친 후에는 보수당 정책연구소에서 일했고, 존 메이저 총리의 비서관을 지내기도 했다. 2001년 하원의원에 당선됐으니, 총리에 오르기까지 그가 쌓은 본격 정치경력은 겨우 9년. 만 44세가 안 된 캐머런을 두고 '연륜 없음'을 우려하는 목소리가 있었으나, 2010년 당시 '보수당-자유민주당 연정 협상'을 성공적으로 이끌어냄으로써 이를 불식시켰다.

13년 만에 노동당에서 보수당으로 정권을 가져온 그는 스스로를 '따뜻한 보수'라고 부른다. 경제적 성장에만 지나치게 치중한 신자유주의 정책 속에서 소외된 약자들의 의료와 복지 향상에 관심을 쏟겠다는 것은 그가 내놓은 주요 공약 중 하나. 캐머런은 보수주의자임에도 '왕년 영국 보수당의 스타' 대처와는 달리 합의와 타협을 중시하는 지도자 스타일이라 평가받는다. 하지만, 취임 초기부터 펼친 긴축재정 정책과 부유층 위주의 세제 개편 등이 영국 경제를 불황에 빠뜨렸다는 비판을 노동당으로부터 받았고, 2012년 5월 치러진 지방선거에서 패배해 보수당 내부에서도 그를 비난하는 목소리가 커지는 등 현재 캐머런은 정치 입문 이후 가장 어려운 시기를 보내고 있다.

바람둥이 슈뢰더, 그러나 친인척 관리는 철저했다
─ 추락 조짐 보이는 독일 최초 여성 총리 메르켈의 미래는

독일 정치계의 양대 축을 이루는 두 개의 정당은 사회민주당(SPD · 사민당)과 기독교민주연합(CDU · 기민당)이다. 1875년 마르크스주의자들에 의해 창설된 독일사회주의노동자당이 모태가 된 사민당은 한때 불법정당으로 규정됐으나, 1890년 당명을 개정하면서 합법화됐다. 현존 독일 정당 중 그 역사가 가장 오래됐으며, 당명 그대로 사회민주주의를 표방하고, 정치적으로는 중도 좌파의 입장을 취한다. 영국 노동당, 프랑스 사회당과 함께 유럽 사회민주주의를 주도하는 정당인 독일 사민당. 1960년 이전까지는 마르크스주의에 의한 계급투쟁을 당 강령으로 채택했으나, 이후에는 이 노선을 접고 보다 대중친화적인 국민정당으로의 변화를 추진한 바 있다.

1945년 창당된 기민당은 보수 노선을 지향하는 정당. 기독교 사회연합(CSU)과는 유사한 지향으로 인해 자매정당으로 불린다. 이름에서 풍기는 이미지와는 달리 기독교와 실질적인 관계는 없다. 창당 당시부터 자본가와 중산계급을 지지기반으로 하였기에 경제적으로는 시장 우선의 자유경쟁 체제를, 정치적으로 앞서 언급한대로 보수적인 입장을 취해왔다. 2차대전 이후 독일의 정권은 기민당에서 자민당으로 혹은, 자민당에서 기민당으로 수차례 오갔다.

양당이 실질적으로 주도하는 독일 정치권에서 최고의 권력자는 총리. 독일 총리는 어떤 나라의 총리보다도 막강한 권한을 행사한다. 내각의 다수 의사에 반하는 결정을 내릴 권리를 헌법으로 보장받고 있으며, 의원 과반수가 넘는 동의로 후임 총리가 합의되기 이전에는 불신임도 할 수 없다. 이는 1949년 이후 63년 동안 총리를 맡았던 인물이 모두 8명(독일 통일 이전 서독 총리 포함)에 불과한 주요한 이유 중 하나다.

5차례나 총리직을 연임한 헬무트 콜은 통독 이전 서독 총리를 거쳐 통일독일의 총리로 도합 16년을 집권했다. 1930년 태어는 그는 청소년 시절부터 정치에 대한 관심이 지대했다. 열여섯 살에 기민당 청년조직에 가입해 일찌감치 정치활동을 시작한 콜은 하이델베르그 대학에서 법률 · 정치학을 공부했고, 마흔세 살에 기민당 총재에 선출된다. 1982년은 콜이 처음으로 총리에 오른 해. 자유민주당과의 중도 우파 연립정부 수장인 된 그는 독일 통일을 의욕적으로 추진한다.

1990년 10월 서독과 동독이 하나의 나라로 합쳐지자 그의 인기도 더불어 상승한다. 통일 이후 8년간 지속적으로 총리를 연임할 수 있었던 건 '독일 통일'에 대한 그의 노력이 긍정적으로 평가받은 탓이 컸다. 통일 이전 여러 가지 제약조건으로 대외정책 수립에 어려움을 겪었던 독일의 위상은 1991년 이후 눈에 띄게 높아졌다. 하지만, 아이러니하게도 그를 총리직에서 밀어낸 것도 '통일'이었다.

불가피했던 통독 이후의 경제난과 높아지는 실업률, 신나치주의자들의 외국인 이민 정책 반대 등은 콜의 발목을 잡았고, 퇴임하던 해 터진 비자금 파문은 그가 주도한 기민당의 16년 장기집권을 무너뜨렸다. 러시아와 미국, 영국과 프랑스가 독일 통일에 대해 부정적인 입장을 표명하지 못하도록 못 박은 특유의 외교적 친화력, "내 몸무게는 국가의 기밀"이라고 말할 만큼 카리스마가 넘쳤던 콜은 문제가 생기면 오랜 고민하는 것보다는 단칼에 엉킨 실타래를 잘라버리는 스타일의 정치인으로 사람들에게 기억되고 있다.

듬직한 풍모와 재기 넘치는 말솜씨로 '친 미디어형 정치인'으로 불린 게르하르트 슈뢰더. 젊은 시절의 그는 철저하게 마르크스주의를 신봉하는 사람이었다. 열네 살에 학교를 중퇴할 정도로 가난했던 슈뢰더는 전형적인 자수성가형 인물로 변호사로 일할 때는 과격 도시게릴라 RAF(독일 적군파)를 변호하기도 했다. 1963년 사민당에 입당한 후 좌익이념에 기반해 정치력을 키워나갔고, 1978년에는 사민당 내 청년조직인 '젊은 사회주의자'의 리더에 올랐다.

그가 마르크스주의자에서 온건한 중도좌파로 변신을 꾀한 시기는 독일 통일을 전후한 1990년대 초반. 1998년 총리직을 놓고 헬무트 콜과 맞붙었을 때는 새로운 형태의 중도노선을 제시하며 '좌파 속의 우파'라는 슬로건으로 선거운동을 전개했다. 사민당 내 정통 마르크스주의자들과 좌파들의 비난이 시작된 건 이때부터. 전후 독일 총리 중 가장 좌파적인 정책으로 개혁을 추진할 것이라는 세간의 예상과는 달리 슈뢰더는 재임 내내 친기업적 정서를 보이는 등 진보적인 색채를 잘 드러내지 않는다. 끝없이 양산되던 실업자를 줄이려 노력하고, 구동독 지역의 복지와 생활 향상에 진력했으나 그의 재임 기간 동안 실업자의 수는 더욱 늘어 400만 명에 육박했고, 이로 인해 지지도가 바닥을 헤매기도 했다.

하지만, 유럽 내에서 독일의 위상을 재정립하고, 2002년 유럽 전역이 큰 홍수로 공황상태에 빠졌을 때 위기관리 능력을 보여준 것은 국민들로부터 긍정적인 평가를 얻어냈다. 영국의 토니 블레어 총리와는 달리 미국의 이라크 침공에 단호하게 비판적 입장을 견지한 것도 세계인의 주목을 받았다. 정치인이 권력욕이 강하다는 것은 좋은 의미로 받아들일 수도 나쁜 의미로 해석될 여지도 있다. '불우한 과거에 대한 보상심리로 권력욕과 출세욕이 지나치다'는 평가를 받은 슈뢰더는 여자 욕심도 대단했던지 세 번 이혼하고 네 번 결혼했다.

또 하나 재미있는 것은 그의 철저한 친인척 관리다. 슈뢰더의 동생은 형이 총리로 재임하던 시절 실업자였다. 대통령의 친인척이 연루된 각종 비리와 국정농단을 일상처럼 봐야했던 우리의 상식으론 쉽게 이해가 되지 않는다. 이것 하나는 한국 정치인들이 본받아도 좋을 듯하다. 그는 지속되는 경기침체로 집권 사민당의 인기가 갈수록 떨어지던 2005년 선거에서 기민당에게 패해 정권을 넘겨준다.

슈뢰더의 뒤를 이은 독일의 총리는 '독일판 철의 여인'으로 불리는 앙겔라 메르켈. 그의 이름 앞에는 갖가지 수식어가 붙는다. 독일 최초의 여성 총리, 2차대전 이후 최연소 총리, 동독 출신 첫 총리, 독일 역사상 최연소 장관, 미국 경제전문지 '포브스'가 선정한 세계에서 가장 영향력 있는 여성 등.

1954년 목회자의 딸로 태어난 메르켈은 동독 라이프치히 대학에서 정치와는 다소 무관해 보이는 물리학을 전공한다. 1990년까지 그녀의 직업은 베를린 과학아카데미 물리학연구소 연구원. 메르켈이 정치에 발을 내디딘 때는 1989년으로 동독의 민주화운동 단체에 가입하면서다. 독일 통일 이후인 1991년 헬무트 콜 총리에 의해 여성·청소년부 장관에 임명됐을 때 그녀의 나이는 서른일곱. 이후로도 핵시설 안전부 장관 등을 지내며 순탄하게 정치인의 길을 걸었던 메르켈은 정치 입문 11년만인 2000년 여성 최초로 기민당 당수에 오르는 기염을 토한다. 2005년 10월 우파 성향의 기민당과 기독교사회연합, 좌파인 사민당까지를 포함하는 연정을 이끌어낸 그녀는 총리에 올랐고, 2012년 현재까지 집권하고 있다.

전임 슈뢰더 총리의 대외정책이 친 러시아-친 프랑스를 기반으로 한 미국과의 거리두기였다면 메르켈은 미국과의 관계 회복에 진력했다. 테러리즘과 핵 확산의 경계, 중동문제 해결 방안 등의 정치적 현안은 물론, 경제문제 해법에 있어서도 미국과 보조를 맞추려 한 것이 대미외교에 임했던 그녀의 태도. 승승장구하던 메르켈에게 위기는 최근에 닥쳤다. 전유럽에 불어 닥친 경제 불황과 금융위기의 한파는 긴축재정 정책으로 일관해온 메르켈에게 비판의 칼날이 돼 돌아왔다. 2012년 독일 지방선거에서 사민당에 대패하는 등 현재 그녀의 인기는 나날이 하락 국면으로 접어들고 있어 2013년 하반기로 예정된 총선에서 승리를 장담할 수 없는 입장에 처해있다.

보수집권 17년에 대한 반발과 '미테랑 향수'
— '성장'이란 이름의 배를 출항시킨 프랑스 사회당

1981년. 예순다섯의 프랑수아 미테랑은 삼수 끝에 프랑스 대통령에 오른다. 사회당(PS) 출신의 첫 대통령이었다. 1905년 설립된 인터내셔널 프랑스지회(SFIO)가 모태가 돼 1969년 창당된 프랑스 사회당은 사회주의와 사회민주주의를 지향하는 진보 정당. 2차대전 당시 나치독일에 저항하는 레지스탕스로 활동한 이 사회주의자 대통령은 취임 후 국민의회를 해산하고 재선거를 실시해 사회주의자들이 과반을 차지한 의회를 구성한다.

국내외적인 여러 불안요소가 있었던 1980년대 초반의 프랑스. 젊은 각료들로 내각을 구성한 미테랑은 사회 각 부문에서 개혁을 시작했다. 사형 제도를 폐지했고, 부유층에 대한 증세를 약속했으며, 경제와 문화의 중앙 집중을 막는 지방분권화를 추진했다. 그렇다고 그의 정책이 무조건 좌측으로만 달린 것은 아니었다. 1982년엔 시장경제 시스템을 인정해야 한다고 당내에 촉구했고, 이는 후일 단일 통화를 사용하는 '유럽연합'이 탄생하게 되는 출발점이 됐다.

미테랑은 때로 유연한 진보주의자였다. 1986년 의회 선거에서 패한 그는 보수우익 정당의 지도자 자크 시라크를 총리로 임명해 이른

바 '좌-우 동거 정권'을 이끌기도 했다. 그의 재임기간에 적지 않은 수의 중도 우파 각료들이 임명됐다는 것은 이미 알려진 사실. 외교정책에 있어선 미국에의 예속화를 거부했고, 친 독일 성향이 강했다.

14년간 프랑스 대통령의 자리를 지킨 미테랑은 레지스탕스 동지인 다니엘 미테랑과 1944년 결혼했는데, 그의 아내는 남편 이상 가는 열성적인 사회당원이자 행동하는 양심이었다. 그녀의 소수자 보호와 인권 신장 활동은 지금까지도 국가지도자 아내로서의 모범처럼 이야기된다. 1996년 1월 대통령에서 퇴임한지 7개월 만에 미테랑이 사망했을 땐 그의 정부와 딸을 장례식에 초청하는 파격을 보여주기도 했다.

1995년 5월 미테랑의 뒤를 이어 최고 권좌에 오른 이는 자크 시라크. 프랑스 엘리트 정치인의 정석코스로 불리는 파리정치대학과 국립행정학교를 나온 그 역시 1981년과 1988년 두 차례 대통령선거에 출마했으나 낙선한 경험이 있는 대선 삼수생이었다. '샤를 드골의 적자'임을 자처했던 그의 경력은 화려했다. 농업상관과 내무장관, 두 차례의 총리 경험, 거기에 장기간 파리시장으로 일했던 시라크는 보수우익을 이념적 기반으로 1976년 창립된 공화국연합(RPR · 이후 대중운동연합으로 재편) 초대 총재였다.

1995년 대통령선거에서 사회당 리오넬 조스팽과 맞붙은 그는 2차투표에서 조스팽을 근소한 표차로 누르고 당선됐다. 청년 시절 공산당 활동을 숨기지 않고 스스로를 '진보적 보수주의자'라고 부르는 걸 좋아했으나 실상은 그렇지 못했다. 주변국과의 협상을 거부하고 밀어붙이기식으로 프랑스령 폴리네시아에서 핵실험을 강행해 국제사회의 빈축을 산 것이 그 예다. 2002년 대선을 통해 재선에 성공했으나,

퇴임 후엔 파리시장 재임 시절 공금 유용과 권력 남용 혐의로 전직 프랑스 대통령 중 최초로 법원에 기소돼 유죄를 선고받는 불명예를 기록했다.

2007년은 2차대전 이후 출생한 전후세대가 최초로 프랑스 대통령이 된 해인 동시에 이민자 2세 대통령이 탄생한 해로 기록됐다. 정치와 경제 노선 모두에서 실용주의자로 불리길 원했던 니콜라 사르코지는 헝가리 이민자의 아들이었다. 2007년 봄 보수주의 노선을 지향하는 대중운동연합(UMP)의 대선 후보로 사회당의 세골렌 루아얄에 승리해 프랑스 대통령이 된 사르코지. 그의 간명한 선거운동 슬로건 '더 많이 일하고, 더 많이 벌자'는 사르코지의 향후 정책방향을 미루어 짐작케 했다.

'사르코지즘'으로 이야기되는 그의 실용·개방 정책은 경제적인 면에서 실질적인 이익이 있다면 친 미국 정책이건, 친 중국 정책이건 못 할 이유가 없고, 테러국으로 분류되는 국가의 수반도 만날 수 있다는 것. 그는 프랑스가 '국민들은 게으르고 경제발전은 정체된 높은 실업률의 나라'로 평가받는 걸 못 견뎌했다고 알려졌다. 예산장관과 내무장관 등을 지낸 젊은 대통령의 열정과 추진력은 거침이 없었다. 그러나, 사르코지가 '개혁'이라고 말하며 밀어붙인 정책은 "독단과 독선"이라는 비판과 함께 곳곳에서 저항에 직면했다. 자신도 이민자의 후손이면서 내무장관 시절 가난한 이민자와 무슬림 청년들을 비하했던 발언 역시 시시때때로 도마 위에 올라 그를 곤경에 빠뜨렸다. 더불어 독일의 앙겔라 메르켈 총리와 보조를 맞춰 추진했던 긴축재정 정책도 국민들로부터 환영받지 못했다. 그 때문이었을까. 사르코지는 2012년 재선에 도전했지만, 프랑수아 올랑드에게 패해 17년 만에 사회당에게 정권을 넘겨줘야 했다.

　프랑수아 미테랑 퇴임 이후 17년 동안 보수적 성향의 정권이 지속됐던 프랑스에서 진보 정당인 사회당 후보로 출마해 대통령에 당선된 프랑수아 올랑드는 1954년 북프랑스 루앙에서 의사의 아들로 태어났다. 아버지는 그와 달리 극우 성향이었던 것으로 알려졌다. 국립행정학교를 졸업한 그는 판사와 변호사로 일했고, 파리정치대학에서 학생들을 가르친 경험도 있다.

　전임 사르코지와 달리 대화와 타협을 중시하는 온건한 스타일의 올랑드는 2007년 사회당 대통령 후보였던 세골렌 루아얄과 오랜 기간 동거했고 4명의 자녀를 낳았다. 루아얄과 결별 후 현재는 정치부 기자 출신 발레리 트리에르바일레와 연인 관계로 지내고 있으나, 역시 결혼은 하지 않은 상태라 취임 초기 의전문제 등이 화제가 됐다. 선거운동 기간 동안 미테랑을 벤치마킹하는 전략으로 상당 부분의 지지를 이끌어낸 올랑드는 2012년 5월 취임 초부터 '사회당다운 정책'을 내보이며 이전 보수정권과의 차별성을 보여주고 있다. 경영자의 임금을 대폭 삭감하는 등 공기업 개혁에 서막을 알렸고, 내각의 절반을 여성 각료로 구성하는 파격을 보여줬다. 자신과 장관들의 임금 삭감도 약속했다. 프랑스가 이웃 나라 독일과 함께 추진했던 긴축재정 정책을 성장과 공정한 분배 위주로 전향하겠다는 의지도 뚜렷해 보인다.

　그의 공약 중엔 연간 100만 유로(약 15억원) 이상의 소득을 올리는 부유층에겐 최고 75%의 세율로 과세하겠다는 것 등이 포함돼 있다. 6월 중순 열린 프랑스 총선에서 집권 사회당이 과반수를 넘는 의석을 확보해 성장과 공정 분배를 중심축으로 하는 사회당의 경제정책 방향에 또 하나의 날개가 달렸다. 유로존 전체의 위기라는 어두운 터널을 빠져나오기 위해 프랑스 국민들은 진보 성향의 올랑드와 좌파 정당인 사회당을 선택한 것이다. 전유럽이 겪고 있는 경제 불황과 재정 위기의 파도가 더 이상 프랑스를 흔들지 못하도록 막아야하는 막중한 책임이 올랑드와 사회당의 어깨 위에 놓이게 됐다.

지금까지 개괄적이나마 미국과 일본, 영국과 독일, 프랑스의 정치권력 변화를 살펴보았다. '작용과 반작용의 법칙'은 정치권에서도 그대로 적용돼 보수에 대한 불만은 진보에 관한 기대를 부르고, 진보적 정책의 실패는 보수로의 회귀를 가져온다는 것을 확인할 수 있었다. 위에 언급된 5개 나라를 관통해온 몇 가지 키워드가 있다. 신자유주의와 '제3의 길', 사회민주주의와 시장중심주의, 긴축과 성장, 분배의 향방 등이 바로 그것.

그러나, 그것들은 그 자체로서 의미를 가진다기보다는 당대 현실에서 국민이 어느 쪽에 힘을 실어주느냐에 따라 생명력을 얻거나 잃었다. 한국의 현대 정치사 역시 다를 바 없었다. 군사독재 정권을 포함한 보수 세력의 장기집권에 대한 반작용은 진보 성향의 김대중-노무현 정부를 선택하게 했고, 진보 집권 10년에 대한 실망감은 '성장'을 공약했던 보수적인 이명박 정부를 탄생시켰다.

그리고, 2012년 오늘. 한국 국민은 다시 한 번 갈림길에 서 있다. '보수 정권의 연상이냐, 진보 정권으로의 교체냐', '새누리당이냐, 민주통합당이냐 혹은, 제3의 또 다른 정당이냐'라는 쉽지 않은 물음 앞에 유권자들은 어떤 선택을 할까. 한국의 미래를 설계해나갈 새로운 지도자의 선출 과정을 비단 우리만이 아닌 세계가 주목하고 있다.

:: 재벌개혁, 누가 할 수 있나

안철수는 특히 청년들에게 호응도가 높습니다. 하지만 일단은 정책을 내놓은 게 없어서 아직 제가 판단할 상황은 아닙니다. 그렇지만 박근혜를 이길 수 있다는 상상을 우리에게 할 수 있게 해주었다는 점에서, 길을 열었던 사람이라고 평가하고 싶습니다. 저는 대선으로 가는 길에서 누구든 다 가능성이 있다고 보고, 안철수의 경우도 그 연장선에서 생각합니다.

박근혜의 경우는 너무 음침해요. 밀실에서 지도자가 뭔가 결정하고 나면 기동성 있게 그 밑의 수하들이 움직이는 모델, 그건 미래상은 아니라고 봅니다. 문재인의 경우는, 친노의 대통령이 아니라 국민의 대통령이 된다는 것을 받아들여야 할 것 같습니다. 말은 그렇게 하는데, 너무 정파 싸움 한가운데로 휩쓸려 들어가는 거 아니냐는 아쉬움이 있습니다. 이전 정부는 다 잘 했다, 그렇게만 말한다면, 그런데 왜 정권을 빼앗겼냐 하는 식으로 얘기할 수밖에 없잖아요.

안철수의 경우는, 좀 복잡합니다. 일부 책사들을 데려다가 밀실에서 '자, 나는 국가를 이렇게 운영하겠다'라는 식으로 하지 말고, 그 과정 자체를 거대한 시민 대토론 같은 걸로 하면 좋겠다는 생각은 가끔 해봐요. 안철수라는 인터페이스를 통한 복합적이며 다양한 의사결정 과정, 그런 게 되면 재밌고 또 유의미할 것 같습니다.

저는 문재인이 대통령이 된다고 해서 반대하지는 않을 겁니다. 그러나 과연 문재인 정부가 노무현 때보다 더 나은가 하는 의문을 갖게 된다면, 저는 여전히 (기회가 된다면) 시민단체의 정책실장이나 지금처럼 골방에서 '나는 꼽사리다' 같은 방송을 하면서 '이건 아닙니다'라는 식의 얘기를 계속하고 있을지도 모르지요. YS에서 DJ로 처음 정권교체가 되었을 때 그 DJ의 가능성을 뛰어넘는 지도자가 되겠다, 그런 결심이 문재인에게는 한 번쯤 필요해 보입니다.

벤처사업가 출신의 안철수가 재벌개혁을 단행할 수 있다고 보느냐는 질문에는 이렇게 대답하겠습니다. 재벌개혁은, 지금 상황으로는 누구도 못합니다. 안철수든 문재인이든 현 상황에서 정권교체와 약간의 모피아 청산이 우리가 할 수 있는 맥시멈이지, 재벌개혁은 누가 되어도 못한다고 봅니다. 손학규 씨가 재벌개혁 하겠어요? 전 목표를 조금 낮춰 잡아서 재벌 견제와 모피아 청산, 여기까지가 시민의 정부에서 할 수 있는 극대치라고 봅니다. 그래서 개인적으로 저는 '경제 민주화'라는 표현을 거의 안 씁니다. 목표치는 높아 보이지만, 사실은 아무 것도 하지 말자는 결론이 나올 확률이 높습니다.

독재정권 이후 우리는 문민 정부, 국민의 정부, 참여 정부를 거쳤고, 이번 정권은 '이명박 정부'라는 아주 이상한 이름을 스스로 만들어냈지요. 여러 가지 정황상 '민중의 정부'는 이번에는 좀 어려울 것 같고, 촛불집회 이후에 한국도 시민들이 주도적으로 만들어내는 시민의 정부가 될 확률이 높다고 생각합니다. 야당은 누구든 단독 집권은 불가능하니까, 결국은 시민을 축으로 한 연정 형태가 될 가능성이 높다고 생각하지요. 시민의 시대, 그게 한 번은 열릴 것 같습니다.

그렇다면 시민의 정부를 이끌어갈 지도자는 어떤 역할을 해야 하는가. 소통에 대한 얘기는 많이 했고, 이제 공감에 대한 얘기가 시작되고 있지요. 밀실 정치가 아니라 다양한 층위에서 토론과 함께 시민적 상식으로 움직여나가는 그런 정부. 그런 점에서는 누가 지도자가 되느냐가 중요한 게 아니고, 대선까지 가는 길에서 시민들이 어떠한 위상을 갖고, 어떠한 역할을 할까, 그게 더 중요할 거라고 생각합니다. 토론의 한 가운데에서 같이 공감할 수 있는 길을 열어내는, 그런 것 말이죠.

『문학의 오늘』 2012. 여름호 인터뷰에서

현장에서 만난 5
안철수와 문재인

안철수 부산대 초청 강연:
다시 희망을 꿈꿀 수 있는 세상을 위하여

문재인 스피치 콘서트:
보통사람이 주인이 되는 나라

다시 희망을 꿈꿀 수 있는 세상을 위하여

신문지상을 통해 문재인의 공동정부론 제안이 있은 후, 잠잠하던 안철수가
첫 행보를 부산대에서 가졌다. 그 어느 때보다 그를 향한 관심이 뜨거웠던 터
라, 부산대 경암체육관에는 수많은 기자들과 카메라가 장사진을 쳤다. 안철
수는 이 날, 지금 우리에게 필요한 것은 무엇인지에 관한 자신의 심지를 피력
하는 강연을 1시간여 동안 펼쳤으며, 나머지 한 시간은 부산대 학생들의 질
문에 대답하는 시간을 가졌다. 표면상으로는 부산대 총학생회의 초청 강연이
었으나, '복지, 정의, 평화'라는 구체적인 키워드를 내세워 한국사회가 나아
갈 방향을 제시한 강연이었다는 점에서, 정치권의 열띤 반응을 끌어냈다.

안철수 부산대 초청 강연 〈지금 우리에게 필요한 것은〉
2012년 5월 30일 수요일 저녁 7시 부산대학교 경암체육관
주최 : 부산대학교 총학생회

영화 〈퍼펙트 게임〉

제 고등학교 때 이야기부터 할까요? 저희 학교가 그 당시 야구를 굉장히 잘했어요. 그래서 처음 강제로 1학년 학생들이 야구장에 응원을 가게 됐어요. 저도 따라갔고, 그때는 사직구장이 없었습니다. 그러다보니까 구덕야구장을 갔었는데, 상대편 팀 투수가 최동원 선수였어요. 그리고 아시는지 모르겠네요, 제 1년 선배가 양상문 선수고, 또 제 동기동창인 조성옥 선수, 3년 전에 간암으로 돌아가셨죠. 또 이제 모교에서 야구감독을 하고 있는 김민호 선수, 전부 제 동기동창들이에요. 그때 최동원 선수가 공을 너무 잘 던져서 다들 화가 나서, 공을 잘 던지면 야유 보내고 실투하게 되면 너무 좋아서 박수치고 그랬었어요.

세월이 흘러서 어느덧 최동원 선수가 롯데자이언츠 모든 팬들의 영웅이 된 거고, 또 지금은 우리나라 전체의 영웅이 된 것 같아요. 그러니까 사실은 최근에 그 생각을 하게 됐던 게, 〈퍼펙트 게임〉이란 영화가 있는데 최근에 봤었어요. 거기서 최동원 선수와 선동열 선수가 치열하게 경쟁하는 영화를 보면서 옛날 생각이 나더라고요. 그래서 한때 어릴 때 짧은 순간에, 뭐라고 할까요, 제가 소속된 고등학교 편에 서서 이기심으로 최동원 선수를 미워했던 그런 생각이 나서 살짝 부끄러워서 이런 얘기를 했습니다.

오늘 말씀드릴 내용으로 넘어갈 텐데요. 제목이 '지금 우리에게 필요한 것은'입니다. 이 제목은 제가 8년 전에 쓴 책의 제목입니다. 그때 이 책을 쓰게 된 계기가 안연소(안철수연구소)CEO를 하다가 스스로 사임을 하고 주위에는 안 알리고 정리하면서 책을 썼어요. 10년 동안 의사 출신으로, 경영 진혀 모르는 사람이 나름대로 고생고생하면서 배웠었던 기억들과 추억들을 모아서 책으로 썼습니다. 그 내용들을 보면 개인에 대한 이야기, 조직에 대한 이야기, 그리고 제가 속해 있는 IT산업에 대한 이야기, 우리 사회나 국가에 대한 이야기들, 또 그 당시 제가 가졌던 문제점들 그리고 거기에 대한 저 나름대로의 해결책들에 대해서 썼고요. 그리고 마지막 장에는 8년 전이긴 하지만 그 당시의 젊은 분들에게 들려주고 싶었던 조언, 그런 것들을 썼습니다.

그런 책인데요, 이제 8년 정도가 지났는데 지금도 잘 팔립니다. 그래서 사실은 저자로서는 좋은데요, 그때 거기서 다뤘던 여러 가지 문제들이 있습니다. 그 문제들이 우리 사회에서 첨예한 갈등들, 그리고 또 글로벌 경쟁 하에서 청년실업 문제, 사실 요즘 시작된 게 아니고 8년 전에도 심각하다고 봤어요. 그래서 그런 문제들이 아직도 해결이 안 돼서 8년 전에 '지금 우리에게 필요한 것'이라고 했던 게, 지금도 현재 진행형입니다. 지금도 우리에게 필요한 것은, 그러니까 8년 동안 그 문제가 하나도 해결이 안 된 거죠. 그래서 사실은 씁쓸하기도 합니다.

이제 그 내용에 대해서 말씀을 드릴 텐데요. 강의 형식을 조금은 바꿔야 되겠다고 생각했던 게, 우선 질문을 받는데 부산대 학생 여러분들이 좋은 질문을 굉장히 많이 해주셔서 처음에는 10분 정도 질문에 대한 답을 드릴까 하다가, 차라리 강의 시간을 줄이고 나머지 시간에는 시간이 허락하는 한 질문에 답을 하는 식으로 형식을 바꾸기로 했습니다. 그래서 강의는 그렇게 길지는 않을 것 같아요. 내용이 간단합니다. 우리가 속해 있는 우리의 과거, 그리고 지금 현재, 또 우리가 가야 하는 미래를 한번 같이 생각해보자. 그리고 또 이를 위해서 우리는 무엇이 필요한가. 거기에 대해서 말씀을 드리도록 하겠습니다.

우리의 상황을
가장 잘 보여주는 자살률1위와
최하위의 출산율

  과거, 과거에 대해서 말씀드리자면 끝이 없기도 하지만 최근 50년을 한번 짚어보죠. 우리는 산업화와 민주화를 동시에 이뤘잖아요. 우리가 세계에서 최빈국일 때 먹고 살기 힘들 때, 나름대로 산업화를 통해서 우리가 가난을 해결했어요. 그 다음에 어느 정도 먹고 살 만하다 보니까 자유를 갈구했습니다. 그래서 민주화를 통해서 우리가 자유를 얻었죠. 그런데 그런 과정들이 선진국들은 200년 정도가 걸렸습니다. 그런데 대한민국은 산업화와 민주화를 50년 만에 동시에 달성한, 정말 세계적으로도 유래를 찾기 힘들 정도로 우리 스스로 정말 자부심을 가져도 될 정도로 혁혁한 결과를 이뤘는데요.

  지금은 어떻습니까. 지금 우리의 모습. 저는 지금 우리의 모습과 상황을 가장 잘 나타내어 보여주는 통계수치가 두 가지라고 생각해요. 뭐가 있을 것 같으세요? 예, 저는 자살률과 출산율이라고 생각해요. 왜 그러냐면 자살률이라는 건, 지금 현재 우리가 살고 있는 환경이 얼마나 힘든가를 정말로 잘 나타내주는 수치라고 생각하는데요, 불행하게도 우리나라가 OECD국가 중에서 1위입니다. 가장 높아요. 그리고 OECD국가 중 자살률이 가장 낮은 나라에 비해서 10배로 자살이 많이 일어나고 있습니다. 그러니까 거의 매일 40여 명 정도가 자살하고 있고 지금 이 순간에도, 1년이면 만 오천오백 명 정도, 그 정도가 지금 자살을 하고 있거든요. 그러니까 지금 현재 우리 삶이 얼마나 각박한가 그런 것을 잘 보여주는 수치입니다.

  또 이제 출산율은 미래에 대한 전망 같아요. 우리가 낳은 아이가 미래에 얼마나 행복하게 잘 살 수 있는가, 거기에 따라 출산율이 정해진다고 생각해요. 그러니까 우리가 미래를 어떻게 전망하는가에 대한 지표가 출산율인 것 같은데요. 역시 불행하게도 우리나라가 세계 거의 최하위 수준이잖아요. 그래서 지금 현재 자살률이 가장 높고 출산율이 이렇게 낮은 상황, 한마디로 뭐겠어요. 냉정하게 보자면 우리가 가장 불행하고 미래에 대한 희망이 없는 사회가 대한민국이 아닌가. 우리가 그전에 50년간 굉장히 압축 성장을 해서 산업화와 민주화를 동시에 이룬 자랑스러운 역사를 가지고 있음에도 불구하고 여러 가지 사회적인 모순이나 힘든 점들이 압축적으로 나타나고 경험하게 되다 보니까, 실제보다 더 크게 느낄 수도 있겠지만 결국은 현재 불행해하고 있고 또 많은 사람들이 미래에 대해서 희망을 가지지 않고 있다, 그게 지금 이런 통계수치로 나타나는 것 같은데요.

더 구체적으로 보면 사실 우리 사회가 가지고 있는 문제가 사회 양극화라든지, 계층 간에 더 이상 이동이 되지 않는 계층 간 단절문제, 더 이상 개천에서 용이 안 나는 현상, 조금 전에 말씀드렸듯이 실업문제, 특히 청년실업과 비정규직, 거의 갚을 능력이 점점 줄어들어가는 가계부채 문제, 이런 심각한 현안문제들이 산재해 있고요. 그게 특정한 세대만의 문제가 아닌 것 같아요. 지금 보면 십대는 대학입시 때문에 고민하고 있을 거고요, 이십대는 대학등록금 부담, 취업, 진로 이런 문제들이 있지 않겠어요? 그리고 또 삼사십대 분들과 이야기를 나눠보면 자녀의 사교육비 문제, 집값, 전세값 걱정. 그리고 또 사오십대는 어떻습니까. 사오십대들은 자녀들의 취업 걱정, 본인들 스스로 준비가 안 된 노후문제. 육십대 이상은 경제문제, 건강문제.

그래서 사실은 굉장히 불안한 상황이고, 이게 특정 세대만의 문제만이 아니다. 그래서 이런 현상들에 대해서 다들 절망하고 있는 것이 우리의 상황인데요. 그러면 앞으로 어떤 사회가 되면 좋을까. 정확하게 지금 상황과 반대인 상황을 모두들 원하는 거라고 생각합니다. 즉 지금 현재 불행하고 미래에 대한 희망이 없는 사회인데, 우리 모두가 원하는 건 행복하고 미래에 대한 희망을 가질 수 있는 그런 사회 아니겠어요? 그런 사회를 만들고 싶다는 게 아마 모든 사람들의 바람이라고 생각하고요. 그러면 좀 더 구체적으로 어떤 것들을 해야 하는가. 뭐 여러 가지가 있을 수 있겠습니다만, 저는 세 가지 키워드가 있는 것 같아요. 앞으로 우리가 행복하고, 미래에 대한 희망을 가질 수 있는 사회. 세 가지 키워드가 복지, 정의, 그리고 평화라고 생각해요. 이런 것들이 아마 지금 우리 세대에게 주어진 중요한 과제가 아니겠는가 그런 생각을 하게 됩니다. 이제 한 가지씩 설명을 드릴게요.

매튜 효과
(Matthew Effect)

우선 복지인데요. 먼저 단서적으로 말씀드리고 싶은 게 제가 말씀 드리는 복지가 단순하게 분배만 하고 소비만 하는 좁은 의미의 복지가 아닙니다. 오히려 일자리와 복지가 긴밀하게 연결이 되고 선순환이 되는 넓은 의미의 복지라는 말씀부터 드리겠습니다. 아까 말씀드렸듯이 지난 50년간 우리가 가난 때문에 굶고 있을 때 산업화를 통해서 가난을 해결하고 그 다음 또 자유를 갈구하고 있을 때 민주화를 통해서 자유를 얻었습니다. 그러면 우리에게 가난도 해결이 됐고 자유도 해결이 됐을 때 앞에 놓여진 건 뭡니까. 불안 같아요, 불안.

미래에 대한 불안. 이 불안을 해결하는 게 복지가 해야 할 일이 아닌가. 그래서 많은 분들이 복지국가에 대해 이야기를 하는데, 그 핵심적인 생각들은 어떻게 하면 미래에 대한 불안을 해소해서 좀 맘 편하게 살아볼까, 그런 것들인 것 같아요. 지금 현재는 여러 가지 불안한 요소들이 많지 않습니까. 주거, 건강, 보육, 교육, 일자리, 가계부채, 노후. 다 이렇게 한 가지도 빠짐없이 불안한 상황이고, 또 중산층 분들도 생각해보시면 어느 정도 생활 여력이 있는 중산층 분들도 가족 중에 어느 한 분이 중병에 걸리시면 한순간에 하층으로 전락할 수 있습니다. 거기에 대한 불안들이 있죠.

그리고 개인들만 생각하다보니 결국은 자기만 생각하는 또는 자기가 속해 있는 집단만 생각하는 이기주의 또는 집단 이기주의, 우리가 옛날에 미덕으로 가지고 있었던 사회 공동체 의식도 급속하게 줄어들고 있는 이런 것들, 우리가 지금 각박하게 된 이유도 우리 사회 전체가 또는 전체 정부가 우리의 불안을 해결해주지 못하다보니까 각자가 살기 위한 그런 방편의 결과다. 저는 그렇게 생각합니다.

산업 발전도 연관이 됩니다. 왜 그러냐면 안전한 선택만 하고 조그만 위험도 감수하지 않으려고 하다보면 새로운 시도를 하지 못합니다. 그러면 새로운 산업도 생기지 않게 돼요. 대표적으로 우리의 미래는 지식정보산업이다, 라고 하는데 그 지식정보산업이 10번 시도해서 1번 성공하면 그전의 실패를 다 갚고도 남는 그런 산업특성을 가지고 있는데 지금처럼 한 번 실패하면 다시 기회를 안 주는, 사회안전망이 없다보면 어느 누구도 새로운 시도를 하려고 하지 않고요, 그렇게 되면 산업 자체도 발전할 수 없어요. 앞으로 우리 경제성장에서도 복지가 정말로 필수적인 거죠. 즉 복지가 그냥 나눠주기식 시혜식이 아니라, 사실은 경제발전과도 굉장히 직결이 될 수 있는 쪽으로 생각을 확장해나가야 될 그런 상황이라고 저는 생각합니다.

두 번째로 정의에 대해서 말씀드리고 싶어요. 정의 사회라고 하면 저는 세 가지가 제일 필수적인 요소 같습니다. 달리기 경기에 예를 들어 볼까요? 달리기를 할 때 어떻게 합니까. 처음에 출발선에 서서 신호가 오면 열심히 같이 달리고 결승전에서 승자와 패자가 나뉩니다. 그런데 이 세 가지 과정이 잘 지켜지는 게 저는 정의로운 사회 같아요. 즉 처음 출발선에 모든 사람에게 같은 기회를 부여해서 모든 사람들이 같은 출발선상에 서는 거죠. 그러고 나서 같이 경쟁을 할 때 거기에는 어떤 반칙이나 특권이 없습니다. 그래서 정말로 공정하게 경쟁이 일어나는 환경이 되어야 하고. 또 마지막에 결승전에서 승자와 패자가 나뉘었을 때 패자를 그냥 버려두는 것이 아니라, 그 사람에게 다시 제도적 기회를 줄 수 있는 그런 게 바로 정의로운 사회의 필수적인 세 가지 요소라고 생각합니다.

우선 그중에서 첫 번째로 우리 사회가 과연 출발선에서 모든 사람에게 공평하게 기회를 주는 사회인가. 어떤 것 같으세요? 그렇지 않다고 생각하시는 분들이 많으시지 않습니까. 제도만 보면 그렇진 않습니다. 우리나라에서 교육제도라는 게 공평한 기회를 주기 위해서 중학교까지 의무교육을 하고 평준화를 하고, 그리고 지금 현재 정치권에서는 고등학교까지 의무교육 도입을 검토하고 있으니까요. 그래서 제도상으로 보면 이렇게 모든 사람들에게 공평한 기회를 주려고 노력하는 것 같은데요. 그렇다고 해서 의무교육과 평준화라고 하는 것으로 공평한 기회가 보장이 될까요? 그렇지가 않습니다.

좋은 예가 하나 있어요. 『뉴요커』라는 미국 주간지가 있습니다. 거기서 말콤 글레드웰이라는 칼럼니스트가 매튜 효과(Matthew Effect)에 대해서…… 혹시 매튜 효과 들어보셨어요? 그게 뭐냐면 이런 거죠. 캐나다에 가 보시면 우리 부산이 야구 좋아하는 것처럼 거기는 아이스하키를 너무 좋아해요. 모든 부모들의 바람이 자기 아이가 아이스하키 국가대표가 되는 겁니다. 그래서 아주 어릴 때 유치원생도 안 된 아이들을 연습시키고 훈련시킵니다. 그러다 유치원생 정도가 되면 선수선발대회가 열려요. 유치원생 같은 나이대의 아이들을 전부 모아서 경쟁을 시킨 다음에 가장 잘하는 아이를 뽑아서 훈련을 시켜줍니다. 그렇게 해서 그 아이가 훈련을 받고 나면, 1년 뒤에 다시 전국에 있는 여러 팀의 아이들을 모아서 다시 경쟁을 시킨 다음에 가장 잘하는 아이를 뽑습니다. 그렇게 해서 초등학교 1학년 2학년 3학년 중학교 고등학교까지 가는 거죠.

그러니까 아이스하키 국가대표가 된 친구들은 부모님이 누구이건 상관이 없이 시골에 살건 도시에 살건 상관이 없이 돈이 많건 적건 상관이 없이 인종이 어떻건 상관이 없이 정말로 실력이 있는 사람만 뽑습니다. 이 정도면 사람들이 만들 수 있는 가장 공정한 인재선발 시스템이 아닐까 하는 생각을 많은 사람들이 하게 됐어요. 그런데 한 가지가 좀 이상했어요. 그게 뭐냐면 다른 건 다 문제가 아닌데 이상하게 선수들 중에 1월부터 3월생이 너무 많은 거예요. 10월부터 12월생이 너무 적어요. 참 이상하죠. 인재가 공평하게 태어날 텐데, 1월부터 12월까지. 유독 항상 한 번도 변함이 없이 1월부터 3월까지 사람이 많고, 항상 10월부터 12월생이 적었을까요?

고민하다가 나중에 알게 됐어요. 그 이유는 선수선발을 할 때 1월 1일을 기준으로 했던 거예요. 그래서 1월 1일부터 12월 31일까지를 같은 나이에 두고 그 아이들을, 유치원생들을 경쟁시키다보니까 어떻습니까. 1월 1일생과 12월 31일생이 나이는 같은데 사실은 1살 차이가 나요. 유치원 때 1살 차이는 덩치 크기가 얼마나 차이가 납니까. 그러니까 예를 들면, 1월생인데 조금 재능이 떨어지는 친구가 하나 있고요, 12월생인데 너무너무 재능이 특출한 친구가 하나 있습니다. 얘들을 같이 경쟁을 시키면 12월생이 져요. 재능은 좀 떨어지는데 1월에 태어났다는 이유 하나만으로 그 아이가 뽑혀요. 뽑히면 어떻게 되느냐면, 이 학생은 더 좋은 선생님 밑에서 더 실력 있는 동료들과 연습을 하면서 보통 다른 일반 학생들보다 두 배를 연습을 합니다. 그렇게 되면 1년 뒤에는 재능이 있었던 아이가 아무리 노력을 해도, 이 재능이 없이 1월에 태어났던 아이가 더 잘하게 돼버려요.

한 번 이렇게 뽑히고 나서는 계속 뽑힙니다. 불평등한 차이죠. 불평등한 제도 때문에 어떤 사람이 특권을 부여받으면 그게 끝까지 가는 거죠. 그 사람의 운명을 결정하는 거죠. 성경말씀에 마태복음에 그런 말이 있습니다. 무릇 있는 자는 받아 풍족하게 되고 없는 자는 그 있는 것까지 빼앗기리라. 굉장히 섬뜩한 말인데요. 그래서 성경의 마태오복음에서 따서 이길 매튜 효과라고 부릅니다. 결국은 부익부빈익빈의 사회 현상, 그리고 또 기득권이 계속 과부하 되는 이런 현상을 매튜 효과라고 하죠.

내 아이를 행복하게 해줄 수 있는 방법은, 옆집 아이를 행복하게 해주는 것

이런 제도들이 우리 곳곳에 많을 수 있거든요. 어떤 대학을 나왔다는 것만으로 그 사람 인생이 결정되면 그게 얼마나 불공평합니까. 예전에 제가 학교 다닐 때 생각을 해보면, 그때 제가 다니던 의과대학에서 공부 제일 못하는 친구가 있고 지방 명문대에서 공부를 제일 잘하는 친구가 있습니다. 처음에 좋은 대학을 갈 때는 고등학교 3년을 공부 열심히 했어요. 그 결과로 좋은 대학을 가게 됐어요. 그런데 너무 지쳤는지 대학교 다니면서 아무것도 안 하고 그냥 놀았어요. 그래서 꼴찌가 됐잖아요.

그런데 지방 명문대를 간 학생은 고등학교 때는 조금 소홀히 했지만 그 대학을 다니면서 정말 최선을 다 해서 열심히 해서 1등이 됐어요. 그래서 실제로 경험을 해보면 그 지방 명문대 학생의 실력이 훨씬 더 낫습니다. 그럼에도 불구하고 스펙만 보고 서울에 있는 대학에 나온 친구를 대기업에서 뽑고 공무원 시험에서 뽑는다. 그건 무슨 뜻이냐면, 지난 최근 4년간 대학에서의 노력을 인정하지 않고 예전 고등학교 때 노력을 인정해주는 거잖아요. 그래서 스펙 사회라는 게 굉장히 정의롭지 못하다고 생각해요.

최근에 정말 열심히 노력한 것에 대한 인정을 안 해주면 노력할 만한 동인도 없고 그렇게 되는 거죠. 그런데 이런 것들이 곳곳에 있지는 않은지, 정말로 세심하게 살펴봐야 됩니다. 지금 많은 사람들이 절망감을 느끼고 점점 고착화되고 계급사회로 전이되고 있다고 많은 사람들이 생각한다면, 그런 일들이 나타나지 않도록 그래서 사회 곳곳에서 정말로 공평한 기회가 주어지고 있는지를 잘 살펴봐야 되는 게 정부 그리고 정치에서의 역할과 임무인 것 같아요.

교육문제에 이런 관심들이 많은데요. 의무교육 평준화 필요하죠. 그런데 지금처럼 운용되는 것은 아닌 것 같습니다. 좋은 학교들이 모두 특정한 곳으로 옮겨가고 그리고 대한민국에서 특정한 곳에 사는 아이들만 더 좋은 기회를 가진다면 그러면 또 부모님들 마음에서는 더 좋은 사교육을 받게 하기 위해서 할 수 없이 본인들은 노후대비도 못하고 등이 휘어진 채로 사교육을 시키면서 따라갈 수밖에는 없죠. 본인의 노후대비는 희생하고 아이들만을 위해서. 그게 내가 힘들어도 내 아이만은 정말로 제대로 된 기회를 주고 싶다. 그게 솔직한 모든 부모님들의 마음이니까요. 그런데 이래서는 안 되는 거죠.

저 개인적으로는 최근에 학생들에게 강의할 때가 있었는데요. 제가 주로 기업가 정신, 도전 정신, 창업 이런 쪽에 대해서 가르칩니다. 제가 항상 했던 말이 이십대는 실패라는 단어는 없다. 실수라는 단어만이 존재한다. 도전 정신을 가지고 다른 사람들이 택하지 못한 길을 택하라. 이십대만이 이 일들을 할 수 있다. 그런 얘기를 많이 했어요. 그런데 어떤 학생이 손을 들더니 질문을 했어요. 자기는 정말 창업이 하고 싶대요. 아이디어도 많고 도전하고 싶대요. 하고 싶은 일이 많대요. 그런데 자기가 등록금 빚이 너무 많아서 취직이나 고시 이외에는 다른 선택은 할 수 없다, 그런 얘기를 했습니다. 반대로 등록금 걱정 하나 없이 학교를 다니는 학생들은 결과적으로 성적도 좋고 하고 싶은 일에도 도전할 수가 있는데요, 자기는 선택이 없고 이미 평생 가야 될 길이 정해졌대요.

참 난감하죠. 그래서 제가 그때 이게 대학입시뿐만이 아니라 대학 졸업 후에 진로를 결정할 때도 출발선을 맞추는 작업을 해야 되는구나 그런 생각을 하게 됐습니다. 어느 지역에서 태어났느냐 어떤 아버지를 만나고 어떤 집안에서 태어났느냐가 좋은 대학을 갈 기회를 정하고 좋은 직장을 갈 기회를 정하고, 그런 사회는 출발선부터 정의롭지 못한 사회겠죠. 대학 4년을 서울에서 나왔느냐 지방에서 나왔느냐에 따라서 자기의 평생의 기회가 결정되는 일들은 우리 모두를 좌절

시킵니다.

　제가 말씀드리고 싶은 것이, 그런 것의 피해를 서민만 입는 것은 아니라는 거죠. 결과적으로 사회가 굉장히 불안해지고, 기득권을 가진 분들도 반감 때문에 피해를 입게 돼요. 그런 말이 있잖아요. 내 아이를 행복하게 해줄 수 있는 방법은? 김제동 씨한테 들었어요. 김제동 씨가 하면 훨씬 더 재미있게 잘하는데, 저보고 갑자기 물어보길래 좀 더듬더듬했더니, 내 아이를 행복하게 해줄 수 있는 방법은 옆집 아이를 행복하게 해주는 거래요. 옆집 아이를 행복하게 해줘야 내 아이도 행복해질 수 있다.

　제가 이런 말씀 드리면 너무 이상주의적이다 이런 말씀을 하시는 분들도 계시는데요. 뭐 일부는 사실이기도 한데요. 정말로 모든 사람들을 같은 출발선상에 서게 하는 게, 모든 사람들에게 공평한 기회를 주는 게 쉬운 일은 아니죠. 불평등을 완벽하게 해소하는 일도 현실적으로 굉장히 어렵습니다. 저도 압니다. 문제를 파악하려고 우리 모두가 노력을 하고 그 문제를 최소화하려는 노력을 해야 하지 않을까. 그래서 모든 사람에게 개천에서 용 날 수 있다, 그런 미래에 대한 희망을 가질 수 있도록 노력하는 게 우리 모두가 해야 되는 일이 아닌가 생각합니다.

공정의 **반대말은** 특권

　그 다음으로 정의로운 사회가 되기 위한 두 번째가, 달리기 하는 과정에서 공정한 경쟁이 이루어지는 것 아니겠습니까. 과정에서의 공정함 같은 것은 요즘 신문지상에 많이 나오죠. 중소기업과 대기업 문제, 골목상인과 재벌의 문제, 이런 데서 우리 사회가 여러 가지를 문제를 가지고 있다는 인식을 한 단계인 것 같아요. 예전에 규제 철폐 이야기가 한창 나온 적이 있어요. 그때 제가 인터뷰에서 뭐라고 했었냐면, 불필요한 규제가 철폐되는 것은 바람직하다. 그렇지만 대신에 규제를 철폐하면서 동시에 감시기능은 강화해야 된다. 그런 이야기들을 했던 적이 있습니다.

　예를 들어 보죠. 야구경기에서 규칙이 너무 복잡하면 어떻습니까. 선수들도 위축이 되고 관중들도 재미가 없어요. 불필요한 규정 같은 것들을 없애고 간소화하는 게 훨씬 더 역동적이고 경기가 재미있죠. 그때 만약에 심판도 빼 버리면, 그러면 어떻습니까. 그러면 서기서는 실력은 없는데 덩치만 큰 선수가 있고, 덩치는 작은데 재능도 뛰어나고 기술도 좋은 사람이 있는데, 그 덩치 큰 친구가 반칙을 하게 되면 거의 운동경기가 아니라 약육강식의 밀림이 되는 것 아니겠습니까. 그게 있을 수 없는 일 같아요. 불행히도 그 당시에 규제는 철폐됐는데, 감시는 강화되지 않는 그런 상황이 됐죠.

　아까 우리 아이가 행복하기 위해서는 옆집 아이를 행복하게 해줘야 한다고 말씀드린 것처럼, 이 경우도 기득권 과보호가 기득권에게 좋지 않습니다. 기득권에게 독이 됩니다. 기득권 과보호로 별다른 노력하지 않고도 1등을 하게 되면 구태여 노력을 하지 않게 되죠. 그런 상황에서 글로벌경쟁에 노출이 되다보면 그냥 맥없이 쓰러져 버립니다. 구글 아시죠? 세계적으로 구글이 가장 잘 나가는 검색 업체인데요. 아주 오랫동안 1등 하고 있어요. 그러니까 바깥에서 보기에는 저렇게 편한 장사가 어디 있나? 별 노력 안 해도 계속 1등 하는데, 이렇게 보일 수도 있는데요. 정말로 기술을 이해하고 그 내부를 들여다보면 그렇지가 않고요. 오히려 그 수많은 1등을 유지했던 그 기간 동안 새로운 기술들을 얼마나 많이 개발하고 얼마나 노력하고 했는데요. 그 결과로 계속 1등을 하는 거예요. 매튜 효과처럼 기득권 과보호로 1등을 하는 게 아니라, 이렇게 실력으로 계속 1등을 하게 되면 본인한테도 좋고 소비자한테도 좋고 산업 전체 발전에도 도움이 되죠. 경쟁하는 사람들이 더 힘을 기울여서 열심히 노력할 테니까요.

그래서 과정 중의 공정함이 중요한데요. 공정의 반대말이 뭘까요? 저는 특권 같습니다. 따라서 경쟁에서 공정이 이루어진다, 그런 사회를 다른 말로 하자면 특권이 없는 사회가 아닌가. 과정에서 특권이 없으려면 국가가 잘 감시하고 견제해야겠죠. 그런 의무를 게을리 하지 않는 마음, 그리고 사회의 구성원들이 그 결과에 대해서는 승복하는 사회가 정의로운 사회가 아닐까 싶습니다.

실리콘밸리는
실패의 요람

　세 번째는, 마지막 결승점을 통과한 이후의 과정인데요. 거기서는 패자에게도 재도전 기회가 부여되는 패자부활전이 가능해야 된다, 그런 생각을 하게 되는데요. 예전에 어떤 토론회에서 그 말씀을 드린 적이 있어요. 실리콘밸리 하면 거기에 대해서 다들 여러 가지 생각들 있는데요. 그 당시 언론에서 '실리콘밸리는 성공의 요람이다' 라는 표현을 하는 걸 봤어요. 그때 제가 이건 아닌데, 그런 생각이 들었어요. 사실은 실리콘밸리의 핵심은 성공의 요람이 아니고 실패의 요람이에요. 100개 중에서 성공하는 기업은 정말로 소수예요. 보통 보면 우리가 어떻게 합니까. 성공 비결을 연구하기 위해서 성공한 기업들만 찾아가지고 거기서 어떤 일을 했는가, 그것만 찾아가지고 한국의 실리콘밸리를 만들려고 했어요. 그래서 우리나라에서 굉장히 많은 정부 관계자들이 현지에 가서 시찰을 했는데 성공한 기업만 보고 오셔가지고 실리콘밸리가 성공의 요람이라는 표현을 썼습니다. 그런데 그건 본질을 아주 잘못 본 겁니다.

　사실 실리콘밸리의 본질은 뭐냐면 대부분 실패해요. 그런데 그 실패한 기업이나 기업주가 만약에 정말로 도덕적으로 문제가 없고 정말로 열심히 최선을 다했고 성실했는데 실패를 했잖아요. 그렇게 되면 그 사람에게 재도전 기회를 줍니다. 이 사람은 바보가 아닌 이상 자기가 옛날에 이렇게 하다 실패했으니 다시는 같은 실수를 반복하지 않죠. 그러면 성공확률이 조금 높아집니다. 그래서 만약에 그때 성공을 하거나 또는 실패하더라도 다시 도전 기회를 부여 받으면 그 다음부터는 성공확률이 굉장히 높아집니다. 같은 실수를 사람이 반복하지 않으니까요. 그렇게 해서 서너 번 실패한 다음에 성공해요. 그런데 한 번 성공하면 100배 정도 성공합니다. 그러면 예전에 그 실패는 다 갚고도 남습니다. 이런 게 아마 그쪽에서 이야기하는 개인 실패의 사회적인 자산화, 우리 모두의 재산이 되는 거죠. 실패의 요람이라고 했던 게 그런 뜻이었고요. 미래산업에 대한 지식정보발전 이런 것도 그런 토대가 없으면 아예 생겨나지가 않아요.

우리나라는 어떤가요. 제가 여러 강연에서 말씀드리는 것 중에 하나가, 아까 우리가 50년 동안 산업화에 성공했다고 말씀드렸잖아요. 그런데 어떤 방법으로 성공했느냐. 정말 추격자 전략을 적절하게 잘 썼던 것 같습니다. 추격자 전략(Fast follower)이 뭐냐면, 우리가 50년 전에 정말로 못 살 때 가진 돈이 얼마 없다보니, 이걸 가지고 아무 곳에나 투자를 하면 가진 걸 다 잃어서 다시 일어나지를 못해요. 그래서 우리가 어떻게 했느냐. 우리가 했던 방법은 남들이 했던 것 중에서 성공확률이 조금이라도 있는 것들을 살펴본 다음에 전력질주했어요. 그래서 남들이 해놓은 것 중에 성공할 가능성이 있겠다 싶은 데에 우리가 가진 돈 전부 다 투자하고 전력을 뛰었어요.

그러다보니 어떻습니까. 주위에서 같이 뛰다가 넘어지죠. 그런데 일으켜 세우는 시간 동안 또 1등이 저만큼 달아나요. 그러니까 할 수 없이 버려두고, 어떤 경우에는 짓밟고 앞으로 앞으로 나갔어요. 우리나라가 그걸로 성공했거든요. 그래서 이 추격자 전략을 쓴 나라들은 거의 많은 경우에 실패를 용납하지 않는 문화가 있습니다. 실패를 용납하게 되면 공멸하니까요. 지금까지 우리가 섰던 전략이 뭐냐, 추격자 전략이었고, 거기에 따라서 생겨난 문화는 실패를 용인하지 않는, 한 번 실패하면 다시 기회를 주지 않는 이런 문화가 자리 잡게 됐는데요. 이제 어떻습니까. 우리가 (국민소득) 2만 불이 넘어갔는데 지금 정체죠. 3만 불이 되기 굉장히 힘들어요. 그대로 유지되지도 않습니다. 우리보다 더 무서운 추격자 중국이 쫓아오고 있거든요. 우리는 앞으로 앞서나가야 되는데 더 이상 예전의 전략이 통하지가 않게 되죠.

그럼 이제 어떤 방법이 남았느냐. 선거자(First mover) 전략을 써야 합니다. 남들이 안 했던 것에 뛰어드는 시기가 온 거예요, 우리 발전 과정 중에. 그런데 문화가 안 바뀌면 이게 되겠습니까. 예를 들면 이런 거죠. 문화가 안 바뀌었어요. 그래서 실패가 용납되지 않는 상황인데, 어떤 천재가 좋은 아이디어를 하나 내요. 이 천재의 아이디어가 성공할 확률이 얼마쯤 될까요. 10%? 그 정도 될 겁니다. 10개 중에 하나가 성공하면 세계적인 수준의 천재라고 볼 수가 있는데요. 그래서 당연히 처음 시도는 실패하죠. 그런데 천재가 우리 모두를 위해서 아이디어를 냈는데 실패했다고 그 사람이 완전히 버려지면, 완전히 파묻혀 버리면, 그 모습을 바라보는 주위의 다른 천재들이 다시는 새로운 아이디어를 안 꺼냅니다. 시키는 대로만 하게 됩니다.

왜냐하면 한 번 끼냈다가 자기가 죽으니까, 실패가 용납되지 않으니까. 그럼 결국 우리는 공멸해요. 새로운 산업을 만들 수 없습니다. 보통 보면 과거의 성공이 발목 잡거든요. 과거에 썼던 방법이 성공했다고 해서 그 방법을 계속 써서 미래가 오는 게 아닙니다. 그런데 이제 거기에 발목 잡히면 우리는 못 크는 거죠. 그래서 중요한 것이 다시 도전할 수 있는 재도전 기회를 주는 것, 그게 사람들의 불안도 해소시키고 또 더 좋게는 새로운 산업을 만들 수 있는 역동성을 줄 수 있는 거죠.

정치에서 싸움은
필수

　이런 두 가지 키워드 복지, 정의에 대해서 말씀을 드렸고요. 마지막 세 번째 키워드가 평화 같습니다. 사실 평화는 다시 강조할 필요가 없지 않겠어요? 복지사회, 정의사회가 평화가 없으면 불가능하죠. 평화는 가장 중요한 근간입니다. 모든 게 평화 없이는 이루어질 수가 없는데, 우리는 북한과 거의 60년째 정전상태로 대치하고 있기 때문에 평화체제 구축은 필수라고 생각합니다. 궁극적인 평화체제는 통일이 되어야 가능하겠죠. 통일이 안 되면 평화체제가 계속 유지될 수 있을지를 모르니까요. 통일이라는 게 단기간에 이루어지기에는 굉장히 어려운 것일 수 있으니까요. 지금은 통일이라는 목표로 가기까지는 평화를 지키고 평화체제를 만들어가는 것이 가장 중요한 근간을 만드는 것이 아닐까. 그것을 바탕으로 복지사회, 정의사회가 만들어질 수 있겠다 그런 생각을 합니다. 이 정도로 지금까지 우리의 과거, 현재, 그리고 미래에 우리가 꿈꾸는 사회에 대해 말씀을 드렸고요. 또 미래는 복지, 정의, 평화가 실현되면 좋겠다 그런 말씀을 드린 거고요.

　그렇다면 우리에겐 필요한 것, 복지, 정의, 평화를 만들기 위해서 우리에게 필요한 건 뭘까. 너무 많습니다. 우리가 원하는 게 너무나 많습니다. 투명한 사회, 부정부패가 없는 사회, 여러 가지가 있는데요. 수많은 것들이 필요하지만 다른 모든 것들에 우선해서 가장 필요한 것이 뭘까. 사람들마다 생각은 다른데요. 제 개인적으로 소통과 합의가 아닐까, 굉장히 상식적인 생각이긴 하지만요. 선진복지국가들의 예를 들어볼게요.

　우리가 원하는 선진사회, 복지사회를 이미 이룬 그런 나라들을 보면 대표적으로 얘기하는 스웨덴이 있잖아요. 스웨덴은 진보당인 사민당이 정권을 잡았어요. 자기들 생각만 고집하지 않았어요. 장기적으로 집권을 하면서 야당과 대화를 통해서 사회적인 대타협을 통해서 복지국가를 만들 수가 있었습니다. 이런 사회적인 대타협, 소통과 합의가 없었으면 존재하기 힘들었다고 생각을 합니다. 독일의 경우를 예로 들어보면, 스웨덴과는 반대로 보수당인 기민당이 집권했습니다. 보수당이 집권했을 때도 역시 마찬가지로 야당과 힘을 합쳐서 복지국가를 만들 수 있었거든요. 따라서 이미 되어 있는 선진복지국가들을 보면 필수조건이라는 게 극한 대립이 아니라, 소통과 합의가 있어야만 가능하다는 교훈을 우리가 얻을 수 있을 것 같아요. 보수와 진보 이야기들을 많이 하시지만 적이라고 생각 안 합니다. 상호보완적이라고 생각해요.

원시시대 예를 들어보죠. 원시시대에 어떤 부족이 계곡에서 살고 있었어요. 그런데 항상 먹을 게 모자라요. 그러다가 다툼이 붙었어요. 한쪽에서는 우리 이렇게 살다가는 힘들다 우리 산 넘어서 새로운 미지의 세계로 한번 가보자 하는 파가 있었고요. 또 다른 피는, 아 그건 너무 위험한데 우리 지금 배가 좀 고프긴 하지만 굶어죽지는 않으니까 계속 여기를 지키고 살자. 이중에서 보십시오. 만약에 산 넘어 가자는 사람들이 남자는 사람들을 전부 감옥에다 가두면, 그럼 어떻습니까. 미지의 세계로 모든 부족이 가게 되면 굉장히 불안정해지죠. 보수라는 건 그 사회를 안정되게 만드는 기반이거든요. 반대로 산 넘어 가자는 사람들 전부 다 감옥에 가둬버리면, 그러면 그 부족사회는 영원히 발전하지 못하고 그 상태 그대로 머물러 있고 외부의 조그만 변화에 굉장히 취약합니다.

사회가 시기에 맞춰서 발전하지 못하면 결국은 도태된다는 것은 인류의 역사가 증명하고 있습니다. 양쪽 다 소통과 합의를 통해서, 예를 들면 대다수 사람들은 부족을 지키면서 일부 선발대만 보내서 한 번에 사흘간씩만 탐험을 하고 돌아오게 하면서 지도를 그려간다든지, 그런 방식들로 타협을 한다면 이런 사회가 현명한 사회겠죠. 같은 맥락으로 제가 작년에 쓴 『경영의 원칙』이라는 책이 있습니다. 그 책에서 제 생각이라기보다도 어떤 분에게 들은 말씀을 썼었는데요. 뭐라고 그랬냐면 전쟁과 정치는 어떤 공통점과 차이점이 있는가에 대해서 들었어요. 전쟁과 정치는 적과 싸운다는 점에서 같답니다. 차이가 뭐냐, 전쟁은 적을 믿으면 안 되는 게 전쟁이고요, 정치는 아무리 적이라고 할지라도 상대방의 궁극적인 목적은 우리나라를 발전시키는 거라는 아주 기본적인 믿음이 있어야 된다.

즉 적을 믿으면서 싸우는 게, 아주 기본적인 믿음을 가지면서 싸우는 게 정치다. 그게 전쟁과 정치의 차이다. 그런 말씀을 들었습니다. 저도 맞다고 보는데, 어떤 분이 제 책을 보시고 이러세요. "참 순진한 생각이네. 그게 듣기에는 마음이 훈훈하고 따뜻하게 보일지는 몰라도 현실은 그렇지 않다. 싸우는 걸 거부하는 건 정치가 아니다. 정치에서 싸움 빼면 남는 것이 없다." 그런 말씀을 하시는데요. 오해시라고 제가 또 설명을 드렸어요. 정치에서 싸움은 저도 필수라고 생각해요. 저도 뭐라고 할까요, 영어 표현으로 하자면 그렇게 나이브한 생각을 가진 것은 아닌데요, 그래서 싸우는 건 언제든 필요불가결해요. 하지만 싸울 때 세 가지 관점이 중요한 것 같아요.

미래에 대한 희망을
다시 꿈꿀 수 있는
사회

    첫 번째로 무엇을 위해 싸우는가. 두 번째는 어떤 주제를 가지고 싸우는가. 세 번째는 싸움의 결과로 어떤 합의를 가지고 사회를 발전시키는가. 그 세 가지가 키포인트 아니겠어요? 만약에 정치에서 싸워요. 그런데 국민을 위해서 그리고 정책에 대한 가치관과 철학의 차이를 가지고 싸우고, 그 결과로 합의를 이끌어낼 수 있다면 그건 굉장히 좋은 싸움이죠. 그러면 제발 좀 싸우시라고 그럴 것 같아요. 그렇지 않습니까. 막 싸우고 나면 그 결과로 우리가 좋은데. 그런데 그런 싸움은 좋은 싸움이고 정말로 정치에서 해야 할 싸움인데요. 반대가 어떤 것이겠습니까. 권력 쟁취를 목적으로 상대방이 얼마나 나쁜 놈인지에 대해서 싸우면 그리고 그 결과로 끝까지 합의에 도달하지 않는 평행선만 계속 긋는다면 그 싸움은 뭡니까. 아무한테도 도움이 안 되는 그런 싸움 아닐까요. 그렇게 되면 우리가 정말로 바라는 시대 과제 복지, 정의, 평화는 애초에 불가능하죠. 싸우더라도 정말로 국민을 위해서 싸우고, 정책적인 차이를 가지고 싸우고, 결과로 합의를 이끌어내지 않으면, 우리 시대 과제는 영영 해결하기 힘들지 않겠는가 생각을 합니다.

    또 하나 언급할 것으로 싸움 말고 다수결이 있는데요. 흔히들 민주주의와 다수결주의를 혼동을 하셔요. 아니 무슨 말이냐, 민주주의가 다수결이고 선거에서 다수결이 되면 그 다수가 자기 마음대로 하는 게 민주주의 아니냐. 그렇게 혼동들을 많이 하시는데요. 저는 거기에는 동의하지를 않습니다. 민주주의에서 다수결 원칙은 뭐냐면 다수가 소수의 의견을 존중하는 위에서 이뤄집니다. 그러려면 충분한 의사소통과 합의에 의해서 이뤄지는 거고요. 결정권은 다수가 가지고 있지만 소수와 충분히 소통하고 합의를 하지 않으면 안 되는 거라고 생각합니다. 지금까지는 보시면 우리 사회 모습이 다수 독식, 승자 독식, 그런 것들만 반복이 되고 있는데요. 여(與)나 야(野)나 누가 이기죠? 그러면 국민의 절반은 절망합니다. 결국 증오의 악순환에 빠지죠. 그런 것들은 굉장히 건강하지 못한 것 같아요.

다시 말씀드리지만 사실은 저를 포함해서 일반 시민이나 국민들이 바라는 건 미래이고 소통이고 합의 아닐까요. 총선 때도 제가 총선 직전에 대학 강연들을 다니면서 드렸던 말씀이 있어요. 여야 모두 정당 정책 가지고 미래를 두고 경쟁해야 될 것이다. 그렇게 말씀드렸는데요. 지금 보면 여전히 정치가 과거의 프레임을 벗어나지 못하는 것 같습니다. 오늘 마치 국회 개원일인데요. 원 구성도 제대로 안 돼 있고, 벌써 서로 날이 가득 섰어요. 심지어 굉장히 민망하게 여야 간에 서로 상대방의 유력한 정치인을 두고, 한쪽에서는 10년째 어떤 분의 자제라고 공격하고, 또 한쪽에서는 지난 10년 내내 싸잡아서 좌파 세력이라고 공격하고. 좀 과한 표현으로 벌써부터 부패가 이어지고 있거든요. 이런 것들 보시

면 기분이 어떻습니까. 운동경기처럼 좋은 게 아니고, 그 말을 듣는 상대를 지지하는 국민들을 적으로 돌리는 거거든요. 그게 국민을 반으로 갈라놓는 것 같아요. 그런 것들이 낡은 프레임이죠. 낡은 체제인 것 같아요. 아무런 사회 문제도 해결하지 못하는 체제. 그래서 우리 정치도 말만이 아니고 진심으로 소통과 합의 그리고 미래를 이야기할 수 있었으면 좋겠다, 그런 간절한 바람을 합니다.

결론적으로 말씀을 드리자면, 우리는 시대적 과제를 해결해야 하는 중대한 기로에 서 있는 것 같습니다. 저 개인적으로도 심각성을 느끼고 있습니다. 우리가 해야 될 게 뭡니까. 우리 아이들을 키우면서 희망을 줄 수 있는 그런 시대를 원하는데요. 지금 행복하지 않고 미래에 대한 희망이 없는 상황에서 우리 모두 한시바삐 벗어나서 희망과 행복을 찾아나가야 하는 시대, 그런 것들이 아닌가. 그래서 우리한테 주어진 시대적 과제인 복지, 정의, 평화를 통해서 다시 행복과 희망을 찾아가는 것이 필요한 것 같습니다. 이를 위해서 더 이상 낡은 시대 옛날 방식으로는 안 된다고 생각합니다.

소통과 합의를 통하고, 아무리 적이라고 할지라도 같은 목표를 가지고 있다는 공동체의식, 기본적인 신뢰와 믿음이 있어야 하지 않을까. 그런 새로운 변화들이 지금 필요한 것 같습니다. 그 변화의 중심에 저는 여기 계신 여러분들이 계시다고 생각합니다. 이런 관점에서 저를 포함한, 지금 정치하시는 분들을 포함한 우리 모두가 정말로 열심히 노력해서, 행복하고 미래에 대한 희망을 다시 꿈꿀 수 있는 사회를 만들면 좋겠습니다.

부산대 학생들이 묻고 안철수가 답하다

Q **실패와 실수를 극복하는 노하우는?**
어떤 일을 하는 데 있어 어려움이 닥치고 좌절을 겪다보면 후회와 함께 자신에 대한 의심이 들게 됩니다. 그 일이 자신과 잘 맞지 않는 일인지 혹은 자신의 능력을 벗어난 일인지 의심이 들 때 어떻게 대처하세요? 또 인간관계나 자신의 일에 있어서나 실패나 실수를 겪게 되면 패배감에 빠지고 자기비하를 하는 상황이 오게 되는데 이를 극복하는 노하우가 있으신지 궁금합니다.

A 어려운 일이 생겼을 때의 노하우를 저한테 물어보셨는데요. 보시기에 제가 굉장히 편해 보이시죠. 고생 하나 안 하고 그냥 이렇게 잘 성공했다고 생각하실 수가 있는데요. 사실은 그렇지가 않았어요. 처음에 의사를 그만두고 회사를 차렸잖아요. 안연구소를 창업을 했는데, 워낙에 제가 경영을 잘 모르고 조직 관리도 해본 적이 없던 터라 4년 정도 내내 고생했어요. 4년 내내 어떤 고생을 했냐면, 직원 월급 있죠. 안연구소가 지금도 월급날이 25일인데요. 25일에 직원 월급을 주고 나면 월초가 돼서 아무리 계산을 해도 월말에 줄 돈이 없어요. 그래서 죽을 등 살 등 고생해서 돈을 벌어서 다시 직원들한테 월급 주고 나면 다시 또 월초가 되고, 보통은 월초가 되면 희망을 가지시는데 저는 그때 이후로 월초만 되면 이상하게 불안한 거 있죠. 그랬고요.

그래서 은행에 만날 갔어요. 당장 현금이 없는데 직원들 월급을 주려면 방법은 어음밖에 없어요. 어음은 몇 달 후에 돈 줄게, 라고 약속

받은 거잖아요. 직원들한테 어음을 줄 수는 없잖아요. 그래서 어음을 가지고 은행에 가요. 가면 은행에서 속칭 어음깡을 합니다. 몇 달 후에 돈이 나오니까 그 동안의 이자 비용 미리 제하고, 그런데 이자를 굉장히 많이 받아요. 돈은 정말로 조금만 줘요. 그때 매달 어음깡 하면서 4년 내내 살았어요. 그러니까 사실은 저 고생 많이 했던 사람이고요. 문제는 고생보다 더 심한 게 그런 게 있더라고요. 제가 창업하고 2년차 정도 됐을 때 그날도 직원들 다 돌려보내고, 그날 번 돈과 쓴 돈을 10원 한 푼 안 틀리게 계산기를 두드리고 있었거든요. 제가 데리고 있었던 경리 직원이 계속 몇 십 원씩 틀려가지고.

갑자기 어느 순간에 문득 그런 생각이 드는 거예요. 내 동기동창들은 지금 좋은 대학이나 병원에서 의사로 굉장히 대접받으면서 편안하게 살고 있는데 내가 지금 뭐 하고 있는 거지? 이런 생각이 드는 거예요. 제가 저희 동기동창들 중에서 가장 먼저 대학교수가 된 사람이었었는데도 그만두고 창업을 했거든요. 그런데 계산기 두드리고 있는데 갑자기 동기동창들이 생각이 나는 거예요. 그때 제가 전혀 대비가 안 돼 있었어요. 그러다보니까 갑자기 쇠망치로 머리를 픽 맞는, 그러면서 갑자기 벼랑 아래로 굴러 떨어졌어요. 벼랑에서 다시 기어서 올라오는 데 사흘이 걸렸어요. 그 다음부터 정말 다시는 거기 떨어지기가 싫더라고요. 그러다보니까 제가 방법들을 개발했어요. 다 사는 방법들이 있는지라.

다들 사는 방법들이 계시겠지만 제가 그때 생각했던 방법이 첫 번째가, 절대로 동기동창과 비교하지 않는다. 여기 의대 나오신 분들도 계실 수 있을 것 같은데요. 저희 동기들만 특별한지 몰라도, 지금 저희 동기들 같으면 대학병원에서 굉장히 유명한 의사들이 많잖아요. 그런데 아프면 절대 동기동창한테 안 갑니다. 학생 때 너무 이상한 짓들 하는 걸 직접 봤기 때문에 믿을 수가 없어서. 차라리 후배한테 가죠. 어쨌든 자기가 잘 모르는 사람이면 괜찮은데 자기 동기동창같이 주위에 있던 사람하고 비교하는 게 정말 독이더라고요. 거기에 한 번 빠지면 헤어나기 힘들어요. 절대로 비교하지 말아야 되고.

두 번째는 산 올라갈 때 위만 바라보면 너무 힘들어요. 그럴 때 한 번씩 뒤를 돌아보세요. 밑을 보세요. 그러면 정말로 힘들고 앞을 보면 까마득한데 뒤돌아보면 내가 얼마만큼 올라왔는지 알 수 있어요. 어느새 집도 자동차도 사람도 굉장히 작아요. 내가 이 정도를 성취했구나, 그런 걸 스스로 깨달을 수 있거든요. 그러면 조금씩 힘을 얻을 수 있고요. 그리고 또 장기계획이 사람을 힘들게 하는 것 같아요. 3년 뒤에 뭐하겠다, 하면 3년 동안 참기가 너무 힘들어요. 그러면 어떻게 하느냐면 단기로 자르는 거죠. 매년 계획을 세우고 매달 계획을 세워요. 가령 이번 달엔 뭘 하겠다고 목표를 세우고 그걸 성공하잖아요. 그러면 그때 자기한테 상을 줘요. 그 동안에 돈 없어서 못 갔던 고급음식점에 한 번 간다든지, 큰맘 먹고 신용카드 쓴다든지, 또는 보고 싶었던 영화를 보러 간다든지, 그런 것들이 힘을 줘요. 자그마한 승리가 오랫동안 버틸 수 있게 해주는 것 같더라고요.

그래서 그러려고 노력을 했고요. 가장 많이 쓴 방법 중에 하나가 저는 무조건 걸었어요. 머리가 복잡해지고 견딜 수가 없으면 그냥 회사에서 뛰쳐나와서 무작정 걸었어요. 그때는 서울 서초동에 법원 골목이 있는데요. 거기서 나와서 무조건 걷다보면 교대역이 나오고 강남역이 나오고 테헤란로를 따라서 저기 위를 올라가다보면 다시 아래로 내려가면서 가다가다 보면 코엑스가 있는 삼성역이 나와요. 한 1시간 반 정도 걸리는 것 같아요. 그렇게 정처 없이 계속 걷다보면 어느 정도 마음이 진정이 되고 생각이 정리가 돼서 다시 전철 타고 회사로 돌아가요. 그리고 너무 정신없이 뛰어나와서 지갑을 안 가지고 왔을 때는 다시 1시간 반 걸어가요.

또 어떤 분은 그러시더라고요. 자기는 빨래한대요. 또 어떤 분은 달리기한대요. 자기 취미나 적성이나 체력에 맞춰서 그런 방법들을 개발하는 거죠. 그러면서 버티는 것 같아요. 저도 많이 살진 않았지만 삶이라는 게 특히 젊을 때는, 나름대로 어려움들이 있는데 그런 것들을 극복하는 노하우들도 자기 스스로 하나하나 개발하면서 그렇게 사는 게 삶인 것 같아요. 대답이 됐는지 모르겠네요.

Q 잘하는 것과 좋아하는 것 중에 뭘 해야 하나요?

삶의 방향을 찾기 위해서 많은 분들에게 조언을 구하니, 좋아하는 것과 잘하는 것에 집중하는 게 빠르게 성공할 수 있는 길이라고 말씀하십니다. 그런데 잘하는 것에 집중하려니 간절함이 없습니다. 딴생각을 하고 있어요. 마음은 좋아하는 걸 하고 싶은데 아직 잘하지도 못하고 나중에 결과가 어떻게 될지 몰라 시간 낭비하는 건 아닌가 두렵습니다. 어떤 마인드로 선택을 해야 하나요.

A 비슷한 질문을 제가 카이스트 교수 때 학생한데 들은 적이 있어요. 자기가 전공에 들어가서 3학년인데 정말로 열심히 노력했는데 이 전공 가지고 자기 평생 살 자신이 없대요. 그렇다고 해서 다른 전공을 기웃기웃해보면 하고 싶은 건 있는데 무섭대요. 가서 그 전공도 자기한테 안 맞다는 게 밝혀지면 그때 가서 그동안 시간 낭비 어떻게 하느냐. 그렇게 무서워서 우물쭈물하면서 1년 내내 고민만 하고 있었대요.

그래서 그 학생한테 이야기했던 게, 강물이 얼마나 세게 흐르는지 알려면 강둑에 앉아서 계속 바라만 봐서는 알 수가 없거든요. 그때는 양말 벗고 신발 벗고 강물에 뛰어드는 거예요. 그렇게 해서 그 강물의 세기를 자기 몸으로 느끼는 게 사실은 답입니다. 그게 시간낭비라고 생각할지도 모르지만 그렇지 않은 게요, 성공하든 실패하든 그 경험은 반드시 다음에 도움이 돼요.

이미 돌아가신 스티브 잡스가 스탠포드대학 졸업식 축사에서 그랬었죠. 자기가 대학을 중퇴하고 대학 캠퍼스를 정처 없이 떠돌다가 자기가 갑자기 듣고 싶은 과목이 생겨서 거기 들어갔대요. 그게 예쁜 글씨체 쓰는 그런 클래스였는데요. 계획도 없었대요. 그냥 흥미가 있어서 듣고 말았는데요. 10년 뒤에 이 사람이 애플 컴퓨터 창업하고 매킨토시를 만들 때 갑자기 옛날 그게 떠올라서 그때 컴퓨터로서는 최초로 폰트(Fonts)를 도입했어요. 그 결과로 전 세계 사람들이 그 혜택을 보고 있는 거거든요.

그래서 이 사람은 이야기해요. 미래에 나한테 이게 얼마나 쓰일지 그런 것들은 계획을 세울 수 없대요. 그런데 열심히 살면, 나중에 뒤를 돌아보면 옛날에 연관이 없다고 생각했던 그 경험들이 전부 저절로 연결이 돼 있을 거예요. 그걸 영어표현으로 그 사람이 커넥티드 닷(Connected dot)이라고 표현을 했어요. 믿음을 가지라는 거죠. 과거의 경험들은 성공했든 실패했든 열심히만 했으면 미래에 반드시 영향을 미쳐요. 자기 인생의 방향을 바꿀 수 있습니다. 한 번 시도해서 이거 내 적성이 아닌데, 그거 나중에 다른 선택을 할 때 틀림없이 도움이 됩니다. 그런 믿음으로 한번 해보시라고 권하고 싶어요.

Q 제가 정치를 하게 된다면

올해의 선거를 바탕으로 새로운 2013년 체제의 도래의 기대에 대해서 배우게 됐습니다. 아직도 한계를 벗어나기에는 많은 부족함이 보였습니다. (이하, 대선 관련 질문이 질문지에 쓰여 있었으나, 끝까지 읽지 않고 대답함.)

A 이런 질문들을 하셨는데요. 여기에 대해서 즉답하기보다 는, 제 지금 상황에 대해서 말씀드리는 게 적절할 듯한데 요. 저는 좀 다른 상황인 것 같아요. 일반적으로 정치에 뜻을 세운 분 들을 보시면 의지를 가지고 자기의 뜻을 대중에게 밝히고 찬성하는 국민들의 지지를 바탕으로 행동하는 거 아닙니까. 전에도 말씀드린 적이 있는 것 같은데, 제 경우는 사회 변화에 대한 열망들이 저를 통 해서 분출이 된 거라고 생각합니다. 그걸 온전히 제 개인에 대한 지지 라고 생각하면 그건 교만이 되죠.

그래서 만약에 제가 정치를 하게 된다면 과연 그 기대, 저를 통한 사회적인 열망, 거기에 어긋나지 않을 수 있을까. 그 질문을 스스로에 게 던지는 게 도리입니다. 그렇다고 생각하고요. 지금 제가 그 과정 중에 있습니다. 저에 대한 지지의 본뜻들, 사람들이 가지고 있는 그 뜻들을 제가 파악을 하고 어떤 결정을 내리게 되면, 그러면 제가 분명 하게 말씀드릴게요. 그래서 뭐 누구의 입을 통해서 어떻다, 이런 말은 믿지 마시기 바랍니다.

Q 힘들고 지칠 때 어떤 생각을 하면서 이겨냈나요?
교수님께서도 이십 대의 시절을 보내셨을 텐데요. 이 시기는 꿈을 향해 나아가 는 시기라고 생각합니다. 이런 과정은 힘들기도 하고 때론 지칠 때도 있습니다. 저는 이 것을 이겨내는 사람만이 자신의 꿈을 이뤄낼 수 있다고 생각하는데요. 힘들고 지칠 때 교수님을 응원해주는 것은 무엇이었습니까? 어떤 생각하면서 이 시기를 이겨내셨나 요?

A 자기가 원하는 선택을 할 때 흔히들 생각해요. 자기가 지금 하고 있는 것들을 버리고 자기가 원하는 일을 선택했어요. 그렇다면 행복해질 거라고 생각하시죠. 그런데 사실은 그렇지가 않거

든요. 자기가 원하는 일을 선택했을 때도 그전에 의무적으로 해야 되는 일을 할 때와 일상은 거의 차이가 없는 것 같아요. 일상이 반복적이고 고달프고 그런 연속입니다.

그런데 차이가 뭐냐면, 책 쓸 때를 예로 들고 싶은데요. 제가 책을 여러 번 쓰다보니까 어떤 경험을 했었냐면, 처음에 출판사랑 이야기를 해서 책을 써요. 처음에는 신나죠. 쓰고 싶었던 주제니까. 헌데 쓰다보면 점점 잘 안 써져요. 하루 종일 머리를 쥐어뜯으면서 생각을 해도 한 줄 안 나갈 때도 있어요. 그런데 계약기간은 다가오고 독촉전화가 오기 시작하면 대인공포증도 막 생기고, 정말 내가 왜 이 책을 쓰려고 했을까. 자신을 원망하면서 거의 마지막에 원고 넘겨줄 때는 탈진을 하고, 내가 다시는 책 쓰나 봐라. 내 평생 이제 책은 없다. 이렇게 하고 말아요.

2주가 지나요. 2주가 지났는데 우편함에 뭔가 두툼한 봉투가 있어요. 열어보니까 제가 2주 전에 넘겼던 원고가 책이 돼서 있는 거예요. 제가 없었으면 이 세상에 존재하지 않았을 그 책을 이 손으로 직접 쥐는 그 느낌, 그거 정말 잊을 수가 없습니다. 그게 예전의 고생을 전부다 잊어버리게 만들고, 그 다음에 뭐 쓰지? 그렇게 만들어요. 그래서 원하는 선택을 할 때 일상은 똑같아요. 여전히 힘들어요. 원하는 선택을 할 때 행복해질 수 있다고 생각하시면 나중에 실망하실 수 있어요. 일상은 차이가 없을 수 있는데, 궁극적인 차이는 그 결과에서 오는 것 같아요. 어떤 걸 이루고 성취하고 만들었을 때, 그 느낌이 고생을 참고 이기게 하는 원동력인 것 같아요.

Q 대한민국 정치에 희망이 있다고 보세요?

이번 통진당 폭력 사건을 보면서 우리나라 정치 세력은 다 똑같고 우리나라 정치는 희망이 없다고 생각하게 되었습니다. 안철수 선생님은 이번 사태에 대해 어떻게 생각하시고, 대한민국 정치에 희망이 있다고 생각하시는지 궁금합니다.

A 두 가지 관점에서 말씀드릴 수 있을 것 같아요. 민주적인 절차 문제, 그 다음에 가치 문제인 것 같은데요. 첫 번째로는 진보를 표방하는 정당에서 민주적인 절차가 지켜지지 않았다는 사실에 대해서 아마 많은 분들이 실망하시는 것 같습니다. 다양성 시대에 소수의 약자들을 대변하는 그러한 정당들은 꼭 필요하잖아요. 바로 그렇기 때문에 진보정당은 기성정당보다 훨씬 더 민주적인 절차를 중시해야 된다고 생각합니다.

두 번째는 가치 문제인데요. 진보정당이 인권, 평화 같은 가치를 중시하지 않습니까. 그게 진보정당의 근간인데요. 그런데 이러한 잣대가 북한에 대해서만은 다르게 적용되는 게 잘못된 것 같아요. 북한은 좋든 싫든 우리가 대화해야 될 대상이죠. 그렇지만 또 한편으로 북한이 보편적인 인권이나 평화에서 심각한 문제점을 가지고 있다는 건 우리 모두가 알고 있는 사실입니다. 그런데 유독 이 문제가 안 보이는 사람이 있다면 그건 국민들에게 받아들여지기가 어렵지 않나 생각합니다.

그리고 이건 사상의 자유와 별개의 문제입니다. 개인의 사상이야 헌법에서 보장되는 권리인데요, 그렇지만 국가 경영에 참여하는 정당이나 정치인은 이 문제에 대해서 솔직하게 입장을 밝히는 게 저는 옳다고 생각합니다. 이런 두 가지 관점 외에 추가로 덧붙이고 싶은 게 있다면, 이 문제가 건강하지 못한 이념 논쟁으로 확산되는 것도 바람직하지 않다고 생각합니다. 부분의 문제는 부분의 문제라는 인식도 필요하지 않습니까. 지난 일이지만 다수의 시민들이 뽑았던 박원순 서울시장을 두고 일부에서 빨갱이라고 공격하는 걸 보고 어처구니없다고 생각했어요. 시민들이 결코 어리석지 않아요. 그리고 우리 사회는 건강한 상식을 가지고 있지 않습니까. 그렇다고 저는 믿는 편입니다.

> **Q 제 성격을 고쳐야 할까요?**
> 세상에는 활동적인 사람도 정적인 사람도, 적극적인 사람도 소극적인 사람도 있습니다. 저는 말이 없고 정적인 사람입니다. 그래서 다이내믹하고 경쟁이 치열한 사회에 대한 걱정이 앞섭니다. 사람과 친해지는 데 시간이 오래 걸려 걱정입니다. 고치려고 노력 중이고 예전보다는 좋아졌는데 반드시 성격 고치는 게 필요할까요? 고쳐야 한다면 어떤 방법이 좋을지 조언해주십시오. 참고로 저 술도 잘 안 마십니다.

A 저도 술 안 마십니다. 워랜 버핏 아시죠? 세계적으로 제일 성공한 투자가 워랜 버핏의 예를 들어드리는 게 좋을 것 같은데요. 워랜 버핏이 투자가가 됐을 때 그 당시 성공한 투자가들을 봤대요. 보니까 성공한 투자가들의 공통점이 세 가지가 있었답니다. 첫 번째는 두뇌회전이 굉장히 빠르고요. 두 번째는 수리적인 머리가 굉장히 좋았답니다. 국제간의 환율변동 여러 가지 파생상품 이런 것들이 다 수학에 근간하니까 수리적인 머리가 없으면 이해하기가 힘들어요. 세 번째로는 절대로 아무도 믿지 않는, 돈에 관련해서는 부모님도 믿지 않는 사람들이었대요.

이 세 가지가 성공한 투자가들의 전형인데, 문제는 워랜 버핏이 세 가지와 다 반대인 거죠. 자기 스스로도 얘기하는데 자기는 두뇌회전이 느리대요. 빨리 생각을 못해요. 그리고 수리적인 것뿐만이 아니라 인터넷닷컴 기업 이런 것도 이해가 잘 안 돼요. 세 번째로는 사람 좋아하고 친구를 너무 믿어요. 그러니까 투자가로 성공하려면 자격미달이잖아요. 그래서 만약에 워랜 버핏이 성공한 투자가들을 보고 나도 저 사람들 반만이라도 따라가야지 하고 열심히 노력했다면, 그 사람 지금 성공도 못하고 이름도 안 났을 겁니다. 이 사람이 어떻게 했냐면, 성격은 안 바뀌는 거거든요. 오히려 자기의 성격을 바꾸기보다 자기의 성격대로 잘할 수 있는 방법을 찾았대요.

그래서 어떻게 했느냐, 두뇌회전이 느리죠. 그래서 단기투자, 매일 사고파는 거는 자기 적성에 안 맞으니까 결국은 했던 게 장기투자, 최소 10년 20년 장기투자. 그럼 두뇌회전 안 빨라도 되니까. 두 번째로는 수리적인 게 부족하다고 했잖아요. 그러다보니까 자기가 이해할 수 있는 회사에만 투자했대요. 인터넷닷컴 기업 이런 것은 이해가 안 되니까 투자 안 하고 이 사람이 투자했던 대표적인 기업이 코카콜라, 질레트면도기 회사, 남자들이 존재하는 한 면도기는 팔린다 이러고. 포스코 같은 철강회사, 이런 식이었어요. 그리고 사람을 너무 믿잖아요. 그래서 자기가 100% 믿을 수 있는 사람들만 뽑아서 그 사람들에게 전권을 위임했대요. 그래서 성공했어요.

자기 성격 바꾸려고 아무리 노력을 해도 사람이 쉽게 안 바뀝니다. 자기 성격의 약점들이 있을 수 있어요. 오히려 그 약점들을 강점으로 만들려고 하면 노력이 너무 들고 불가능할 수 있으니까, 약점을 바꾸지 않고 그냥 관리하는 수준으로, 이것 때문에 나의 모든 게 망할 정도가 되면 안 되니까 어느 정도까지만 노력하고 나머지는 자기의 강점을 살리거나 자기의 성격에 맞는 방법을 개발하는 거죠. 그런 식으로 접근하는 게 바람직하다 그 말씀을 드리고 싶어요.

A 이 문제는 이 시점에서 제가 생각하거나 답할 수 있는 문제
는 아닌 것 같아요. 그래서 다른 이야기를 할게요. 다른 이
야기로 말씀드린다면, 앞서서 말씀드린 대로 우리나라에 좋은 정치인
들이 많으세요. 그분들 모두 나라를 위해서 진심으로 고민하고 계실
거라고 믿습니다. 예를 들자면 새누리당 박근혜 전 대표 또 문재인 전
이사장, 그런 분들 중에 아마 한 분이 아닐까 저는 그렇게 생각합니
다. 박 전 대표 같은 분은 신뢰성과 지도력이 뛰어난 분이시고, 문 이
사장도 국정 경험이나 인품이 굉장히 훌륭한 분이세요. 지지도를 보
면 국민들의 생각도 마찬가지 아닐까 싶습니다. 아마도 문 이사장님
말씀도 같은 맥락에서 하신 말씀이 아닌가 생각합니다. 그 말씀이 굳
이 저를 거론해서 하신 말씀이라기보다 앞으로 분열이 아닌 화합이
필요하다는 그분의 좋은 철학을 보여주신 게 아닌가, 저는 그렇게 생
각합니다.

A 일종의 도전에 대해서인데요. 저도 학생들하고 얘기를 나
누다보면 도전에 대해서 잘못 생각하고 계신 경우가 의외

로 많더라고요. 뭐냐면 '도전' 하면 뭐가 떠오르세요? 뭐가 도전이라고 하면, 지금 내가 하고 있는 익숙한 일을 전부 버리고 완전 미지의 세계로, 어떤 경우는 낭떠러지로 떨어지는 게 도전 같죠. 그러니까 당연히 겁이 나게 되는데요. 그런데 실제로 도전은 그런 모습이 아니에요. 실제 도전은 어떤 모습인가.

예를 들면 제가 의사를 그만두고 백신회사를 차렸잖아요. 많은 분들이 저보고 도전했다고 평가하시는데, 제 개인적으로는 도전한 기억이 없어요. 왜 그러냐면, 의사시절에 컴퓨터 바이러스 백신이 필요해서 개발을 했어요. 그런데 시간을 내기가 힘들어서 시간을 만든 거죠. 저보다 얼굴 더 큰 연예인이 나오는 오락프로에서도 말씀드렸듯이, 새벽 3시부터 6시까지 컴퓨터 바이러스 백신 만들고요, 그리고 나머지 시간엔 의사로서 열심히 일했어요. 제 개인생활의 시간을 다 희생한 거죠. 그렇게 7년을 지내다보니 제가 하고 있는 의사로서의 길도 승진하면서 제대로 잘 가게 됐고, 그리고 컴퓨터 바이러스 쪽의 일에도 이느 정도 실력이 많이 쌓인 거죠.

그래서 7년 후에 더 이상 두 개를 병행하지 못하고 하나를 택해야 될 순간이 왔을 때, 택할 수 있었어요. 왜냐하면 양쪽 다 잘할 수 있는 일이었기 때문에. 그래서 저는 도전을 한 게 아니고요, 제가 할 수 있는 일 가운데서 선택을 한 겁니다. 만약 학생 여러분 입장에서, 전공과목이 있어요. 그런데 다른 과목이 궁금해요. 한번 도전해보고 싶어요. 그럴 때 어떻게 하느냐. 자기가 하고 있는 일은 계속 열심히 하면서 나머지 자기 개인 시간을 희생해서, 저녁 시간 내지는 주말 시간을 희생해서 그 공부를 하고 실력을 쌓는 거죠.

그렇게 해서 세월이 좀 흘러 나중이 되면, 그 분야도 지금 내가 하고 있는 분야만큼 실력이 쌓이게 돼요. 그러면 어떻게 돼요? 선택할 수 있게 돼요. 미지의 세계로 전혀 모르는 데 뛰어드는 게 아니라, 내가 할 수 있는 일 두 가지 가운데 선택을 해요. 주위에서 사람들이 볼 때는 과감한 도전이라고 생각하게 되겠죠. 그러니까 도전은 무서운 게 아니에요. 단지 힘들 뿐이죠. 고달프게 힘들게 살 자신이 있으면, 그 사람은 도전할 자격이 있는 겁니다. 그렇게 생각하시는 게 좋겠습니다.

보통사람이 주인이 되는 나라

6월 17일 문재인은 서대문 독립공원에서 대선 출마를 선언했다. "제가 추구하는 우리나라는 정치인에게 맡겨 놓은 나라가 아니라, 시민이 식섭 정치와 정책과정에 참여하는 나라"라며, "보통 사람들이 함께 기회를 가지는 공평하고 정의로운 나라, 시민과 동행하는 정치를 하고 싶다"고 밝혔다. 같은 날 저녁, 문재인은 모교인 경희대로 자리를 옮겨 스피치 콘서트 〈내가 꿈꾸는 나라 우리가 바라는 대통령〉에 참석했다. 이 자리에는 문재인을 지지하는 여러 인사들이 참여하여 지지발언을 이어갔다. 탁현민 교수가 전체 진행을 맡았으며, 정연주 전 KBS사장, 방송인 김제동(영상 출연), 시인 안도현 등이 참여하였고, 김C와 옥상달빛 등의 음악공연도 이어졌으며, 문재인과 그 가족이 함께한 무대에서는 김어준과 호란이 사회를 맡았다.

문재인 스피치 콘서트 바람 〈내가 꿈꾸는 나라 우리가 바라는 대통령〉
2012년 6월 17일 일요일 저녁 5시 경희대학교 평화의 전당
주최 : 경희대학교 일반대학원 총학생회

구기동 사는
김정숙씨의 남편

김어준(이하 🧔) 안녕하세요? 김어준입니다.

호란(이하 👩) 안녕하세요? 호란입니다.

🧔 많은 분들이 오셨는데, 제가 여기 오면서 궁금했어요. 그 분이 오셨는지. 손 들어보세요. 조현오 청장. 안 오셨나? 아쉽네, 오셨으면 김용민과 급만남을 추진하려고 했는데. 호란씨 안녕하세요?

👩 네, 안녕하세요. 반갑습니다. 오늘 이 자리에 있으니까 역시 김어준 총수의 인기를 실감할 수가 있네요. 처음에 등장할 때 화면에 등장 장면을 카메라로 잡아서 보여주는데요. 제가 한 번도 안 잡히긴 참 힘든데, 앞을 때까지 봤어요, 제가 언제쯤 잡힐까. 안 잡히더군요. 네, 감사합니다.

🧔 여기 대본을 보면 말이죠. 이쯤에서 호란씨가 저에게, 앞에 공연 중에 가장 기억에 남는 건 뭔가요, 저한테 물어보게 돼 있어요. 네, 이 대본은 윤도현씨 심제동씨 김씨 모두 소속된 기획사 사장님이 자신이 의욕에 넘쳐서 본인이 직접 작성한 대본입니다.

👩 그리고 그 대본에 대한 미팅을 저희가 했었고, 오늘 대기실에서 잠깐 했는데요. 김어준 총수님이 그러시더라고요. 대본대로 가지 맙시다.

🧔 김 사장님, 앞으로 대본은 돈 주고 작가를 쓰세요. 호란씨 대기실에 봤는데 TV에서보다 훨씬 미인입니다.

👩 고맙습니다. 여기 계신 분들도 동의하시는지 모르겠지만 동의하신다면, 그 사실을 혼자만 갖고 계시지 말고 트위터에 올리세요. 그래서 확산시키세요.

🧔 제가 그 질문을 드리는 이유는 뭐냐면, 저는 어때요?

👩 저의 감상이요? 아니 벌써 이렇게 슈퍼스타이시면서 저 따위의 감상이

필요하신가요?

저의 미모는 어떻습니까?

사진이나 매체를 통해서 봤을 때보다 훨씬 파괴력 있습니다.

자, 그러면 파괴력 있는 저와 미모 호란이 함께 모시고 이야기 나눌 주인공 모십니다. 구기동에 사시는 김정숙씨와 그 남편 올라오시죠.

여러분, 문재인 이름을 열거하면 선거법 위반이 됩니다. 그 대신 김정숙을 불러주세요.

김정숙! 김정숙! 김정숙!

앞으로 뭔가 필을 받아서 연호하실 때는 김정숙을 외쳐주세요. 자, 앉아주십시오. 두 분 자기소개부터 해주십시오.

김정숙(이하 ⬤) 저는 부산시 사상구 엄궁동에 살고 사상구 국회의원 문재인의 부인이고요. 오늘 아침에 대선출마 선언을 했네요.

현재는 잠시 구기동에 사시죠. 그래서 제가 구기동에 사는 김정숙씨라고 하겠습니다. 그리고 그 옆에 계시는 남편 분. 자기소개 해주시고요.

문재인(이하 문) 네, 저는 김정숙의 남편 문재인입니다. 오늘 낮에 출마선언 하고요. 오늘 첫 번째 발걸음으로 여기 왔거든요. 모교에서 이렇게 만나게 돼서 반갑습니다.

제 모교이기도 합니다.

김정숙! 김정숙! 김정숙!

좋아요. 잘했어요. 제가 이번에 김정숙씨 남편, 공식무대 사회 두 번째입니다. 첫 번째는 언제인 줄 아십니까? 제가 한 3년 전부터 그렇게 인터뷰를 해 달라고 따라다녔는데 절대 인터뷰를 안 해주셨어요. 이 남편 분이. 그러다가 작년에 본인이 책을 냈습니다. 책이 잘 안 팔리자 저를 부르더군요. 책장사를 하겠다고.

사실인가요? 김정숙 남편 분?

제 책 내고 북콘서트 첫 번째 사회를 봐주셨어요.

그때 책이 안 팔리자 인기절정의 저를 불렀어요. 그래서 책이 몇 십만 권이 팔렸다고 해요. 그러나 중요한 것은 저한테 밥을 한 번도 안 샀습니다. 오늘 저의 뒤끝을 보시게 될 겁니다. 아시다시피 제가 신문, 방송까지 모두 거느린 언론사 사주 아니겠습니까. 굉장히 공사다망한데도 불구하고 제가 이렇게 와 드렸는데 어떻게, 감사하십니까?

그때부터 김 총수가 제 등을 떠밀었고요. 드디어 오늘 여기까지 왔거든요. 오늘 출마선언을 하고서 느낀 마음이, 드디어 여기까지 왔구나. 이제는 돌아갈 수 없는 다리를 건넜구나. 그런 생각이 들었습니다. 그래서 이제는 앞만 바라보고 올인할 일만 남았다. 김어준 총수 표현대로 하자면 닥치고 올인이죠. 그런데 우리 김 총수도 그동안 제 등을 떠민 공이 있는 만큼, 앞으로 좀 책임을 많이 져 주셔야 할 것 같습니다.

지금 이 말씀을 들으시면서 사모님의 표정이 뭔가 생각에 잠긴 표정이었는데요. 어제와 오늘 굉장히 큰 변화가 있었잖아요. 어떻게 다른 느낌이신가요?

굉장히 걱정되죠. 남편이야 올인한다 그러지만 이 자리를 피할 수만 있다면 피하고 싶어요. 사생활이 노출이 된다는 건 부당하거든요. 참을 수 없고요. 그리고 남편이 지금까지 인권변호사로서 아주 성실하게 살았고요, 또 청와대 들어가서는 아침마다 넥타이를 맬 때면 자기가 다짐을 하는 게 눈빛에서 보여요. 국가에 충성해야 되고, 국민한테 봉사해야 되고, 자기 자신을 다잡아야 된다고 하면서, 그런 모습을 볼 때면 굉장히 안타깝고 안쓰러웠어요. 그 이후엔 또 노무현 재단 일을 열정을 가지고 또 책임감을 가지고 하시기에, 이제는 이만하면 개인이 사회나 사람들에게 할 수 있을 만큼은 성실하게 최선을 다했다, 이런 생각을 하면서 이제는 좀 피하고 싶다 쉬고 싶다 생각했는데, 오늘 이렇게 엄청난 일을 저지르고 나니까 정말 안타깝죠. 조마조마하고요.

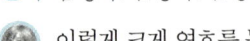 **관객** 김정숙! 김정숙! 김정숙!

이렇게 크게 연호를 듣는 일도 사실은 어제까지는 없었겠죠.

개인의 선택을
존중하는 사회

구기동에 사시는 김정숙씨에게 오늘 이 중요한 날, 저는 개인적으로 중요한 질문을 하나 드릴까 합니다. 책 인세는 얼마나 버셨어요?

저는 인세에는 전혀 관여하지 않았어요. 얼마나 들어왔는지도 모르고, 몇 퍼센트를 받는지도 몰라요. 저는 결혼하고 지금까지 오로지 봉급 몇 퍼센트 정해주면 그거 받고 지금까지 살았어요.

제 책이 꽤 팔렸거든요. 계속 잘 팔릴 참인데, 그 순간에 우리 김어준 총수가 『닥치고 정치』 내는 바람에 제 책 판매율이 뚝 떨어져 버렸어요.

그래서 밥을 안 사셨습니까? 그 뒤로 단 한 번도 연락이 없으시더라고요. 제가 두 번째 질문을 구기동 김정숙씨에게 드리겠습니다. 그리고 제가 경고드리는데, 남편 분은 제가 질문할 때 답하세요. 자, 따님은 출마선언에 참석하지 않겠다고 얘기했습니다. 이거 조중동 기준으로 말하면 말이죠. 콩가루 집안입니다. 이번엔 남편 분에게 추궁을 하려고 합니다. 평소 따님에게 어떻게 하셨기에 아버지가 무려 대통령을 출마선언을 하겠다고 했는데 참석하지 않겠다고 했는지 해명을 해주십시오.

정말 가족들에게 미안한 점이죠. 인권변호사라든지 청와대 근무라든지 또는 노무현재단 이사장, 그런 일들은 저 혼자 열심히 하면 되는 것이었거든요. 그런데 지금은 그게 아니고 저로 인해서 가족들까지도 사생활이 노출될 수 있는 상황이 돼서 정말 미안하죠. 제 처는 정치를 반대했었는데, 제가 정치에 나서니까 지난 국회의원 선거도 열심히 도왔거든요. 앞으로도 그렇게 도와주리라고 생각을 합니다. 고마운 일이고요. 제 딸도 독립공원에서 출마선언을 할 때 단상에 오르진 않았지만, 군중 속에서 저를 지켜본 것으로 압니다. 아마 오늘 여기도 어딘가 보이지 않는 곳에 있을지 모르겠습니다. 그러나 찾지 마시고, 사생활 보호를 해주셨으면 고맙겠습니다.

저는 오히려 이렇게 중요한 행사에서도 개인의 선택을 존중할 수 있는 분이라는 생각에 오히려 더 긍정적인 인상이 들었습니다.

각자 자기 의사가 있는 것이니까. 딸은 이제는 제 딸일 뿐만 아니라 결혼을 해서 남편도 있고 소중한 아이도 있고 가정을 책임져야 되는 입장이니까, 마땅히 그 의사가 존중되어야 한다고 생각합니다.

호린씨, 남편 분 을 함부로 칭찬하지 마세요.

저는 무대 위에서 지금 굉장한 알력이 느껴지거든요. 오늘 대본대로 가지 말자고 하신 이유를 알 것 같아요. 그런데 오늘 남편 분의 기사를 보면요. 김어준씨도 마냥 공격만 하고 계시진 않을 것 같거든요. 자, Fight!

제가 이 사연을 며칠 전에 들었어요. 이 탁현민씨가 이렇게 얘길 했습니다. 따님이 도저히 설득이 안 된다. 그러면서 이렇게 얘길 했다고요. 아버지 출마도 개인적으로 반대다. 아버지가 절대 자기를 위해서 나서고 있는 게 아니라는 걸 알지만, 이건 아버지의 일이고 그리고 아버지는 단 한 번도 가족에게 무엇인가를 강요하거나 따르라고 한 적이 없다. 정말로 따님에게 한 번도 따님에게 자신의 뜻을 따르라고 윽박지르거나 혼내신 적이 없습니까, 남편?

여기에 가족이 함께 왔으면 좋겠다고 탁현민 교수가 애길 해서, 저는 그렇게 강요하기 어려우니 탁현민 교수가 한번 설득을 해 보시라. 그래서 전화를 했는데 방금 전에 말씀하신 것처럼 그렇게 말하면서 거절을 했다는 겁니다. 그런 내용을 딸이 저한테도 알려줬어요. 그런데 우리 딸이 탁 교수나 김어준 총수 광팬이거든요. 제가, 야 네가 여기 오면 탁 교수랑 김 총수랑 사인 다 받아줄게. 그렇게 꼬셨는데 어쨌든 무대 위에 오르는 것은 싫다는 겁니다.

한 번도 윽박지른 적은 없다 이거죠? 호란씨 구기동 김정숙씨에게 확인해주세요.

사실인가요? 옆에서 보시기에 어렸을 때부터 지금까지, 아이를 키우시다 보면 사춘기일 때도 있었을 테고 입시도 있었을 것인데 윽박지르거나 강요한 적은 없다. 사실입니까?

그래서 굉장히 속이 터졌어요. 사춘기 때에 부모로서 교육시키면서 애를 잡아야 될 땐 잡고요, 그래야 되잖아요. 그런데 우리 남편은 뭐든지 다 괜찮고 그러니까, 제가 애들한테 그러지 말라고 그러면 아버지한테 쪼르르 전화를 해요. 아버지 엄마가 나한테 이렇게 저렇게 했는데 나 안 해도 돼? 그래, 그래도 된다.

아니 딸한테는 꼼짝을 못하겠어, 어떻게…….

호란씨, 이런 아버지 어떠세요?

황홀하죠, 딸 입장에서는 정말 좋은 아버지이시죠. 저희 아버지는 좀 엄하긴 하셨는데요, 그래도 사실 딸이 기댈 데는 아빠거든요. 따님이 참 행복하셨을 것 같다는 생각이 듭니다.

네, 자식을 완전히 독립된 인격체로, 자기결정권을 인정해주는 근대적인, 우리나라처럼 가부장적인 분위기가 심한 사회에서는 굉장히 보기 드문 아버지죠. 그렇게 훌륭하신 분이 왜 밥을 안 샀어요? 따님이 이런 얘기도 하셨습니다. 노무현 아저씨 가족들 보셨잖아요. 전 이제 너무 눈물 나고 무서워요. 아버지의 결정을 저는 싫지만 이해하고 인정해요. 하지만 저와 제 아이 그리고 우리 식구들이 그렇게 되길 바라진 않아요. 따님이 정말 많이 슬퍼하셨던 것 같은데, 이번에는 그런 일이 없을 겁니다. 왜냐, 우리가 그렇게 놔두지 않을 거기 때문에. 여러분들도 그런 일이 일어나도록 그냥 놔두지 않으실 거죠? 그러면 지금 문재인이 아니라, 김정숙 이름을 세 번 외치도록 합니다. 약속의 의미로.

관객 김정숙! 김정숙! 김정숙!

🧔 자, 약속했어요.

격동의 시대에
청춘을 던지다

🧔 다른 이야기로 넘어가겠습니다. 두 분이 이 캠퍼스에서 커플이었다고. 그 엄혹한 시절에. 남편 분이 말이죠, 점잖게 생겨가지고, 호란씨 이 대목을 집중 추궁해주십시오.

👩 제가 추궁해야 되는 건가요? 그때 김정숙 사모님께서는 성악을 전공하고 계셨는데요. 지금도 그렇고요 당시 경희대 음대라고 하면 우리나라 최고의 음대입니다. 그렇게 귀하게 자라신 아가씨 김정숙씨와 강의실보다 거리시위가 편하다는 나쁜 남자가 만났어요. 어느 분이 먼저 고백했나요?

👩 제가 많이 더 좋아하지 않았나, 말로는 그랬어요. 우리 남편은 말은 잘

안 해도요, 눈빛으로 항상 말을 했어요. 반짝반짝하면서, 나 너 좋아해, 너 좋아해.

직접 고백을 하지는 않으셨고, 고백을 유도를 하시는 스타일이셨군요.

정 못 참으면 먼저 좋아한다고 하고, 또 제가 듣고 싶으면 나 좋아해? 나 좋아해? 얘기해!

그런데 제 처가 저를 일방적으로 쫓아다녔던 것이…… 물리적으로 그럴 수밖에 없었어요. 사귀고 난 이후에 저는 붙잡혀서 구치소에 수감되고 석방되고 난 이후에는 곧바로 군대에 갔었거든요. 제대하고 난 후에는 복학이 안 되니까 절에 들어가서 고시공부를 했었는데, 그러니 구치소에 면회와야 돼, 또 군대에 면회와야 돼, 또 절에 와야 되죠. 물리적으로 늘 그렇게 쫓아다녔어요.

말이 나와서 말씀인데, 사모님께서는 그런 상황에 주변 어르신들의 격정도 많으셨을 것 같고요, 친구들의 우려도 많았을 것 같은데 두렵지는 않으셨나요?

그때는 옳은 일을 하니까요. 두렵지는 않았고, 내가 나서서 해야 될 일을 남편이 대신 해 주니까 그냥 쫓아서 묵묵히 지켜보면서 그냥 열심히 면회 다녔어요.

관객 김정숙! 김정숙! 김정숙!

그러면 굉장히 중요한 질문을 드릴 수밖에 없는데, 첫 키스는 언제 하셨어요?

만난 지 얼마 만에?

남편 분이 말씀해주시죠. 만난 지 얼마 만에, 한 번 하고 난 다음에 얼마나 자주? 누가 먼저 하자고 했는지. 어디서. 낮에? 밤에?

사실 이거는 저희가 개인사를 파헤치기보다는 당시 시대상을 좀 읽기 위해서, 당시의 연애는 어떤 방식으로 진행이 되었는가, 저희도 좀 알아야 되잖아요.

사생활 침해예요.

아, 이것은 후보 검증이라고 볼 수 있죠.

그 시즌은 요즘하곤 달라서 손 한 번 잡는 데에도 시간이 걸리고, 손잡고 나면 어깨 정도까지 손이 가는 데까지 또 한참 걸리고 그럴 때였거든요. 그렇게 해 나가다가, 결국 헤어지는 게 아쉽고 그럴 때가 오잖아요. 그럴 때, 집에 보낼 때 자연스럽게 오게 되더라고요.

그게 처음 만난 지 얼마 만이었습니까?

글쎄요. 자유스러운 시기에.

얼굴이 빨개지셨네. 구기동 김정숙씨에게 묻습니다. 그 상황이 자연스러웠나요?

부산 내려간 지 30년 만에 서울에 왔는데, 제 친구가 저한테 그러더라고요. 정숙아 나는 그 이야기가 안 잊혀져. 무슨 얘긴데 물었더니, 네가 재인씨를 만나면서 만나도 그립고 보고 있어도 또 그립고 그런 얘기를 했는데, 그 말이 잊혀지지가 않는다는 거예요. 전 다 잊어버렸는데. 그럴 만큼 구치소에 면회가고 나니 그 다음엔 또 강제징집돼서 군대가고, 군대 갔다 와서 좀 만나려고 하니까 아버지가 돌아가셔서 부산으로 내려갔어요. 재적당한 데다가 직장도 없어서.

그러고 났더니 고시공부한다고 이 절로 저 절로 떠돌아다니니까 또 제대로 못 만나고, 그러다가 고시에 합격해서 만나려고 했는데 유치장에 있어가지고 손 한 번 마주잡아보지 못 하고, 그렇게 해서 항상 내 마음속에는 이 남자가 곧 갈 것만 같고…… 그런 불안한 시대상황들이 내재돼 있었던 것 같아요. 만나도 그립고 보고 있어도 또 봐야 될 것 같은 그런 안타까운 마음이 있었어요. 그래서 아마 그런 순간들이 있었을 때 남편하고 더 진한 스킨십 같은 것을 제가 원했는지도 모르죠.

관객 김정숙! 김정숙! 김정숙!

여성으로서 들으면서 감동받고 있었거든요. 보고 있어도 보고 싶고, 정말 절절한 사랑이구나 했는데, 스킨십으로 마무리를 해주시네요. 이야기를 듣다 보니까 궁금한 점이 생겨서 그런데요. 그렇다면 굴곡이 있는 연애를 하신 거잖아요. 하지만 여자라면 연애를 하면서 남자한테 좀 케어받고 싶고 좀 챙겨줬으면 좋겠고, 이런 생각이 드는데 오히려 그 반대였단 말이죠. 그렇게까지 사랑할 수 있게 된 매력은 뭐였을까요? 어떤 것들이 그렇게 좋으셨어요?

스킨십은 빼고요.

아까도 말씀드렸지만, 얘기는 잘 안 해도 눈빛을 통해서 수줍은 듯하지만 아주 진실되면서…… 그러니까 서울남자들은 말을 많이 하는데 그런 것과는 다른 말할 수 없는 진실함이 느껴지더라고요. 그게 기술이었는지 모르겠어요.

진정성의 기술에 반하셨군요.

그렇죠. 지금까지도 그래요.

아니 그런 애틋한, 귀하게 자랐으면서 동시에 스킨십을 원하는 그런 예쁜 여자친구를 두고 왜 학생운동을 그렇게 열심히 하셨어요? 연애하기에도 시간이 모자랄 판에.

사실은 어찌 보면 그만큼 순수했다고도 할 수 있는데, 한편으로는 세상물정을 몰랐던 거죠. 학교에서 제적당하고 복학될 기약은 없고 그런 것이 얼마나 어려운 상황인지 현실적인 계산이 없으니까 그렇게 할 수 있었다는 생각이 들고요. 그렇게 해서 7년 연애했거든요. 점점 노처녀가 돼 가는데 제가 제대로 잘 보살펴 줄 수 있을 거라는 아무런 보장이 없지 않습니까. 저한텐 남자로서 책임감과 부담이었는데, 그래도 뭔가 막연하지만 잘 될 거다. 뭘 해서든 내가 못 살 것인가. 대책 없는 용기랄까,

그런 것이 두 사람을 지탱시켜 주었다고 생각하고요. 많은 노력을 하면서 오늘까지 이르렀으니까 그런 인연에 정말로 고맙죠.

얘기를 들어보니까 남편은 딱히 잘하는 게 없어요. 대부분 구기동 사시는 김정숙씨가 잘하시는데, 그러다가 사시공부를 시작하셨어요. 사시공부는 뭐랄까요, 체제에 순응하는 거 아닙니까. 사시공부를 한다는 건 출세하려고 하는 것이고 그거 아닌가요?

그렇습니다. 지금은 그런 일이 없지만 과거에 학생운동을 특출하게 하는 분들은 평생 민주화운동에 몸을 바칠 것을 결의하면서 노동현장으로 가기도 하고 그랬었거든요. 그럴 때 고시공부를 한다는 것은 현실영합 또는 출세지향, 심지어 변절했다는 소리까지도 들을 수 있는 일이었거든요. 제가 군대 제대 후 복학이 안 되고 떠 있던 시기에 제 아버지가 돌아가셨습니다. 저희 아버지는 제가 가장 어려웠던 시기에 제가 잘 되는 것을 보시지도 못하고 돌아가셨던 거죠. 그때 아버지가 돌아가시고 제가 그렇게 미안할 수가 없어요. 그래서 그냥 취직하려던 계획들을 다 접고 어머니께 이왕 이렇게 고생하신 거 조금만 더 고생하시라고 말씀드리고, 고시공부를 다시 시작을 했었죠. 제 돌아가신 아버지께 정말 미안해서, 그 분 돌아가신 후에라도 제가 뒤늦지만 효도해드리고 싶은 마음에서 고시공부를 시작했습니다.

그 드라마틱한 연애를 하게 되면 뭔가 절절한 에피소드 같은 게 있잖아요. 그에 대해서 집중 추궁해주십시오, 호란씨.

사랑에 빠지면 주변에서 보기에는 굉장히 닭살스러워지죠. 둘만의 애칭이 생기고, 둘만의 은어가 생깁니다. 두 분은 '또 여기 있네 또 여기 왔네' 라는 멘트를 주로 사용을 하셨다고요. 어떤 얘긴가요?

네, 10·26사태가 나면서 남편이 드디어 복학을 했어요. 그전에는 이 절저 절로 고시공부를 하러 다녔을 땐데 학교 측의 배려로 기숙사에 들어

오게 됐거든요. 그때 저는 직장에 다녔어요. 그래서 고시공부하는 애인을 뒷바라지한다는 명목으로 경동시장에 가서 무슨 6년근 인삼 같은 걸 사다가 토종꿀이랑 막 비비고, 엄마 몰래 갖다 주면서 스웨터도 짜다 주고. 공부 열심히 하라고……

그렇게 하루는 학교에 갔는데 기숙사에 사람이 없다고 해서 학내를 둘러보니, 그때가 민주화의 봄이 왔다고 한창 좋아했을 땐데 전두환 때 12·12군사내란이 일어나니까 학생들이 다시 데모를 하고 그럴 때였죠. 우리 남편이 공부하러 들어왔다가 후배 핑계를 대면서, 얼마나 몸이 들썩였겠어요. 그러니까 여기 기웃 저기 기웃, 학교에 와서 보니 남편이 저쪽(시위대)에 있는 거예요. 처음에는 눈이 마주치니까 씨익 웃어요. 그래서 안 되겠다 싶어서 제가 감시조로 여러 번 왔는데, 아니나 다를까 본관에 있지 입구에 있지 뭐 여기 있지, 그러니까 우리 남편이 날더러 하는 얘기가 미안하니까 "아으 또 왔네" 그러더라고요.

그러고 났는데 드디어 12·12가 끝나고 5·18 되기 전에 광주에서 사람들이 올라와서 광화문에 모여 있을 때였어요. 제가 세종문화회관에서 근무했었거든요. 세종문화회관 계단 앞에 경희대학교 애들이 쫘악 있는 거예요. 아, 여기 설마 또 왔을까. 일이 끝나자마자 막 갔어요. 아니나 다를까 한가운데 떠억 버티고 앉아 있더라고요. 그래서 내가 "또 있네" 그랬어요. 그랬더니 우리 남편이 "아으 또 왔네, 여기 앉아라 앉아" 그러더니 지금 아주 재밌대요. 서울역으로 가고 있으니까 같이 가자는 거예요. 그때 직장생활을 할 때라 하이힐을 신고 서울역까지 쫓아갔어요. 그래서 '또 있네 또 왔네'가 생겼네요.

아니 그렇게 꿀에다가 스웨터까지 챙겨주시는 극진한 여자친구이신데 또 나갈 때마다 얼굴이 아른아른하지 않으시던가요?

그러게 말입니다. 하하하. 어쨌든 80년 5월에는 드디어 시위대열에 함께 섰다는 거 아닙니까.

그러다가 감옥에 가셨죠. 그 시절에 감옥에 가셨죠? 답하세요, 남편 분.

아까 제가 출마선언을 했던 그 자리에 있던 서대문구치소, 그때는 맛만 봤죠. 집행유예로 나왔으니까요. 한 3개월 정도 구속된 적이 있고, 그리고 아까 말한 80년 5월에 또 한 번 구속이 됐었죠.

구기동 김정숙씨 야속하셨죠?

야속, 그런 생각 안했어요. 그때는…… 뭐 그렇게 역사의식 같은 건 없었지만 그래야 된다는 당위성이 있었거든요. 이렇게 당하니까 같이 이겨내고 견뎌내야지 그런 생각이었어요.

관객 김정숙! 김정숙! 김정숙!

그렇게 절절하게 애틋하게 밖에서 지켜주시고 하셨는데 결혼을 하고 나서는 집안일을 잘 도와줍니까?

밖에 나와서는 아주 멋진 페미니스트예요. 집안에서는 완고한 경상도 남자죠.

경상두 남자들이 워래 무뚝뚝해요. 저도 경상도 남자인데, 혹시 평소 생활 중에 사랑한다는 말을 자주 하나요?

제가 유도한다고 그랬잖아요.

유도하면 해 주시긴 하시나요?

열 번 중에 한 번?

본인이 스스로 하신 적은 없고요.

잘 안 하죠. 그런데 눈빛으로 말한다고 그러잖아요.

제가 그 한을 풀어드리겠습니다. 구기동 남편 자리에서 일어나주시고요. 아, 마이크 없이 큰소리로 외치겠습니다. 나는 김정숙을 사랑한다. 야호 자세로 해 주세요.

제가 평소에는 잘 못했지만 북콘서트 때 정말로 많은 분들 앞에서 한

번…….

그때도 제가 시켰어요. 마이크 내려놓고 야호 자세로, 나는 김정숙을 사랑한다. 1회 외치겠습니다.

나는 김정숙을 사랑한다!

관객 한 번 더! 한 번 더! 한 번 더!

제가 이따가 알아서 시킬 테니까 걱정하지 마세요. 구기동 김정숙씨는 제가 이거 동영상으로 드릴 테니까 집에 가서 틀어놓고 계세요.

노무현과의 만남,
그리고 운명

그런데 옥중에서 어려운 사법고시에 합격하셨습니다. 대단한 겁니다, 진짜. 그러고서 사법연수원을 차석으로 졸업하셨죠. 공부 좀 하셨어요. 운동만 한 게 아니라. 그렇게 만날 데모만 했는데 혹시 자신만의 공부비법, 뭐 대선승리법 요런 건 궁금하지 않고요.

에, 제 나름대로 노하우들이 있는데요. 한두 가지만 소개를 해드리면, 공부뿐만 아니고 우리가 일반 책을 볼 때도 마찬가지인 것 같습니다. 우리가 보통 며칠간 책을 다 읽고 나면, 이제 다 읽었구나 하고 책을 그냥 밀쳐놓고 책꽂이에 꽂아버리지 않습니까. 이때 우리가 공부하는 독서든 교양삼아 하는 독서든 책을 다 읽고 난 이후에 잠시 한 10분, 그 책의 내용을 머릿속으로 반추해보는 습관들이 좋은 것 같습니다. 나중에 그 책의 내용을 머릿속에 정리하고 기억해두는 데 큰 도움이 되는 것 같습니다. 그렇게 한 번 반추해 보는 게 책을 한 번 더 읽는 것과 같은 효과가 나거든요.

또 하나 더 말씀드리면, 요즘은 좀 다른지 모르겠습니다. 옛날에는 사법시험이라고 하면 고시공부를 2년 3년 아주 긴 세월 동안 공부를 해야 되지 않습니까. 그럴 때 페이스를 유지해가는 게 중요한데, 저는 공부할 각오를 하고 공부할 계획을 세워나가는데요. 보통 자기가 정상적으로 공부를 하면 할 수 있는 양을 기준으로 계획을 세우거든요. 제가 권하고 싶은 것은 그렇게 하지 말고, 한 70%나 80% 정도 하면 다 할 수 있는 정도의 계획을 세우는 거예요. 그러면 중간에 다른 일이 생겨서 하루나 몇 시간 정도 계획대로 못하게 되더라도 그게 금방 복구가 됩니다. 그리고 꾸준히 잘하게 되면 목표를 초과달성하게 되니까 또 뿌듯해지죠. 그러면 초과달성한 만큼 모아서 여행을 간다든지 하루쯤 술도 한잔 마시면서 논다든지 이렇게 할 수 있어서, 목표계획을 낮춰 잡는 게 대단히 중요하다는 경험을 했습니다.

읽은 책 내용의 반추 그리고 여유 있는 계획이 중요하단 말씀을 해주셨습니다. 지금 기말고사 끝났나요? 아직 기말 시즌이죠? 네, 참고하시기 바랍니다. 공부하는 분들한테 도움이 많이 될 것 같은데요. 이런 식으로 공부해서 연수원을 졸업하신 후에요, 지금으로 말하면 김앤장 같은 굉장히 유명한 대형 로펌에서 스카우트 제의도 받으셨다고 알고 있습니다. 그런데 모두 거절하시고 부산으로 다시 내려가셨죠. 서울에서의 탄탄대로를 뿌리치고 부산으로 다시 내려가신 이유가 뭘까요?

당시 제 변호사로서의 꿈이 그랬습니다. 왜 대개 변호사 하면 없는 사람들 도와주기도 하고, 서민들의 사건을 맡아서 열심히 해서 보람을 가지고 그렇게 생각을 해왔었거든요. 그런데 아까 말씀하신 그런 쪽으로 가면 당장 대우는 훨씬 좋겠지만, 말하자면 국제 변호사와 같은 길을 가면서 고급스러운 길을 걷는 거예요. 그건 제가 원래 꿈꾸었던 삶이 아니었기 때문에, 그냥 일반 서민들의 사건을 맡는 변호사의 길을 걷게 됐던 거고 그러다 보니 부산으로 가게 되었고, 또 이제 그러다 보니 당시 노무현 변호사를 만나게 됐던 거죠. 거기서부터 지금 여기까지 오게 된 겁니다.

노무현 당시 변호사 얘기는 좀 있다 하기로 하고, 그렇게 애틋하게 기다려서 드디어 사시 합격을 했는데 남편이 변호사가 됐을 때 생활이 좀 나아지셨나요?

아 그러면요. 아무리 그래도 변호사인데 그럼 뭐…….

남편 분 조용히 해주시고요.

예. 그때 삼성 엘지 이런 데 다니던 친구들보다 봉급은 많았어요. 다른 변호사들보다는 많이 못 했죠. 그리고 우린 아무것도 없이 전세 400만 원짜리에서 시작했기 때문에 집도 구해야 되고 뭐 이런 가중한 압박이 있었어요, 잘살고 싶은 욕망이. 그랬는데 우리 남편이 월급을 갖다 주면서 책정을 하더라고요. 그러면서 나는 앞으로 인권변호사 노동변호사를 할 것이다. 다른 변호사처럼 많은 수익률을 원하지 말고 이 봉급으로 살도록 해라. 그러더라고요. 그게 그 당시 그렇게 적은 돈은 아니었기 때문에, 아 그래요, 그러면서 살았죠.

그랬는데 그 봉급이 10년 동안 묶여 있어요. 애 둘 낳고 크는데, 큰애가 국민학교에 들어가서 봉급을 좀 올려달라고 말하니까, 아 그래 공무원 봉급이 올해 몇 퍼센트가 올랐지? 이러면서, 3%가 올랐네. 이러면서 애가 초등학교 들어간 지 3년 됐으니까, 좋아 10% 올려주지. 이러면서 올리더라고요. 그러면서 애가 중학교 들어가고 고등학교 들어갈 때마다 올려줘요. 그래서 아까 인세도 말씀하셨지만 별로 알고 싶지도 않고요. 지금까지 그냥 주는 생활비 가지고 맞춰서 살면 되는데, 그런데 그 돈을 다른 변호사들보다 못 받는다고 해서 제가 주눅이 들거나 그러진 않았어요. 세상이 참 재밌었거든요.

대학교 다닐 때에도 여러 번 유치장에도 들어가고 군대도 가고 면회 다녀서 결혼을 했는데, 그 이후에 변호사가 되고 나서도 60학번이니 아주 세상의 파고의 끝에서 인권변호사로서 사는 게 아주 예민한 순간들이고, 자기가 지조를 버리느냐 안 버리느냐 이런 사건들을 겪고 또 청와대까지 가는 이런 시기였거든요. 지금도 생각을 하면 그래요. 봉급 많이 갖다 주는 변호사로서 누렸을 생활과, 봉급은 적었지만 자기 할 일을 하면서 명예를 중요시하는 내 남편. 아, 얼마나 재밌게 살았느냐. 다른 남편하고 살라고 하면 난 지금도 이런 남편을 택해서 살겠다.

관객 김정숙! 김정숙! 김정숙!

네, 그러면 다시 마이크를 놓고 남편 분 일어서 주세요. 일어서서 이렇게 외쳐주십시오. 정숙아 고마워.

제가 오늘 하나 준비를 해온 게 있거든요(관객들 환호 속에 품에서 봉투를 꺼냄).

편지를 쓰셨나요?

오, 편지를. 평소 잘 안 하시던.

이때까지 편지 몇 번 받아보셨어요?

군대 있을 때 편지 많이 받고요, 시도 받고 그랬어요.

군대 있을 때가 언젭니까. 지금. 몇 년 전인데요.

연애할 때는 편지를 좀 썼죠. 우리 처가 제가 연애시절에 보냈던 편지를 보관하고 있는 걸 본 적이 있는데 지금도 보관하고 있는지.

아직도 보관하고 있어요. 자산목록 1호예요.

하여튼 결혼하고 난 이후에는 처음 하는 건데, 이거 참 땀나네요. 아, 근데 요즘은 뭔가 지지에 도움이 되면 뭐든지 합니다. (편지를 읽음)

우리 처음 만난 날 법대 축제에서 만난 당신, 참 해맑았습니다. 내가 수감생활 할 때에도 또 군대에 가 있을 때에도 또 내가 고시공부를 할 때에도 늘 당신은 내 곁에 있어 주었습니다. 우리 사랑하고 결혼하고 소중한 아이들을 얻고 이제 귀여운 손자까지 생기고 여기까지 함께 왔군요. 아이들을 잘 키워줘서 또 어머니를 잘 모셔줘서 그리고 늘 바빴던 남편을 잘 챙겨줘서 고맙습니다. 내가 그냥 평범한 남편으로 곁에 있어주기를 바랐던 당신의 소박한 소망을 지켜주지 못하게 되었습니다.

난 오늘 나의 결심을 국민들에게 밝혔습니다. 이 나라 대통령이 되어서 국민들 삶을 바꾸고 나라를 바꿔 보려 나섰습니다. 지난 총선출마 때에도 이번에도 묵묵히 내 결정을 따라준 당신이 고맙습니다. 이제 힘든 여정이 우리를 기다리고 있습니다. 결심한 이상 나는 다 견뎌낼 자신이 있습니다. 그리고 이길 자신이 있습니다. 하지만 당신에게도 그 고생을 시키려니 미안합니다. 지금까지 그래왔듯 묵묵히 참고 감당해 주겠지만 미안한 마음은 어쩔 수 없네요. 오늘 출마선언을 할 때도 출마선언 후 첫 행사인 이 자리에도 당신과 준용이가 함께해주는 의미를 생각해봤습니다.

국민들이 바라는 건 소박한 행복입니다. 내가 훌륭한 남편, 훌륭한 아빠였는지는 모르겠습니다. 하지만 우리 가정의 평범한 행복에 늘 감사하는 마음입니다. 마찬가지로 위대한 대통령이 될지는 모르겠습니다. 그러나 국민들의 소박하고 평범한 행복은 꼭 지켜주는 대통령이 되고 싶습니다. 그 길을 당신과 같이 열심히 하고 싶습니다. 당신을 만난 게 축복입니다. 당신이 곁에 있어 다행입니다. 처음 만나 지금까지 늘 당신은 나의 사랑하는 아내입니다.

얼굴이 새빨개지셨어요.

자, 김정숙 세 번 외칩니다.

김정숙! 김정숙! 김정숙!

그 첫 직장에서 노무현 전 대통령을 만났습니다. 그리고 만나자마자 같이 일하기로 결심하셨다고 하셨는데, 왜 만나자마자 같이 일하기로 결심하셨어요?

사법연수를 마치면서 사실은 판사임용 지망을 했었는데 과거 시위전력 때문에 임관이 되지 못 해서 어쩔 수 없이 변호사 개업을 하게 됐거든요. 그래서 부산으로 가게 됐고 그 분을 만나게 됐는데, 제가 그전까지 사법연수원 다니면서 연수원의 교수님들, 법조계의 선배 분들을 많이 만났지 않겠습니까. 그러다가 그 분을 만났는데 그전까지 제가 만나왔던 법조인들하고는 전혀 다른 거예요. 말하자면 목에 힘주는 거 전혀 없고 정말 소탈하고, 저보다 사법시험도 한참 선배고 연세도 6살 이렇게 많으신데도 친구처럼 대해주고, 그리고 제가 시위 전력 때문에 판사 임용이 되지 못한 부당함에 대해서 같이 아주 분개해주고…… 그런 이야기를 나누면서 아, 이 분은 나하고 같은 과다. 같은 세계에 속한 사람이다. 그런 느낌이 왔죠.

그래서 첫날에 함께 변호사 사무실을 동업하기로 그 분이 제의를 하셨고 저는 받아들였고, 그때부터 긴 세월을 그 분과 함께 변호사를 하게 됐고 또 변호사 그만두고 난 이후에도 청와대에 가서 제가 모셨고, 그 분이 돌아가시고 난 이후에도 제가 그 분의 추모사업을 하는 노무현재단을 맡아서 해왔고, 이렇게 정말 긴 세월을 그 분하고 동행을 해왔는데, 정말 운명 같다는 생각을 합니다.

두 분 다 만나본 저로서, 이 말씀을 드릴 수 있을 것 같아요. 두 분이 인간의 결이 같다. 종자가 비슷한 사람들이다. 스타일의 차이는 좀 있습니다. 노무현 전 대통령은 사람들 앞에 나서서 굉장히 크게 웃으며 큰 목소리로 이야기하길 즐기셨고. 김정숙씨의 남편 분은 사람들 옆에 섭니다. 옆에 서서 조용히 웃으며 이야기 나누길 좋아하시죠. 그런 스타일의 차이는 있지만 인간의 결은 같다.

우리가 바라는 대통령의 모습

여기서 저희가 초대손님이 한 사람 더 있어요. 누구냐. 아들을 모십니다. 저는 사실 아들이 올라오는 걸 반대했어요. 잘생겼기 때문에. 잘생긴 남자들이 같은 무대에 서는 거 싫어하거든요.

네 역시 관객석이 술렁술렁거립니다. 잘생긴 거 모두들 다 알고 있는 것 같아요. 본인 소개 좀 해주시죠. 요즘 어떤 일을 하고 계시죠?

문준용(이하 ⬤) 저는 미디어 아티스트로 활동하고 있고, 시간강사도 하면서 살고 있는 아들입니다.

아들에게 질문을 하기 전에 엄마에게 먼저 질문을 하겠습니다. 듣다 보면 남편 분이 자신에게 굉장히 엄격했단 말이죠. 자식들에게도 그렇게 엄격했습니까?

아니죠. 하는 행동에 대해서는 아까 우리 딸내미한테 했듯이 개인의 의견을 상당히 존중해줬어요. 경제적인 면에서는, 서울로 유학 보내고 나서 최소한의 생활비만 주고 그랬을 때를 생각하면 마음 아파요. 그래서 아르바이트를 뭐뭐뭐 했다고 저한테 얘기를 하는데 그러면 제가, 얘 내가 너 등록금 줬잖니? 노동의 가치는 돈을 벌어봐야 알아. 이러지만 한없이 남편을 보고 좀 속상했죠.

이거야 뭐 아들에게 늘 더해주고 싶은 엄마의 마음이고, 뭐 별 부족함이 없이…… 하하.

아까 따님 얘기를 할 때와는 입장이 역전된 것 같아요. 어때요? 문준용 씨에게 직접 묻겠습니다. 어떤가요? 그 차이가 느껴지시나요?

네, 아버지 거짓말 하시는 거고요.

실제로 저희가 좀 체감상으로 알기 쉽게 알려주세요. 00학번이시죠? 당시에 용돈이 얼마였나요?

30만원이었습니다.

그 30만원에 하숙비가 포함이 돼 있습니까?

네.

하숙비로 얼마가 나가나요?

그때 월세 30만원짜리 방에 세 명이 같이 살았죠. 10만원씩 냈습니다.

하숙비 포함해서 30만원. 차비나 책값도 포함된 겁니까?

예. 다 포함된 건데, 아버지 스타일이 적든 많든 필요한 내역을 설명을 하면 주시는 스타일이셨거든요. 그때는 제가 젊어서 사서 고생을 한번 해보고 싶어서 제가 안 받은 부분이 있죠.

아버지하고 짜고 나오신 것 같은데.

문준용 씨의 답변을 들으니까 두 분 다 멋있게 보일 수 있는 최고의 답변을 해 주신 것 같아요. 멋지네요.

여기 선관위에서 오신 분 손 들어보세요. 있을 거예요. 찍고 있는, 그런데 찍을 게 없겠죠. 문재인 연호하면 안 되는데 김정숙을 연호하고 있으니까. 어, 유학도 가셨죠, 잠시. 그때도 그렇게 짜게 구셨습니까?

예.

군대 가셨을 때 아버님은 특수부대 출신인데 본인은 어디로 가셨습니까?

저는 논산의 육군 훈련소에 조교로 있었습니다.

조교요? 빨간 모자 쓰고 그 분들이시죠. 실제로 이렇게 보면 부드러운 인상이신데요.

옛날 일이니까요.

빨간 모자 쓰면 어떻게 되나요? 한번 보여줄 수 있으세요? 제 개인적인 욕심이에요.

호란! 잘 했어.

조교가 눈을 보이면 안 돼요. 그래서 모자를 이렇게 푹 눌러 쓰고요(손바닥을 이마에 대고 눈을 가리면서).

네 지금 화면에 눈이 안 보입니다.

네, 절대 눈이 보이면 안 됩니다. 카리스마를 유지하기 위해서. 그리고 저는 어머니한테 배운 발성법으로.

아, 성악 발성으로.

예, 성악 발성으로 소리를 질렀죠.

네 보여주시죠. 어머니께서도 궁금해 하고 계세요. 마이크 없이.

일어서서. 아버지가 대통령 나가시면 이런 거 다 하는 거야.

예, 너무 오랜만에 해서 제대로 될지 모르겠는데, (일어서서 쑥스러워하다가) 발맞춰 앞으로이 갓!

그 시절이 아버지가 청와대 민정수석 하시던 시절 아닌가요?

그게 아니고 제가 01군번이거든요. 그런데 노무현 대통령 당선되신 게 2002년이에요. 그래서 이등병이랑 일병 힘들 때 다 지나고, 상병 돼서 편해지니까 아버지가 민정수석이 되셨죠.

군대 갔을 때 아버님이 면회는 오셨습니까?

한 번 오셨습니다.

딱 한 번. 군대 면회 오셨을 때 에피소드 없어요? 따뜻한 사랑을 전해주었다든가.

그런 거 전혀 없죠.

예를 들어 휴가 나오기 전에 집에 계신 아버지와 전화통화를 한다든가. 그럼 어떤 따뜻한 대화를 나누셨습니까?

아시다시피 말씀이 되게 없으세요. 그래서 저도 전화를 많이 안 했는데. 패턴이 항상 똑같았어요. 제가 전화해서, 아버지 저예요. 어, 잘 지내냐? 예. 이러고 가만있어요. 줄 서서 전화해야 되잖아요.

정말 뒷사람이 좋아했겠네요.

예.

어머니한테도 그러세요? 집에서 그렇게 무뚝뚝하게? 평소에 지켜본 아들의 증언을 직접 들어봐야죠.

네, 그야말로 저희 아버지는 집에 오면 두 마디 딱 한다는 경상도 아빠죠.

뭐라고 하세요?

밥 도. 불 꺼라.

이런 모습이 강직하게 보일 수도 있지만, 한창 자라나는 시절 사춘기 때나 예민하고 이럴 때는 딱딱하게 느껴졌을 수도 있을 것 같아요. 혹시 반항기 때, 아빠는 너무 딱딱해. 반항한 적 있으신가요?

반항하면 큰일 나죠. 공수부대 출신이신데.

구체적으로 어떤 큰일이 나요?

격파가 들어가겠죠.

혹시 공부를 못해서 매를 든다거나 그런 적 있으세요?

아니요. 공부를 하라고 매를 드시진 않았습니다.

다른 이유로 매를 든 적은 있구나.

여하튼 공부 때문에 때리진 않으셨습니다.

그럼 뭐 때문에 종아리를 맞았습니까?

아, 종아리가 아니라 맨손 격파…….

이유는?

이유는 생각이 안 나는데, 제가 대들었겠죠.

아, 생각나. 남편이 어린 애를 갖다가, 국민학교 다닐 때였는데요. 저도 정확하게 뭐 때문이었는지 생각 안 나요. 남편이 애를 때리니까 애가 화가 나가지고, 우리 딸 같으면 아버지가 뭐라고 하면 살살거리면서 푸는데, 얘는 아버지랑 똑같아요. 화가 나가지고 일주일 동안 아버지만 보면 이러고 뒤로 돌아앉아 가지고 그랬어요.

그때 무슨 이유로 아들을 격파하셨는지 생각나십니까?

땀나네요. 어쨌든 한 번, 아주 어릴 때 손찌검을 한 적이 딱 한 번 있는데 음식을 가리는 것 때문에…….

음식 가리는 것 때문에요? 몇 살 때요?

글쎄요. 초등학교 저학년 때? 콩을 먹지 않겠다고 해서. 그래서 그러지 말라고, 그런데 대드니까 제가 못 참고 그랬었죠. 헌데 그게 어찌나 후회가 되던지요. 말하자면 그때 후회 때문에 그 뒤에는 오히려, 심지어는 인문계 고등학교에 들어가서 고3 때 미대로 진로를 바꾸고 하는 것도 제가 다 받아들이고 할 정도로 오히려 한 번 손찌검을 했던 게 교훈이 돼서…….

아드님은 그 뒤로 콩을 드십니까?

아, 예. 그럼요. 먹어야죠.

가장 좋아하는 도시락 반찬은?

콩.

이렇게 엄격한 아버님이시지만, 아들로서 자신의 첫 롤모델은 항상 아버지가 되게 마련이잖아요. 아버지가 가장 존경스러운 순간은 언젠가요?

제 입으로 아버지 자랑하긴 좀 그런데…….

역시 아드님도 부산 남자의 피를 받으셨어요. 그렇죠?

항상 자랑스럽니다. 지금 얻으신 평판이 청렴결백하다는 평판인데 한두 번의 자랑스러운 행동이 아니라 오랫동안 축적된 평판이 그렇다는 것이 거든요. 그런 점이 항상 자랑스럽습니다.

원래 항상 하는 얘긴데 검증은 그 인생 자체가 하는 거죠. 자, 그러면 아버지 단점은 뭡니까?

말이 너무 없으시고…… 그런데 오늘은 보니까 좀 다르신데요.

평소에 너무 무뚝뚝하다.

네, 그리고 속을 잘 전달을 안 하시니까 상대방이 오해를 하는 일도 가끔 있죠.

그렇다면 그런 아버지인데, 아버지가 대통령으로서 자격이 있다고 생각하세요? 아들이 보기에.

당연히 자격이 있죠.

보니까 아버지하고 짰는데. 왜? 이유가 뭡니까. 아들이 보기에.

반면에 대단히 민주적인 면모가 있었어요. 항상 가정을 이끌어 오면서 설득을 하려 하시고, 그래도 고집을 부리면 하고 싶은 대로 하게 두시고. 저 같은 경우에는 아까 말씀하신 미대를 진학을 했었는데요. 그때는 아무 말씀 안 하시기에 저는 하고 싶은 대로 했었는데, 지나고 보니까 장남을 미대를 보내는 게 얼마나 힘든지 알겠더라고요. 그래서 다른 분들도 결국에는 다 이해를 해 주시고 지지를 해 주실 거라고 믿습니다.

음, 장남을 미대에 보내는 것이 힘든 것은 아니고, 예술중학교 예술고등학교 또는 일찍부터 미술을 배우면서 다들 실기실력을 배양하는데, 고3 될 때까지 인문계를 다니면서 말하자면 입시미술학원 한 번 다녀보지 않은 처지에 미대를 간다고 하니 그게 과연 가능할지 걱정이 많이 됐었죠. 그런데 본인이 워낙 하고 싶었던 일이라고 하니까, 잘 해냈고 지금 아주 보람 있게 하고 싶어서 아주 다행스럽게 좋은 결정을 한 것 같습니다.

저는 뭔가 특별하게 잘해 주시는 게 아니라, 뒤에서 묵묵히 가족이 하고 싶은 대로 하게 지원하게 해 주시는 그런 가장의 모습이 우리가 바라는 대통령의 모습이라고 생각을 합니다.

어, 제가 보기에는 대기실에서 아버지하고 아들이 짰어요.

'문'을 열다

제가 아는 남편 분의 다른 정치가와의 가장 큰 차이점, 다른 모든 정치인이 왜 나라고 대통령이 되지 말란 법이 있어? 내가 왜 안 돼? 혹은 나여야만 해, 라고 한다면 이 남편 분은 완전히 달라요. 그 자리를 원한 적 없으셨죠?

예…… 어쨌든 정치 자체가 저에게는 맞지 않는다고 늘 생각을 해 왔었지요.

제가 3년 전부터 얘기를 했었어요. 제가 3년 전 노무현 전 대통령 영결식 때, 문재인을 '발견'했습니다. 발견하고 그 자리에서 제가 벌떡 일어서서, 저 사람이 다음 대통령이다. 그러고 나서 이 남편 분에게 가서 출마하라. 그렇게 괴롭혔어요. 그때마다 이런 말을 하셨어요. 그런 상황은 오지 않을 것이다. 그런데 시대가 문재인을 호출하자 꼭 내가 대통령이 되고 싶어서가 아니라, 자신이 해야 할 일이라고 받아들이신 거죠. 잘하셨어요.

원래부터 정치는 저하고 맞지 않다고 생각을 해왔던 터에 특히 노무현 대통령을 통해서 현실정치라는 게 얼마나 고통스러운 것인지, 그것이 우리 국가나 사회에 얼마나 기여하게 되는 일인지 잘 모르겠지만, 우선 본인이나 가족들, 주변의 가까운 사람들은 참으로 고통스럽게 만드는 그런 것이지 않겠습니까. 제가 옆에서 너무나 가까이서 생생하게 지켜봤기 때문에 더더욱 정치는 제가 할 수 없는 일이라고 생각을 했는데, 그렇게 생각하면서 정치에 거리를 두고 또 정치가 잘못된 부분을 비판만 하고 있기에는 지금 우리 시대상황이 너무 암울하죠.

그리고 보통 사람들 삶이 너무 힘들고요. 정치 자체도 우리 보통 사람들하고는 너무 동떨어져서, 우리가 이 나라의 주인이고 정치의 주체여야 하는데 정치인들 자기들끼리의 정치, 우리 국민들의 보통의 삶과는 자꾸 멀리 떨어져 흘러가고 있는 현실이 너무 안타까워서 제가 기성정치에 맞출 자신은 없지만, 거꾸로 기성정치가 국민들이 원하는 방향대로 달라져야 되겠다. 그런 생각을 하게 됐고 감히 그 역할을 한 번 해보자. 그런 결심을 하게 됐습니다.

이렇게 어려운 결정을 했는데, 구기동 사시는 김정숙씨. 이 대목에서 남편에게 어떤 얘기를 해주고 싶으세요?

이제 시작을 했고요. 여기 오신 많은 분들의 하염없이 지지하여 주시는 그런 마음들, 그런 마음을 생각하면 저희들도 책무감을 가져야 된다고 생각해요. 남편이 출마선언을 했고, 한 이상 또 투지가 생기죠. 열심히 하겠습니다.

관객 김정숙! 김정숙! 김정숙!

이제 마지막 얘기를 해야 될 것 같은데, 호란씨 오늘 어떠셨어요? 이런 정치인을 만나서 토크를 해보신 건 처음이죠?

네, 처음입니다. 저는 사실 정치에 대한 이야기들 잘 알지도 못하고 기회도 별로 없었거든요. 그런데 오늘 굉장히 사적인 모습들을 많이 볼 수 있어서, 굉장히 감사했다는 말씀 드리고 싶습니다.

남편 분은 마음에 드십니까?

아드님이 마음에 듭니다.

어려운 길 선택하셨는데, 마지막으로 여기 오신 분들에게 꼭 하시고 싶은 말씀이 있으십니까?

예, 오늘 제가 출마선언문 제목을 정권교체 그리고 정치교체 또 시대교체라고 제목을 달았거든요. 정권교체, 정치교체, 시대교체. 이렇게 동시에 다 이루겠다는 약속이었습니다. 그런데 제가 그런 것을 억지로 만들어내겠다는 것이 아니라 저는 그것이 국민들의 바람이라도 생각하거든요. 그렇기 때문에 당연히 그렇게 가야 되는 것이고 제가 그 앞에 서겠다. 그런 뜻을 말씀드린 겁니다.

정권교체는 다 당연하게 생각하실 테고, 정치교체는 말씀드린 대로 우리 보통 사람들이 정치의 객체나 대상에서 벗어나서 우리가 스스로 정치의 주인이 돼야 할 것이고, 보통 사람들을 위하는 정치, 보통 사람들을 대접하는 정치로 바꿔야겠다는 것을 정치교체라는 말로 표현을 한 것입니다. 시대교체라는 것도 마찬가지죠. 이제는 대기업이라든가 재벌기업이라든지를 중심으로 한 경제정책 또는 국가발전전략에서 벗어나서 우리 보통 사람들을 중심에 놓는, 그래서 중소기업이라든지 재래시장 상인이라든지 또는 영세한 자영업자들 이런 사람들의 삶을 중심에 놓는 그런 경제정책, 그런 국가발전전략 이렇게 시대가 바뀌어야 된다는 거죠.

저는 그것이 국민들의 간절한 열망이라고 생각하기 때문에 그렇게 꼭 될 것이라고 확신을 합니다. 다만 그냥 되는 것은 아니죠. 정권교체도 정치교체도 시대교체도 우리 국민들이 나서서 참여해야만 가능한 일이라고 생각합니다. 이 자리에 젊은 분들도 많은데, 젊은 사람들도 열심히 참여를 해야 하고요. 그래야만 젊은 사람들에게 희망을 주는, 또 젊은 사람들이 바라는 세상으로 만들어갈 수 있을 거라고 생각을 합니다.

여러분, 제가 앞으로 가야 될 길이 저에게는 쉽지 않은 길이라고 생각합니다. 아주 치열한 경쟁이 남아있죠. 저는 그 경쟁의 결과에 대해서는 걱정하지 않습니다. 그러나 과정은 잘할 수 있을까 걱정도 됩니다만, 여러분들께서 함께해주신다면 이겨낼 수 있다고 생각을 합니다. 아까 말씀드린 그런 세상 함께 만들자, 함께 나갑시다, 라는 말로 마지막 인사 말씀 드리겠습니다. 감사합니다.

마지막 인사드리기 전에 가장 중요한 공지사항 하나 알려드리겠습니다. 3년 전에 저 사람이 대통령이다 외쳤을 때, 주변에서 다들 웃었습니다. 하지만 이제 아무도 비웃지 않아요. 그래서 제가 조만간 미아리에 점집을 열 생각입니다. 이제 우리 모두를 위해서 이려운 길에 나선 구기동의 김정숙 그리고 그 남편 그리고 그 아들을 위해서 큰 박수 부탁드립니다.

관객 김정숙! 김정숙! 김정숙!

:: 연애 좀 하게 합시다

제가 다음 대통령께 원하는 것은요…… 연애 좀 하게 합시다, 자유롭게. 지금 이십대 청년들도 돈이 좀 있어야 연애를 할 거 아닙니까, 사랑도 사랑이지만. 그래서 등록금도 낮추고 아르바이트 시급도 좀 올려서 우리 학생들 연애 좀 할 수 있도록, 피 끓는 청춘에 연애를 막으면 안 됩니다. 정약용의 『목민심서』에도 보면 그런 얘기가 나옵니다. 목민관의 기본적인 도리는 남녀가 화합하게 하는 것이다. 그 기운이 하늘에 가 닿게 만들어야 한다. 그러니까 목민관의 기본 도리는 남녀가 사랑할 수 있는 환경을 조성해주는 겁니다. 아, 그것보다 더 중요한 게 있습니까? 나라에서.

그 다음 남녀가 사랑해서 아이를 낳으면 그 아이를 잘 키울 수 있는 환경을 만들어줘야 합니다. 아이들의 출발선이 다르면 안 됩니다. 부잣집 아이도 행복해야 되고, 가난한 집 아이도 행복해야 되고, 내 아이가 행복하려면 옆집 아이도 행복해야 되고. 아빠가 직장에서 늘 행복하고 웃을 수 있도록 같이 일하는 사람들과 비슷한 돈을 받고, 언제 회사에서 해고될지 모르는 불안감에서 해방시켜주는 것. 아빠의 자격을 회복시켜 주는 것, 엄마의 아침을 회복시켜 주는 것. 그래서 아이들과 보내는 시간이 많아지도록 해주는 것. 이런 것들을 해주셔야 합니다.

자꾸 사람들이 저더러 출마하라 하지 않습니까? 이런 것들이 돼야 제가 출마를 안 합니다. 저희가 사랑할 수 있게 해주세요. 사상의 자유, 사랑의 자유 보장하라는 겁니다. 우리가 원하는 대통령, 각자가 원하는 것들을 잘 살펴서 내가 원하는 것들을 우리가 원하는 것으로 통합할 수 있는 사람. 그런 사람이 대통령이 됐으면 좋겠습니다.

그 다음 누구든 대통령이 되시면 담장 밖으로 자주 나오셨으면 좋겠습니다. 담장 밖에서 무슨 일이 벌어지고 있는지, 푸른 색 지붕 밑에서만 생각하시는 게 아니라, 밖에 나와서 사람들하고 많이 어울리고, 대통령이라는 계급장 빼고 늘 사람들과 대화하고. 앞에 서서 "너희들 이쪽으로 따라와라"가 아니라 "여러분 원하시는 길이 있으면 그 뒤에 내가 항상 서 있겠다". "빨리 가라"가 아니라 "함께 가자". "뒤쳐지지 마라"가 아니라 "조금 뒤쳐져도 괜찮다. 그 뒤에 내가 있다"라고 얘기해 줄 수 있는, 마음을 나눌 수 있는 대통령이었으면 좋겠습니다. 지지선언이라고 착각하시면 안 됩니다. 지켜보겠습니다. 알겠죠?

〈문재인 스피치 콘서트〉 중, 지지 발언에서

『안철수냐 문재인이냐』 독자 북펀드에 참여해 주신 분들(가나다순)

강문숙, 강영미, 강주한, 고남수, 공영환, 김기원, 김도형, 김민숙, 김선우, 김영란, 노태형, 문윤진, 박명순, 박찬미, 박현주, 배무궁, 서병욱, 서영희, 심현지, 오선주, 이정옥, 정민수, 채대광, 채재수, 최선희, 최창환, 최하나, 최현주(외 7명, 총 35명 참여)

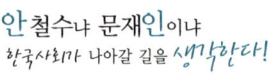

안 철수냐 문재인이냐
한국사회가 나아갈 길을 생각한다!

초판 1쇄 인쇄 ┃ 2012년 7월 16일
초판 2쇄 발행 ┃ 2012년 7월 30일
엮은이 ┃ 방민호
필자들 ┃ Bekay Ahn · 고성국 · 황상민 · 조정환 · 박현수 · 홍성식 · 김영경
펴낸이 ┃ 최병수
펴낸곳 ┃ 예옥
등록 ┃ 25100-2005-291호
주소 ┃ 서울시 마포구 동교동 홍익인간오피스텔 921호
전화 ┃ 02-325-4805
팩스 ┃ 02-325-4806
이메일 ┃ yeokpub@naver.com

ISBN : 978-89-93241-26-6(03340)